Nikolaus B. Enkelmann

Das Glückstraining

Nikolaus B. Enkelmann

Das Glückstraining

Probleme in Erfolg verwandeln

mvg Verlag

Bibliografische Information Der Deutschen Bibliothek
Die Deutsche Bibliothek verzeichnet diese Publikation in der Deutschen Nationalbibliografie; detaillierte bibliografische Daten sind im Internet über http://dnb.ddb.de abrufbar.

Copyright " 2003 bei mvgVerlag im verlag moderne industrie, Frankfurt am Main
http://www.mvg-verlag.de

Alle Rechte, insbesondere das Recht der Vervielfältigung und Verbreitung sowie der Übersetzung, vorbehalten. Kein Teil des Werkes darf in irgendeiner Form (durch Fotokopie, Mikrofilm oder ein anderes Verfahren) ohne schriftliche Genehmigung des Verlages reproduziert oder unter Verwendung elektronischer Systeme gespeichert, verarbeitet, vervielfältigt oder verbreitet werden.

Redaktion: Birgit Rupprecht-Stroell
Lektorat: exLibris · Lektoratsdienstleistungen Vera Schneidereit, München
Umschlaggestaltung: Vierthaler & Braun Grafikdesign, München
Satz: mi, J. Echter
Druck und Bindearbeiten: Himmer, Augsburg
Printed in Germany 73160/100301
ISBN 3-478-73160-7

INHALTSVERZEICHNIS

Danksagung 9

Kapitel I
Der Alchimist. 11

Das Geheimnis der Wandlung – oder was wir von den Alchimisten lernen können. 11
Was ist Alchimie? 12
Die Suche nach dem Stein der Weisen 13
Bekannte Alchimisten 14
Alchimie und Psychoanalyse 15
Das Wissen von gestern für Menschen von heute 16
Der Weg zur geistigen Vollkommenheit 21
– Träume 24
– Freiheit 25
– Glaube 26
– Der Sinn des Lebens 29
– Der Weg der Wandlung 32
– Magische Augenblicke 33

Kapitel II
Hans im Glück 35

Die Voraussetzungen schaffen: Dem Glück eine Chance geben . 36
Was ist Glück? 38
Glück – ein Wort, zwei Bedeutungen 40
Glück – eine Rechenformel? 41
Eigenproduktion: Die Glückshormone 43
Unglück – das Gegenteil von Glück? 44
Was ist Glück für Sie? 45
Dem Glück aus dem Weg gehen – die Fluchtwege 49
Wollen Sie wirklich glücklich sein? 50
Glückspilz oder Pechvogel – angeboren oder antrainiert 51
Die Philosophie der Erfolgreichen und Glücklichen 57
Probleme kontra Chancen 59

Was sind Probleme wirklich?	60
Problem ist nicht gleich Problem	64
Ein Blick zurück – ohne Zorn	67
Probleme weisen uns den Weg	70
Wie gehen wir mit Problemen um?	72
Eine Frage, der Einstellung: In jedem Problem liegt eine Chance	77
Wahres Glück kommt von innen	80
Wer-wo-wohin: Analyse und Zielsetzung	83
Der persönliche Glücksstatus	85
Eine andere Brille aufsetzen – oder die Perspektive verändern	86
10 Schritte zum Glück	88
Basis Glückstraining	90
Das Glückstagebuch	90

Kapitel III
Dickens: Weihnachtsmärchen 93

Das Glückstraining in der Praxis. 94

Kopfarbeit	94
Wissen im Überfluss – das kollektive Unterbewusstsein	104
Verstand gegen Gefühl?	106
Grenzenloser Einfluss: Fremd- oder Eigensuggestion?	108
Gedankenkontrolle (positives Denken)	112
Freund oder Feind?	115
Denken Sie positv	116
Das Selbsthilfeprogramm – Suggestion und Autosuggestion	117
Bilder im Kopf – die Visualisierung	119
Training im Kopf – Mentaltraining	120
Alpha – was sonst?	121
Atem = Lebensenergie	125
Prana – oder die Energie der Sonne	128
Autogenes Training à la Enkelmann	129
Meditation – ein Weg zu sich	131
Träume sind keine Schäume	133
Vom Willen zum Wunsch	137
Das Feuer der Begeisterung muss brennen	139
Die drei Ks: Konsequenz, Kontinuität, Konzentration	141
Zielpunkt Glück	142
Konzentration auf das Ziel = Zielstrebigkeit	146

Klare Worte – klare Ziele 148
Nicht können – oder nicht wollen? 149
Sich für das Glück entscheiden 151
Die Glücksformel 152
Der erste Schritt ist der schwerste 152
Intuition oder mit dem Herzen denken 155

Kapitel IV
Den Alltag vergolden 159

Die Persönlichkeit entfalten 161
Selbstbewusstsein = Selbsterkenntnis + Selbstliebe 166
Vom Problemverursacher zum Problemlöser 170
Sich vom Pessimisten in einen Optimisten verwandeln 172
Versöhnen und verzeihen 176
Zeitmanagement 179
Niederlagen in Erfolge verwandeln 184
Dankbarkeit 187
Angst loslassen 189
Führen per Charisma 191
Stressmanagement 199
Lieben mit Lust und Leidenschaft 203
Das Glück genießen 207
Der Alchimist 209

Grundgesetze der Lebensentfaltung 213

Literaturverzeichnis 215

Stichwortverzeichnis 217

DANKSAGUNG

Mit Freude möchte ich zu Beginn meinen Lehrern danken, die mir geholfen haben, meinem Leben Wert und Sinn zu geben. Besonders bedanken möchte ich mich bei Prof. Victor E. Frankl, Oskar Schellbach und Dr. Robert Schuller.

Glücklich bin ich, weil mich viele Menschen unterstützt haben, die Philosophie des erfolgreichen Weges Millionen von Menschen näher zu bringen. Es war immer meine Lebensaufgabe, Menschen zu zeigen, dass es einen Weg nach oben gibt.

Vor allen Dingen aber möchte ich mich bedanken bei Frau Rupprecht-Stroell. Sie kennt mein Erfolgssystem mit all seinen Facetten. So profitiert auch dieses Buch sehr von ihrem Wissen und ihrer Lebenserfahrung. Ich bin daher dankbar für all' ihre Anregungen, meine Gedanken noch überzeugender zu formulieren.

Schon die alten Römer wussten, Wiederholung ist die Mutter der Weisheit. Aus diesem Grunde ist es notwendig, dass man das Wahre und Richtige immer wiederholt, damit daraus eine positive Wirklichkeit entsteht.

Dieses Buch, lieber Leser, wird Ihnen helfen – ganz gleich auf welcher Stufe Sie heute stehen – sich, auch zum Vorteil anderer, höher und weiter zu entwickeln.

Ihr

Nikolaus B. Enkelmann

www.Enkelmann.de

1. Kapitel:

Der Alchimist

Santiago, ein Hirte aus Andalusien, hat einen Traum, der ihn einfach nicht loslässt: Am Fuß der Pyramiden wartet ein Schatz auf ihn. Zwei Seelen kämpfen nun in seiner Brust: Soll er sich auf das Wagnis einer Schatzsuche einlassen oder soll er lieber weiterhin mit seinen Schafen durch die Gegend ziehen? Mit seinem bisherigen Leben war er sehr zufrieden. Warum also sollte er alles aufs Spiel setzen? Doch der Traum verfolgt ihn, eine alte Zigeunerin und ein geheimnisvoller alter Mann machen ihm zudem Mut. Wenn man etwas wirklich fest wollte, dann würde das Universum darauf hinwirken, dass man es auch verwirklichen könne – mit dieser Erkenntnis macht Santiago sich auf den Weg. Seine Reise führt ihn nach Tanger, in die Wüste und in Oasen. Unterschiedliche Menschen begegnen ihm und begleiten ihn. Menschen, die ihm Mut machen, seinen ganz persönlichen Lebensweg zu gehen, die ihn bei der Erkundung der Geheimnisse der Welt unterstützen. Jede Erfahrung vermittelt dem Hirten Erkenntnisse über sich selbst, aber auch über die Weltenseele, die Gesetze der Natur. In einer Oase trifft er dann einen Alchimisten. Von ihm lernt er, dass es jedem Menschen gegeben ist, edler und besser zu werden als er von Natur aus ist und dass dadurch alles andere in seinem Umfeld auch edler und besser wird. Santiago begegnet der Liebe in Gestalt von Fatima und erlebt Liebe in ihrer ursprünglichsten Form. In größter Harmonie und im Einklang mit dem Universum erfährt er tiefes Glück. Die Suche nach dem Schatz hat Santiago letztendlich zu sich selbst, zu dem Schatz in seinem Inneren geführt.

So erzählt uns Paulo Coelho in „Der Alchimist".

Das Geheimnis der Wandlung – oder was wir von den Alchimisten lernen können

Wer möchte nicht seinen ganz persönlichen Schatz suchen, wer möchte nicht auch eine solch wunderbare Wandlung erfahren wie Santiago?

Ein Leben in völliger Übereinstimmung mit der Welt – im Großen wie im Kleinen – das wünschen wir uns alle. Meist suchen wir es aber eher in Äußerlichkeiten als in uns selbst. Dabei finden wir alles, was wir benötigen, um eine Veränderung herbeizuführen, in unserem Inneren. Jeder von uns kann – ähnlich einem Alchimisten – Unedles in Edles verwandeln, jeder von uns kann seinen Lebensweg – entsprechend seiner Lebensaufgaben – finden und konsequent gehen. Probleme stellen keine unüberwindbaren Hindernisse dar, sondern sind lediglich Ausdruck der Unvollständigkeit. Das können wir jedoch ändern. Jedes gelöste Problem bringt uns unserem Lebensziel ein Stück näher. Deshalb sollten wir Probleme nicht verdammen, sondern sie als Teil unseres Lebens akzeptieren. Probleme in Glück verwandeln – mit Hilfe der Erkenntnis der Alchimisten – das ist unser gemeinsames Ziel. Sie können sogar zu einem Meister in der Kunst der Verwandlung werden: Gleichgültigkeit lässt sich wandeln in Interesse, Unverständnis in Toleranz, Lethargie in Energie, Tränen in ein Lächeln …

Was ist Alchimie?

Alchimie – ein geheimnisvoller Begriff. Das Wort Al-kīmiyá stammt aus dem Arabischen. Über die Bedeutung ist man sich nicht so ganz sicher. Es wird vermutet, dass es „die Kunst des Landes Khem" bedeutete. Khem war einst der Name für Ägypten. Die Araber bezogen ihr Wissen von dort, bevor es sich im Abendland verbreitete. Eine andere Version geht auf das griechische Wort „chymeía" zurück, womit das Schmelzen und Legieren von Metallen bezeichnet wurde. Der Begriff „Alchimie" wurde früher insbesondere für Experimente verwendet, die dem Zweck dienten, aus unedlen Stoffen Gold zu gewinnen. Gold – nicht nur wegen seiner Schönheit begehrt, sondern auch ein Symbol für Macht und Reichtum. Aus der Alchimie entwickelte sich die heutige Chemie, deren Ziel es von Anfang an war, eine bestimmte Materie durch Läuterung von einem unvollkommenen in einen vollkommenen Zustand zu bringen. Ein formendes Prinzip sollte hier also Urmaterie in eine ganz bestimmte Materie verändern.

Schon allein das Wort „Alchimie" ruft geheimnisvolle Assoziationen hervor, die immer mit der Vorstellung von Gold verbunden waren. Und das hat sich bis heute nicht geändert.

Die Kunst der Verwandlung – dieser Gedanke faszinierte die Menschen zu allen Zeiten. Kein Wunder, dass die Alchimisten darauf bedacht waren, ihr Wissen für sich zu behalten und es nicht jedermann preiszugeben. Ihre Notizen und Aufzeichnungen hatten sie geheimnisvoll verklausuliert. Kaum ein Eingeweihter und erst recht kein Laie konnte diese Schriften enträtseln. Der faszinierende Gedanke, aus quasi wertlosem das wertvollste und begehrteste Metall machen zu können, ließ den zweiten Aspekt der Alchimie in den Hintergrund treten. Der Alchimist versuchte sich aber nicht nur in der Umwandlung von Metallen, sah sich nicht nur als „Handwerker", sondern hatte ein noch höheres Ziel: die Wandlung der Seele vom normalen Zustand in den Zustand geistiger Vollkommenheit. Die Alchimisten verbrachten Jahre ihres Lebens damit, in die Flammen zu schauen, die die Metalle läuterten. Dabei fiel nach und nach auch alles Unedle vom Menschen ab und er war eines Tages ebenso geläutert wie das Metall. Nach dem Verlust der ursprünglichen Eigenschaften durch die Erhitzung, blieb, so glaubte man nur die Weltenseele zurück. Dieses alles verbindende Element würde dem Besitzer die Fähigkeit geben, alles zu verstehen.

In die Alchimie vereinten sich unterschiedlichste Erkenntnisse und Kulturen. Griechische Philosophie verband sich hier problemlos mit mystischen Kulten aus dem Osten. Zur Blütezeit der Alchimie waren wissenschaftliche Erkenntnisse untrennbar mit Magie verbunden. Heute würde vieles davon als Aberglaube belächelt, aber zur damaligen Zeit spielten andere Dinge eine wichtige Rolle für das Leben, beispielsweise Zahlen oder Buchstabenkombinationen.

Die Suche nach dem Stein der Weisen

Untrennbar verbunden mit dem Begriff der Alchimie ist der „Stein der Weisen". Und damit kommen wir der Sache schon näher. Der Stein der Weisen (J. K. Rowling adaptierte den Begriff für einen ihrer Harry Potter-Bände) bildete das große Ziel aller alchimistischen Forschungen und Versuche. Dieses Meisterwerk war keineswegs eine Gesetzestafel, ähnlich den Zehn Geboten. Als Stein der Weisen bezeichnete man auch nicht einen Ort, an dem sich die Weisen dieser Welt versammelten, um zu meditieren oder um ihr Wissen auszutauschen. Vielmehr bestand der Stein der Weisen, so glaubte man, aus einer Substanz – Stein und auch wieder nicht Stein –, die durch komplizierte chemische und andere Prozesse aus bestimmten Rohmaterialien wertvolle Substanzen entstehen ließ.

Als verbindendes Element sollte er geistige Kraft geben. Könnte man dieser geistigen Energie habhaft werden und sie zu einer magischen Substanz werden lassen, dann hätte man das Wundermittel, mit dem aus gewöhnlichen Metallen Gold gemacht werden könnte. Eine winzige Menge wäre für diesen Prozess bereits ausreichend.

Und der Glaube an den Stein der Weisen ging noch viel weiter: Die Substanz sollte nicht nur universelles Heilmittel sein und Gesundheit schenken, sondern sogar Unsterblichkeit garantieren. So suchten die Alchimisten vieler Generationen nach der einen geheimnisvollen Substanz und verbrachten ihr Leben damit, eine Unzahl von Experimenten durchzuführen. Daraus hat sich letztendlich die moderne Chemie entwickelt.

Dass die Alchimisten bereits ein paar hundert Jahre nach Christi Geburt über enormes Wissen aus unterschiedlichsten Bereichen verfügten, war nicht verwunderlich. Zur Alchimie gehörte die Medizin ebenso wie Religion und Philosophie, Magie und Logik. Die unterschiedlichen Bereiche standen dabei gleichwertig nebeneinander und ließen sich damals problemlos miteinander vereinen.

Für uns liegt der Stein der Weisen in uns selbst. Wenn wir unsere inneren Ressourcen nutzen, uns also weiterentwickeln, dann können wir dem Zustand der geistigen Vollkommenheit näher kommen.

Bekannte Alchimisten

Der bedeutendste arabische Alchimist Jabir (zirka 722 – 815 n. Chr.) war ein Gelehrter, der sich wegen seiner Abhandlungen zu verschiedensten Themen einen Namen gemacht hatte. Er zeichnete eine Reihe von wichtigen chemischen Beobachtungen auf und gilt als Erfinder des Destillierapparates.

Al-Razi war ein berühmter persischer Alchimist und Arzt. Er lebte zirka 866 – 925 n. Chr. und verfasste viele Bücher über Alchimie, aber unter anderem auch über Medizin, Theologie und Astronomie. Seine Aufzeichnungen gehören zu den ersten auf dem Gebiet der Chemie.

In Europa ist Albertus Magnus (zirka 1193 – 1280) zu nennen, ein großartiger theologischer Lehrer und Naturwissenschaftler des Mittelalters. Er machte als erster Aufzeichnungen über die chemische

Zusammensetzung von Metallen. 1931 wurde er von Papst Pius XI. heilig gesprochen.

Der Name Paracelsus (= Theophrastus Bombastus von Hohenheim, 1493 – 1541) – der Begründer der pharmazeutischen Chemie – ist uns auch heute noch ein Begriff. Auf Basis der Alchimie hat er Medikamente entdeckt, die auch in der modernen Medizin ihren Platz haben.

Alchimie und Psychoanalyse

Auch der Psychoanalytiker C. G. Jung befasste sich intensiv mit der Alchimie. In Schriften und Büchern verglich Jung alchimistische Vorstellungen mit den Erkenntnissen über die Arbeitsweise beziehungsweise Funktion des Unterbewusstseins. Die Vorarbeit dazu war enorm, denn die Enträtselung der Aufzeichnungen, die die Alchimisten einst angefertigt hatten, gelang kaum Fachleuten. Es wurde ja mit rätselhafter Terminologie und mit Bildern gearbeitet, deren Sinn kaum jemand erfassen konnte. Erst nachdem Jung sich eine Art persönliches Stichwortlexikon – ähnlich einem Fremdsprachen-Wörterbuch – angelegt hatte, vermochte er einen besseren Einblick und größeres Verständnis zu erlangen. Interessant ist dabei, dass er anhand seiner Forschungen später Übereinstimmung zwischen gnostischem Wissen und den damaligen Erkenntnissen über unbewusste Denkvorgänge, also das Unterbewusstsein, entdeckte. So trug Jung um 1935/36 seine Erkenntnisse vor einem Gremium von Psychologen, Geistes- und Naturwissenschaftlern vor. Er ergänzte Traumbilder eines Menschen mit alchimistischen Elementen. Später entdeckte er überzeugende Entsprechungen zwischen dem „Stein der Weisen" (lapis philosophorum) und Christus beziehungsweise dem Archetypus des Selbst. Diese Erkenntnisse fasste er in seinem Buch *Psychologie und Alchimie*, erschienen 1944, zusammen. In Träumen seiner Patienten erkannte er oft alchimistische Symbole, die aus unterschiedlichsten Mythologien und Religionen stammten. Das verstärkte seine Meinung, dass es eine gemeinsame Wissensquelle – ein kollektives Unterbewusstsein – gab. Über alchimistische Symbole könnte der Mensch damit Zugang zu seinem tiefen Ich, seinem wahren Wesen, finden. Auf Kupferstichen der Alchimisten entdeckte Jung Übereinstimmungen sowohl in Form wie auch Inhalt mit den Bildern, die seine Patienten im Traum sahen, dem

Zustand, in dem die Probleme des Alltags in bildhafter, symbolischer Weise verarbeitet wurden.

Für Jung symbolisierte der Stein der Weisen die Versöhnung von Gegensätzen, die ungleich mehr Kräfte freisetzt als die Zusammenfügung zweier gegensätzlicher Pole. Wie Feuer und Wasser oder wie ein Stein, der aber doch kein Stein ist, wie die Vermählung von König und Königin – so wurde der Stein der Weisen von Jung beschrieben. Bemerken Sie die Übereinstimmung mit der chinesischen Philosophie, mit Yin und Yang?

Die Alchimie wollte eine Polarität darstellen, wie sie im Christentum gelehrt wird. So wird beispielsweise das Böse als etwas dargestellt, das außerhalb des göttlichen Willens existiert. Jung akzeptierte hingegen auch das Negative, da es nichts Gutes gibt, aus dem nicht Schlechtes, und nichts Schlechtes existiert, aus dem sich nichts Gutes ergeben könnte.

Das Wissen von gestern für Menschen von heute

Nach diesem kleinen Einblick in die Geschichte der Alchimie stellt sich die Frage, was nun diese alte Wissenschaft mit dem modernen Menschen zu tun hat. Wie wir gesehen haben, geht es darum, momentane Zustände in etwas Besseres umzuwandeln oder anders ausgedrückt: Probleme in Glück verwandeln – ein Thema, das zu allen Zeiten aktuell war und ist. Wenn ich solches in meinen Seminaren ankündige, dann sehe ich in den Gesichtern vieler Teilnehmer eine große Skepsis. Und hier haben wir dann auch schon das erste Hindernis: den mangelnden Glauben. Wir glauben nicht an uns und haben damit auch keine Basis für einen Glauben an den Erfolg, an das Glück, an eine schönere Welt. Wenngleich ein bekannter Spruch lautet: „Glauben heißt nichts wissen", so bin ich doch vielmehr ein Anhänger der Einstellung: „Der Glaube versetzt Berge". Wer nicht daran glaubt, sein Leben verändern zu können, hat aufgegeben – nicht nur seine Lebensziele, sondern auch sich selbst. Wem der Glaube fehlt, der hat aufgegeben, bevor er überhaupt den ersten Schritt gemacht hat. Kein Alchimist hat jemals ein Experiment ohne die feste Überzeugung begonnen, dass es klappen könnte, dass er weiterkommen und den Stein des Weisen finden würde. Das war die Motivation, der Antriebsmotor, ohne den nichts geht – weder damals noch heute. Wenn man nämlich etwas wirklich will, wird alles in uns – und dann auch um uns herum – darauf hinwirken, dass man es realisieren kann.

Verändern wir etwas in unserem Leben, dann tun wir das meist nicht aus freien Stücken. Das ist erstaunlich, denn die meisten Menschen sind nicht gerade glücklich mit ihrem Leben. Erinnern Sie sich einmal: Waren es nicht meistens Katastrophen, die Sie veranlassten, etwas anders zu machen?

Nach dem Zweiten Weltkrieg lag ganz Deutschland in Schutt und Asche. Wer hätte es schon für möglich gehalten, dass dieses Land in kurzer Zeit zu den großen Wirtschaftsnationen gehören würde? Wie war so etwas möglich? Ganz einfach: Die Menschen haben eine Niederlage in Erfolg verwandelt.

Auch im persönlichen Bereich sind es oft die großen oder kleinen Krisen, die uns förmlich dazu zwingen umzudenken und anders zu handeln. Nicht selten bewirken erst äußere Lebensveränderungen wie Scheidungen, Krankheit, Arbeitsverlust oder Ähnliches eine grundlegende Wandlung und machen uns damit – oft unfreiwillig – zu Alchimisten. In jeder Katastrophe liegt also auch eine Chance. Es kommt immer darauf an, was der Einzelne aus seiner Situation macht, wie er mit Fehlschlägen und Niederlagen umgeht: Ob er sich von äußeren Umständen in die Knie zwingen lässt oder ob er wie Phönix aus der Asche steigt.

Wenn wir uns vom Schicksal benachteiligt fühlen, wenn alles schief läuft, wenn wir uns als Opfer der Wirtschaftslage sehen, den Job verlieren, der Kontostand unter ständiger Schwäche leidet, der Partner uns betrügt oder eine Krankheit unser Leben verändert, dürfen wir eines nicht vergessen: Das nicht das Ende ist, sondern der Anfang!

Aber warum müssen wir eigentlich immer erst vom Schicksal gebeutelt werden, bevor wir aktiv werden? Jeder von uns kann sich in jeder Minute dazu entschließen, ab sofort glücklicher zu leben. Wir sollten nicht so lange warten, sondern schon heute etwas für unser Leben von morgen tun.

Der Schatz, den wir suchen, liegt in uns selbst. Wir besitzen nämlich alles, was wir benötigen, um aus einer nicht befriedigenden Situation etwas Besseres zu machen. Oder anders ausgedrückt: Der Stein der Weisen – die geheimnisvolle Substanz – liegt näher als wir denken. Wir finden ihn in uns selbst. Der moderne Mensch hat es sogar viel leichter; er braucht nicht einmal geheimnisvolle Substanzen, er muss sich nicht in ein Labor zurückziehen und sich gefährlichen Experimenten aussetzen. Nein, er braucht nur die folgenden Anleitungen zu befolgen – allerdings konsequent und mit ganzem Herzen. Mein Stein der Weisen sind die

14 Grundgesetze der Lebensentfaltung.

Ähnlich einer alchimistischen Zauberformel ist es mit diesen Gesetzen möglich, Probleme in Erfolge, Niederlagen in Siege und Sorgen in Glück zu verwandeln. Ich verspreche Ihnen, Sie werden nicht nur Ihre Probleme meistern, sondern ganz neue Perspektiven für Ihre Zukunft entdecken. Nutzen Sie Ihr Potenzial, haben Sie den Mut, die Dinge in Ihrem Leben zu verändern, die Ihnen nicht gefallen. Leben Sie entsprechend des Schöpfungsauftrags in Einklang mit der Natur und dem Universum, in Harmonie mit sich selbst. Dazu benötigen Sie weder Maschinen noch ein bestimmtes Umfeld. Sie müssen kein Geld und keinen Urlaub in diese Veränderung investieren, das Einzige, was Sie brauchen, ist der ernsthafte Wunsch, glücklich zu sein. Alles, was Sie dazu benötigen, liegt in Ihnen selbst, Sie müssen es nur aktivieren. So können Sie den Alchimisten in Ihnen aktivieren, können Ihre Probleme in Erfolge verwandeln, sich spirituell und emotional weiterentwickeln. Auch Sie können glücklich sein! Lassen Sie mich Ihr Coach sein, der Sie zu einem Meister in der Kunst des Glücklichseins macht. Gemeinsam werden wir ein Training absolvieren – so wie Sie es vom Sport her kennen: Wir werden feststellen, wo Ihre Stärken und wo Ihre Schwachpunkte liegen, werden in einem Schritt-für-Schritt-Plan eine Veränderung einleiten und so lange trainieren, bis diese fest in Ihnen verankert ist.

Oft sind es ja nur Kleinigkeiten, die uns das Leben schwer machen. Manche Menschen fühlen sich vom Pech verfolgt, glauben, sie hätten ein Abonnement für die Schattenseite des Lebens gebucht. Voller Bewunderung, manchmal auch mit Neid, blicken sie auf die scheinbar vom Schicksal Begünstigten, auf diejenigen, die einen Platz an der Sonne gepachtet zu haben scheinen.

Dabei wird jedoch gern vergessen, dass kaum jemand mit dem goldenen Löffel im Mund geboren wird oder bereits auf Erden das Paradies vorfindet. Unser Lebensplan sieht eine Reihe von kleineren oder größeren Katastrophen vor, mit denen wir alle zu kämpfen haben. Das können wir auch in der Bibel nachlesen. Jeder von uns hat sein Bündel an Sorgen zu tragen. Wer jedoch geduldig und passiv seine Last akzeptiert, kann keine großen Sprünge mehr machen. Wer sich anderen einfach fügt und unterwirft, dem wird gerade deshalb gleich noch ein weiteres Bündel draufgepackt. Brav trottet der Duldsame vor sich hin, wird im Lauf der Zeit immer müder und träger. Wer etwas aus seinem Leben machen möchte, muss sich vielmehr freimachen, muss sich entlasten. Das verschafft die Freiheit, die er benötigt, um sich zu entfalten und seinen Weg zur Sonnenseite zu finden. Wie viele Menschen vegetieren vor sich hin, haben Null-Bock und bemitleiden sich dafür auch noch von Herzen selbst? Besonders in schwierigen Zeiten, in denen die Wirtschaft stagniert, hören wir fast überall nur noch Jammern und Klagen – aber das immerhin mit großer Begeisterung und Leidenschaft. Automatisch glauben wir, dass das normal sei, was die Masse macht und so reihen wir uns ohne Bedenken in diesen Klagechor ein. Das ist jedoch recht fatal, denn Wehklagen hat noch nie etwas bewirkt – außer dass man sich immer schlechter fühlt. Eine kritische Situation wird aber nur durch Handeln und nicht durch Passivität besser. Ehrlicherweise müssen wir zugeben, dass Selbstmitleid im ersten Augenblick sehr viel bequemer ist als die Ärmel hochzukrempeln und zu handeln. Doch das gilt nur für den ersten Eindruck. Der Jammerer hat nämlich nur vermeintlich das bessere Los gezogen. Er befindet sich zwar in zahlreicher, wenngleich nicht guter Gesellschaft.

Glückliche Menschen entwickeln alchimistische Fähigkeiten

Viele Menschen machen sich heute nicht einmal mehr Gedanken über ihr Leben. Die Folgen sehen wir: Sie lassen sich treiben, treffen keine Entscheidung oder lassen andere für sich entscheiden. Sie ergeben sich in ihr vermeintliches Schicksal mit Duldermiene, lassen das Leben an sich vorbeiziehen, sind unzufrieden und unglücklich. Aber woher das Know-how für ein glückliches Leben nehmen? Gelernt haben wir es nirgends. Anstatt in der Schule nur Vokabeln zu pauken, sollten die Kinder auf das Leben vorbereitet werden. Ich plädiere für ein Pflichtfach „Lebensglück". Was glauben Sie, wie unsere Welt aussähe, hätten wir in der Grundschule gelernt, glücklich zu leben. Unser Leben würde sich in ganz anderen Bahnen bewegen. Wir wären glücklicher und hätten ein ganz anderes Lebensgefühl. Wir würden Aufgaben ergreifen, die unseren Wünschen und Fähigkeiten entsprechen, und hätten deshalb nicht nur Freude an unserem Tun, sondern wären obendrein sehr erfolgreich. So aber quälen wir uns mühsam von einem Tag zum anderen. Es fehlt an Motivation und an Zielen. Wir brauchen ein Motiv, das uns die Kraft gibt, um Engagement zu entwickeln. Sogar für unser eigenes Lebensglück benötigen wir Motivation. Natürlich würde es auch weiterhin Probleme geben, doch diese würden uns nicht erdrücken, sondern wir könnten sie rasch und erfolgreich lösen. Hätten wir gelernt, Probleme in Erfolge zu verwandeln, könnte man viel eher Konflikte konstruktiv lösen anstatt Soldaten aufmarschieren zu lassen und es gäbe in der Wirtschaft Kreativität statt Massenentlassungen.

Einseitige Denkweise, starre Ansichten und brach liegende Fähigkeiten haben uns in eine Sackgasse geführt. Dabei besitzen wir nicht nur unzählige Talente, sondern verfügen zudem über ein Wissen, dessen Umfang wir uns kaum vorstellen können. Dabei handelt es sich nicht nur um das Wissen, das wir uns selbst angeeignet haben. Das Wissen der gesamten Menschheit steht uns im kollektiven Unterbewusstsein zur Verfügung. Das Einzige, was wir benötigen, ist nur der Schlüssel, um die Tür zu diesem Speicher zu öffnen. Bewusst habe ich als Einstieg in manche Kapitel ein Märchen gewählt, denn Märchen sind unser kollektives Gedächtnis. Sicher erinnern Sie sich an die Kindertage, als Oma, Opa oder die Eltern Ihnen Märchen erzählten. Aber wissen Sie auch, dass es eine „Psychologie der Märchen" gibt? Jedes Mal, wenn das Gute, also der Held, bis zum Hals in Schwierigkeiten steckt, erscheinen hilfreiche Geister in Gestalt von Feen, Elfen, Engeln oder auch Zwergen, die dem Helden mit Rat und Tat zur Seite stehen. Diese guten Geister sind nichts anderes als ein Symbol für die Kräfte des Unterbewusstseins.

Jeder Mensch hat einen Kopf mit zwei Augen, hat ein Herz, einen Verstand etc. Wir alle verfügen also über die gleiche Grundausstattung – unabhängig, ob wir in Europa oder in Asien geboren wurden, auf dem Land oder in der Großstadt leben. Dennoch macht jeder etwas anderes aus den ihm gegebenen „Substanzen". Nehmen wir noch einmal einen Vergleich zu Hilfe: Sie trinken in der Bar des Adlon Hotels in Berlin einen Cocktail, der Ihnen ausgezeichnet schmeckt. Der Barkeeper nennt Ihnen die Zutaten, nicht jedoch das Mischungsverhältnis. So kann es Ihnen passieren, dass Sie bei Ihrem Versuch, den Cocktail zu Hause selbst nachzumixen, ein grauenhaftes Getränk zusammenmischen, das ungenießbar ist. Daran sehen wir deutlich, dass selbst die richtigen Zutaten nicht unbedingt auch einen Erfolg garantieren. Die

Kunst liegt vielmehr darin, die richtige Mischung zu finden. Auch bei den Alchimisten kam es nicht allein auf die Substanzen an, sondern auch auf das richtige Verhältnis der einzelnen Substanzen zueinander.

Die zahlreichen Stories über Stars und Sternchen, die inzwischen sogar in seriösen Zeitungen die Seiten füllen, zeigen deutlich, dass auch so genannte äußere Glückszutaten wie beruflicher Erfolg, Schönheit und Geld nicht wirklich Glück schenken. Äußerer Erfolg macht nicht glücklich, wenn es innen nicht stimmt.

Was wir suchen, ist der Stein der Weisen, der uns die Fähigkeit verleiht, unseren grauen Alltag in einen strahlenden Sonnentag zu verwandeln. Die „Zutaten" haben wir ja, so dass wir dabei vorgehen können wie die Alchimisten. Das Vorhandene werden wir genau analysieren und dann festlegen, was wir beibehalten können und was umgewandelt werden muss. Mit unseren Problemen gehen wir normalerweise um wie mit Gegenständen des täglichen Lebens: Wir tauschen lieber ein defektes Gerät komplett aus anstatt uns die Mühe zu machen, es zu reparieren. Auch Lösungen suchen wir selten durch Veränderung. Wir greifen lieber zu Hauruck- oder Radikalmethoden. Anstatt bei einem Geschwür genau hinzusehen und einen Behandlungsplan zu entwickeln, um die geschädigten Zellen zu reparieren – und zwar bis zur Wurzel –, schneiden wir es lieber großflächig heraus. Anstatt ein Problem anzugehen, verdrängen wir es und wundern uns, dass es an anderer Stelle verstärkt zu Tage tritt. Oft erscheint uns die Sofortlösung, meist auch noch mit der Holzhammermethode, als angemessen. Denn unser Motto lautet: Schnell, schneller, am schnellsten. Wer aktiv Sport treibt, weiß genau, dass der Sieg dem treu bleibt, der mit Bedacht und Ausdauer trainiert. Sicher gibt es die schnellen Siege, die Ein-Tages-Supergewinner, aber solche Erfolge basieren nicht auf Können, sondern sind flüchtige Zufallstreffer.

> **Glücklich macht uns Erfolg.**
> **Erfolge sind gelöste Probleme.**

Der Weg zur geistigen Vollkommenheit

Es ist ein Menschheitstraum, geistige Vollkommenheit zu erlangen. Damit ist nicht etwa Perfektionismus gemeint, sondern die Entfaltung des Geistes – ohne die Ein- und Beschränkungen, die wir uns selbst auferlegen oder von anderen auferlegen lassen. Der Weg zur Vollkommenheit ist ein Weg nach innen: Schöpfen aus der Tiefe der eigenen Seele, enger Kontakt zum Unterbewusstsein und Vertrauen zu der inneren Führung, Stärkung der Intuition.

Vollkommenheit kann man nicht mit Gewalt erreichen. Sie entsteht durch Wandlung: Unedles verwandelt sich in etwas Besseres, Höheres. Es ist dies ein Prozess, der das ganze Leben andauert. Nur ganz außergewöhnlichen Menschen wie beispielsweise dem Dalai Lama ist es gegeben, Vollkommenheit zu erreichen. Das sollte uns aber nicht davon abhalten, an uns zu arbeiten und uns zu bemühen, ein wenig vollkommener zu werden als wir es im Augenblick sind. Dabei dürfen wir jedoch nicht derart übertreiben, dass die Worte Pearl S. Bucks auf uns anwendbar werden: „Das Streben nach Vollkommenheit macht manchen Menschen vollkommen unerträglich".

Wie also soll der simple Geist seiner Bestimmung entsprechend in einen Zustand der Vollkommenheit gelangen?

Stellen wir uns den Alchimisten in seinem Labor vor, wie er mit den verschiedensten Substanzen experimentiert, um einfache Metalle in Gold zu verwandeln. Diese aufwändige Prozedur im Labor ist zugleich Ausdruck des Ringens des Alchimisten, sich auf geistiger Ebene zu vervollkommnen. So können wir verstehen, dass es für den echten, wahrhaften Alchimisten in erster Linie darauf ankam, seinen höheren Zielen näher zu kommen. Die Fähigkeit, Einfaches in Wertvolles umzuwandeln, war ja Ausdruck der Vollkommenheit: Nur derjenige, der diesen Zustand erreicht hatte, konnte Einblick in das Geheimnis des Universums gewinnen. Natürlich gab es zu allen Zeiten Alchimisten, die sich ganz der einen oder ganz der anderen Richtung widmeten. Idealerweise jedoch ging die Suche nach dem vollkommenen Metall Hand in Hand mit der Suche nach der vollkommenen Seele.

Was bedeutet dies heute für uns?

Die Welt mag sich noch so schnell drehen, die Dinge sich so rasant entwickeln, dass man fast atemlos werden möchte. Was heute „in" ist, ist morgen schon wieder „mega-out". Kaum können wir heute Schritt halten mit der Entwicklung. Wir hinken hinter der Weltgeschichte her, wenn wir nur einmal keine Tageszeitung lesen oder die Nachrichten verpassen. So sind wir allein schon durch das Tempo, das von außen vorgegeben wird und mit dem wir fast um jeden Preis mithalten wollen, von geistiger Vollkommenheit fast so weit entfernt wie vom Mond.

Hektik, übermäßige Reize von außen – das lässt sich mit geistiger Vollkommenheit nicht vereinen, denn Vollkommenheit kann nur aus der Ruhe entstehen. Deshalb werde ich in diesem Buch immer wieder zur Ruhe mahnen, zu Selbstbesinnung und Kontemplation. Dafür eignet sich am besten der Alpha-Zustand. Und Sie werden mit Erstaunen bemerken, dass die Zeit, die Sie sich für sich selbst nehmen, Ihnen keineswegs fehlt. Das Gegenteil ist der Fall. Wir alle kennen den Spruch „In der Ruhe liegt die Kraft", aber wir vertrauen nicht darauf, weil wir eher glauben, mit „time is money" hätten wir schneller Erfolg. Unser Ziel ist es jedoch, zu einem Weltmeister im wahren Glücklichsein zu werden. Dazu benötigen wir konsequentes Üben. Aufbau und Erholung müssen in einem ausgewogenen Verhältnis zu einander stehen, wollen Sie als Sieger das Ziel erreichen und nicht unterwegs schlapp machen.

Alles Können entsteht allein durch Übung

Ich möchte gerne auf die Schöpfung zurückkommen. Der Mensch ist Teil eines größeren Schöpfungsgedankens, nicht aber der Nabel der Welt, als welchen wir uns gern sehen. Der Mensch als einzigartiges und unverwechselbares Individuum ist mit allem über eine mächtige Energieschwingung verbunden. Die einen bezeichnen dies als Gott, die anderen nennen es Höhere Liebe, Schöpfungskraft oder Kosmisches Prinzip. Ob wir dafür einen passenden Namen finden, ist nicht von Bedeutung. Wichtiger ist, dass wir um die übergeordnete Gesetzmäßigkeit wissen, egal ob es sich um die Entwicklung eines Menschen, eines Tiers oder die Entstehung eines Vulkans handelt. Jeder Mensch trägt sein individuelles Lebensmuster in sich, das seinem Lebensauftrag beziehungsweise seiner Lebensaufgabe entspricht. Als Teil der höheren Schöpfung hat jeder Mensch eine Seele, die unsterblich ist und die den Lebensauftrag des Einzelnen kennt. Sie lebt aus dem Unterbewusstsein, in dem alles vereint ist – die individuelle Erfahrung wie auch das kollektive Wissen. Um vollkommener zu werden, müssen wir wieder mehr zu unserem Ursprung zurückkehren, unser Bewusstsein für die höheren Schwingungen sensibilisieren und mehr aus unserer Mitte leben. Das mag jetzt vielleicht ein wenig eigenartig für Sie klingen. Doch wenn Sie sich einmal genau anschauen, wie wir leben und mit welchen Problemen wir zu kämpfen haben, müssen wir uns eingestehen, dass wir unser Selbst und das Gefühl für das Wesentliche verloren haben. Gleichzeitig ist uns dadurch die Fähigkeit entglitten, unserer Bestimmung gemäß zu leben und glücklich zu sein. Dazu gehört aber unbedingt, unsere Lebensaufgabe zu erfüllen und uns weiterzuentwickeln. Doch was tun wir? Wir befassen uns lieber mit Äußerlichkeiten und wundern uns, dass wir nicht glücklich und erfolgreich sind.

Innerer Reichtum zeigt sich in äußeren Erfolgen

Nehmen Sie sich gleich jetzt einmal ein paar Minuten Zeit. Stellen Sie sich vor, Sie besäßen die Fähigkeit, Unglück in Glück zu verwandeln. Wäre das nicht eine wunderbare Gabe? Was könnten Sie alles in Ihrem Leben verändern! Und nicht nur das – Sie könnten sogar die Welt bewegen. Sie würden wahrscheinlich zum gefragtesten Menschen, wenn es sich einmal herumgesprochen hätte, dass Sie Probleme in Erfolge verwandeln können, denn niemand auf dieser Erde ist frei von Problemen. Schärfen Sie Ihren Blick für das Wesentliche und notieren Sie:

Ich möchte

❏ meine langweilige Arbeit in der Buchhaltung in eine interessante Verkaufstätigkeit,
❏ die angespannte Atmosphäre zu Hause in gute Stimmung,
❏ meine aufsässige Tochter in ein liebes Mädchen,
❏ mein mittelmäßiges Gehalt in ein Spitzengehalt,
❏ meine Schüchternheit in sicheres Auftreten,
❏ meine Ausstrahlung in Charisma

verwandeln.

Träume

Träume führen uns direkt zum Kern unserer Seele. Sie sind der Ausdruck unseres inneren Reichtums, denn in den Träumen sehen wir all das, was in uns ist – unsere Fähigkeiten, unsere Chancen. In Tagträumen lassen wir uns treiben, machen Unmögliches möglich, sind mit unglaublichen Fähigkeiten ausgestattet und können hochfliegende

Pläne mit Leichtigkeit umsetzen. Wieder in der Realität angekommen, trauen wir uns dann nichts mehr zu. Wir begeben uns in unsere selbst gesteckten Grenzen. Kinder dagegen schwelgen noch in Tagträumen, sind begeistert von fantastischen Vorstellungen. Werden sie nicht nur für die Schule, sondern für das Leben fit gemacht, dann können sie später mit Leichtigkeit große Ziele erreichen. Sie haben schon von klein auf erfahren, dass nichts unmöglich ist – das gilt vor allem für Traumbilder. Träume sind Vorboten dessen, was wir in die Realität umsetzen können. Träume sind deshalb keineswegs nur für Kinder. Aber viele Erwachsene haben sich das Träumen abgewöhnt. Damit haben sie sich aber auch einer enormen Energiequelle beraubt. Ziele und Wünsche, von denen wir nicht träumen können, stehen nicht im Einklang mit unserem Inneren und sind deshalb nur mit Mühe zu erreichen. Erlauben Sie sich zu träumen und geben Sie nie Ihre Träume auf (siehe auch Seite 93 ff., Kapitel 3).

> „Träume nicht dein Leben, lebe Deine Träume!"

Freiheit

„Ich will frei sein", sagte die Marionette und schnitt sich die Fäden durch.

Vollkommenheit kann sich nur aus innerer Freiheit entwickeln. Wir sprechen immer so gerne von Freiheit und bezeichnen Freiheit als unser höchstes Gut. Doch nur wenige Menschen wagen den Weg in die Freiheit, weil – so glauben sie – damit der Verlust der Sicherheit verbunden ist. Gerne hätte der Festangestellte die vermeintliche Freiheit des Selbständigen, ohne jedoch auf seine soziale Sicherheit verzichten zu müssen. Wir würden gerne mal die Freiheit spüren, die über den Wolken so grenzenlos sein soll, wie Reinhard May sie in einem seiner Lieder beschreibt. Aber wir wagen es nicht. Wir haben Angst vor der Freiheit.

Woran liegt das?

Freiheit, wie ich sie hier beschreibe, basiert auf innerer Stärke und da sieht es bei vielen doch recht schwach aus. Wir suchen lieber Halt in äußeren Dingen, versuchen uns überall abzusichern. Sogar eine ganze Branche lebt sehr gut von diesen Ängsten. Die größte Sicherheit erfahren wir, wenn wir uns auf uns selbst besinnen. Wir sollten uns mehr auf die eigenen Kräfte verlassen, mehr auf unsere innere Stimme hören, bei uns selbst sein. Doch wir orientieren uns lieber an Trends und Meinungen, die andere vorgeben. Dass wir jeder Modeströmung folgen, ist nur sichtbarer Ausdruck dieser inneren Unfreiheit. Immer schön mit der Masse im Strom schwimmen. Nur ja nicht auffallen, so scheint die Devise vieler Menschen zu lauten. Doch in der Masse findet niemand sein Glück.

Was verstehen Sie eigentlich unter Freiheit? Welche Assoziationen verbinden Sie damit? Liegt die Freiheit darin, beim Segeln den Wind im Gesicht zu spüren, die Sonne und die Gischt auf der Haut zu fühlen? Ist es der Blick aus dem Flugzeug hinunter auf die Erde, die so klein erscheint? Oder im Einklang mit der Natur durch den Wald zu reiten? Oder ist Freiheit, das zu tun, was Sie schon immer wollten? Den ungeliebten Job aufzugeben, auszuwandern oder einen Zeichenkurs zu absolvieren ...

> „Der ist beglückt, der sein darf, was er ist." (Friedrich von Hagedorn)

Freiheit – sprechen Sie dieses Wort einmal laut aus. Malen Sie sich das Bild Ihrer persönlichen Freiheit in allen Einzelheiten aus. Was müssen Sie loslassen, um der Freiheit in Ihrem Leben Raum zu geben?

Es gibt viel Negatives auf der Welt, aber auch in uns selbst. Nichts ist ohne Sinn: Das Negative – oder Unedle, wie der Alchimist es bezeichnet – zeigt uns nur, wie schön das Positive sein kann. Wir können sehr wohl Neid, Missgunst, Boshaftigkeit verwandeln in positive Gefühle, in Anerkennung, Toleranz und Hilfsbereitschaft.

Glaube

Ein weiterer wichtiger Aspekt in unserer Entwicklung ist der Glaube, denn der Glaube geht der Tat voraus. Deshalb möchte ich Sie hier fragen: An was glauben Sie? Notieren die fünf für Sie wichtigsten Dinge, an die Sie fest glauben:

1. ....
2. ....
3. ....
4. ....
5. ....

Die Kraft des Glaubens unterschätzen viele Menschen. Dabei ist der Glaube ein elementares Gefühl. Deutlich bemerkt man das in schlechten Zeiten, wenn sich die Kirchen wieder füllen. Im Glauben findet der Mensch Halt, Sicherheit und Zuversicht. Der Glaube gibt Kraft, Mut und Hoffnung. Ohne den Glauben wäre der Mensch verloren. Glücksforscher bestätigen das: Neben der Partnerschaft gehört der Glaube zu den wichtigsten Faktoren für das Glück.

Viele Menschen fragen sich heute nicht einmal, wie es mit ihrem Glauben aussieht. Dabei hat sich ein ganz bestimmter fester Glaube in ihnen etabliert, nämlich der Glaube an Misserfolge. Doch sie nehmen dies nicht als Glauben wahr. Ihr Glaube ist zu Ihrer Gewohnheit, zu einer festen Denkstruktur geworden. Wir denken immer, die Realität entscheidet darüber, ob wir erfolgreich, glücklich oder unzufrieden sind. Weit gefehlt! Tatsächlich entscheidet der Glaube über die Realität. Der Glaube entsteht in Ihrem tiefen Inneren. Wenn Sie beispielsweise daran glauben glücklich zu werden, dann erhält dieser Glückswunsch durch Ihren Glauben so viel Energie, dass Sie gar nicht anders können, als glücklich zu sein. Ihr Unterbewusstsein ist nämlich auf diesen Glückswunsch fixiert und tut alles, um ihn zu realisieren. Durch die Signale, die Sie durch Ihre feste Überzeugung ausstrahlen, ist alles um Sie herum bemüht, Ihre Wünsche zu erfüllen. All Ihre Sinne sind sensibilisiert. Jeder Tag enthält eine Menge Glücksmomente. Wer an das Glück glaubt, nimmt diese Augenblicke auch wahr. Das Glücksgefühl verstärkt sich mit jedem Impuls. Wer an Negatives glaubt, sieht es überall und erwartet es ständig. Deshalb erlebt er Negatives sehr intensiv und bezeichnet dies als seine Realität.

Sie glauben das nicht?

Glauben Sie doch einmal ganz fest daran, dass die anstehende Zahnbehandlung nicht schmerzhaft sein wird. Ihr Zahnarztbesuch wird dann weitaus angenehmer ablaufen als für jemanden, der glaubt, er wird die Behandlung ohne Spritze nicht aushalten können. Oder Sie glauben, dass Sie heute besonders gut aussehen. Was passiert? Sie bemerken tatsächlich bewundernde Blicke, die Menschen sind freundlicher zu Ihnen, Fremde lächeln Sie im Bus an, Kollegen machen Ihnen Komplimente, die Kunden sind heute viel entspannter und folglich für Ihre Argumente viel empfänglicher.

Gestern glaubten Sie, dass Sie schlecht aussahen. Was passierte? Im Büro war die Stimmung angespannt, der Bus fuhr Ihnen vor der Nase weg, Ihr Chef grüßte Sie nicht ...

Allein schon an solch banalen Beispielen wird deutlich, was der Glaube bewirkt. Es kommt also nur darauf an, was Sie glauben: Ob an Glück oder Unglück, an Erfolg oder Misserfolg. Egal, wofür Sie sich entscheiden, der Glaube hat in jedem Fall die gleiche Intensität und Sie erhalten garantiert das, woran Sie glauben.

An was glauben Sie? An sich selbst? Oder lieber an das Schicksal oder gar das Fernsehen?

Glauben Sie an Ihre Stärken oder glauben Sie an Ihre Schwächen?

Glauben Sie, dass Sie das Glück in sich finden werden?

Glauben Sie, dass Sie Erfolg haben, dass Ihnen Ihr Leben gelingt?

Der Glaube an Glück und Erfolg ist es, der uns die Energie zur Erreichung unserer Ziele gibt. Er ist der Motor, der uns antreibt. Unsere Gefühle entwickeln sich aus dem Glauben. Das macht ihn so stark und deshalb kann er Berge versetzen – nichts ist stärker als der Glaube. Wer an sich glaubt, hat deshalb immer bessere Karten als ein Zweifler. Glauben Sie daran, dass Sie nicht von dem Grippevirus angesteckt werden, so gibt Ihnen dieser Glaube so viel Kraft, dass die Abwehrkräfte im Körper aktiviert werden. Das Virus hat unter solchen Umständen gar keine Chance. Glauben Sie aber, dass Sie sich anstecken werden, gehören Sie garantiert zu den ersten, die mit Grippe im Bett liegen. Was in Ihrem Leben geschieht oder nicht, wird bestimmt von dem, was Sie glauben. Glauben Sie an Glück und Erfolg, dann übersteigen die Glücksmomente, die Sie erleben, mit Sicherheit die weniger glücklichen Augenblicke.

Gefühle machen Ihre Wünsche zu Energiebomben. Der Glaube an das Schöne und Gute im Leben wird zur festen Überzeugung. Ganz von selbst tun Sie das Richtige zur richtigen Zeit.

Glauben Sie aber an das Schlechte im Menschen, werden Sie mit allem Negativen konfrontiert. Alles geschieht nach dem Prinzip: Ursache – Wirkung. Die Entscheidung liegt bei Ihnen. Glauben Sie an die Wirksamkeit der Suggestion, dann erzielen Sie andere Resultate als jemand, der eine Suggestion emotionslos anhört.

| Glück ist keine Glückssache |

Glück beginnt im Kopf – nämlich mit dem Glauben an das Glück.

Es geschieht das, was Sie denken – die Wiederholung eines Gedankens wird zur festen Überzeugung, dann zur Gewohnheit und schließlich zum Glauben. Warum also nicht an etwas Positives glauben?

Der Sinn des Lebens

Seine individuelle Lebensaufgabe zu finden, anzunehmen und bestmöglich zu erfüllen beziehungsweise zu lösen – das sind weitere Bausteine für das Lebensglück. Deshalb lautet die entscheidende Frage: Warum bin ich hier auf dieser Erde?

Vor dieser Frage laufen viele Menschen gern davon, denn sie ist nicht immer einfach zu beantworten. Doch wollen Sie mehr als nur existieren, mehr als nur Ihren Magen und Ihr Konto füllen, dann kommen Sie an der Frage nach dem Lebenssinn nicht vorbei. Ob wir ein erfülltes und glückliches Leben haben, das hängt nicht vom Zufall, vom Schicksal oder von dem Umständen ab, sondern einzig und allein von uns selbst. Und niemand anders als wir selbst ist dafür verantwortlich, was in unserem Leben geschieht: Ob wir anderen Nutzen bringen, ob wir unseren Beitrag zur Evolution leisten und durch wertvolle Ziele dazu beitragen, dass die Welt sich zum Guten verändert. Oder ob wir unsere kostbare Lebenszeit vergeuden und sinnlos in den Tag hinein leben.

Wir haben es in der Hand, ob wir zufrieden, erfolgreich, ja sogar, ob wir gesund sind. Wir entscheiden, ob wir Probleme lösen oder Probleme schaffen und ob wir aus uns selbst leben gemäß unseres Schöpfungsauftrags.

Machen Sie etwas aus Ihrem Leben, geben Sie ihm einen Sinn, finden Sie Ihre individuelle Lebensaufgabe. Der Alchimist sucht seinen ganz persönlichen Lebensplan, den er dann aber auch leben muss.

Sie tragen die Verantwortung für Ihr Leben, aber Sie können auch sicher sein, dass Ihnen alle Kräfte des Universums zur Seite stehen, um

Ihre hohen Ziele zu erreichen. Mein erstes Grundgesetz der Lebensentfaltung lautet deshalb:

„Nur der Mensch hat die Kraft, bewusst zu denken, zu planen und zu gestalten. Nur er kann sich selbst und damit sein Schicksal und seine Zukunft gezielt beeinflussen."

Zur Vollkommenheit gelangen wir, wenn wir nicht gegen die Natur leben, sondern im Einklang mit ihr unser Leben gestalten. Bereits Epikur (siehe Kapitel 2, Seite 40), der große griechische Philosoph, weist darauf hin, dass ein erfolgreiches und glückliches Leben nur möglich ist, wenn wir in Harmonie mit den Gesetzen der Natur leben. Daran hat sich bis heute nichts geändert. Wir müssen unser Bewusstsein wecken und sensibilisieren für unsere Lebensaufgaben, müssen uns weiterentwickeln – gemäß des Auftrags der Evolution. Wachstum des Geistes und Erweiterung des Bewusstseins, das bringt uns weiter. So sagte Oskar Schellbach: „Nicht zur Zerstörung der Schöpfung, zur weiteren Vervollkommnung sind wir geboren. Mühe sich daher jeder durch planmäßiges Ausnutzen von Zeit und Kraft, um das hohe Werk zu vollenden". Der erste Schritt liegt nun darin, Bewusstsein für sein Selbst zu entwickeln und seine individuelle Lebensaufgabe zu erkennen. Wir müssen aufwachen aus unserer Lethargie, müssen unsere Aufgabe annehmen und unsere Zukunft gestalten. Jeder Mensch braucht Zukunftsperspektiven. Ohne Aussicht auf eine Zukunft gibt es keine Lebensenergie! Bewusst sollten wir uns dieser Aufgabe stellen, damit wir unserem Leben durch hohe Ziele Sinn und Wert verleihen.

Worin kann nun der Sinn unseres Lebens liegen?

Über unser Schicksal zu klagen oder tatenlos abzuwarten, dass sich die Welt verändert, lässt sich mit einem sinnvollen Leben nicht vereinbaren. An uns selbst und sonst niemandem liegt es, in welche Richtung sich die Welt, die Wirtschaftlage oder aber unsere private Situation verändert. Wer keine Ziele hat, tendiert leicht dazu, passiv zu sein und abzuwarten. Doch Nichtstun ist schlechter als das Falsche zu tun. Passivität ist Stagnation, ja sogar Rückschritt. Auf jeden Fall verursacht es Unruhe, Unsicherheit und Angst. All das können und sollten wir uns nicht leisten. Denn wir haben jeden Tag die Möglichkeit, an uns zu arbeiten und eine Veränderung einzuleiten. Jeder Tag schenkt uns magische Augenblicke, in denen wir Träume verwirklichen, Pläne umsetzen und große Ziele erreichen können. Diese magischen Augenblicke wollen genutzt werden, denn sie kommen nie wieder.

Abb. Nikolaus B. Enkelmann mit Viktor E. Frankl

Doch dazu müssen wir erst einmal wissen, was wir wollen und welche Fähigkeiten wir haben. Wir werden an späterer Stelle in diesem Buch ein persönliches Profil entwickeln, aus dem sich die Frage nach dem Lebenssinn leichter beantworten lässt. Zudem können Sie daran Ihre jetzigen Ziele überprüfen und feststellen, ob sie Ihnen noch entsprechen. Nichts ist schlimmer und entfernt uns weiter vom Glück als die Sinnlosigkeit. Wohin das führt, sehen wir überall auf der Welt: Chaos, Krieg, Depression, Mord und Selbstmord. Ohne Sinn, ist alles sinn-los. Wir dürfen nicht nur egoistisch an uns und unser persönliches Glück denken, sondern müssen ebenso auch anderen Menschen helfen. Erfolgreich sein und andere erfolgreich machen – das ist wahrer Erfolg. Geben und nehmen, lieben und geliebt werden – um diese Erkenntnisse zu gewinnen, bedarf es menschlicher Reife. Ziele, an die wir glauben, Aufgaben, die uns begeistern, Wünsche und Träume, die aus unserem Herzen kommen – das ist es, was unser eigenes Leben bereichert. Das kommt dann auch unserem Umfeld zu Gute. Wir sind auf dieser Welt, um zu lernen und uns weiterzuentwickeln. Das ist das Glück, das wir suchen.

Zum Glück gehört auch der Umgang mit anderen Menschen. Wer Menschen mag, ein wirklicher Menschenfreund ist, der hat auch Einfluss auf seine Mitmenschen. Alles, was Sie geben, kehrt zu Ihnen zurück. Je mehr jemand andere Menschen liebt und fördert, desto mehr Unterstützung erhält er für seine eigenen Ziele. Dieser Prozess vollzieht sich unbewusst. Die Liebe zu anderen Menschen fängt generell bei der Liebe zu sich selbst an. Mögen wir uns selbst, dann können wir auch anderen mit Respekt, Achtung und Wertschätzung begegnen. Die richtige Einstellung zum Leben überhaupt, die richtige Art und Weise mit Menschen umzugehen ist für Glück und Erfolg hilfreicher als jahrelange harte Arbeit. Und ist es nicht unsere Lebensaufgabe, glücklich, erfolgreich, zufrieden und gut situiert zu sein?

Was die meisten Menschen davon abhält, ihre Lebensaufgabe anzunehmen und damit der geistigen Vollkommenheit ein Stück näher zu kommen, ist die Angst vor dem Ungewissen. Angst ist immer ein schlechter Wegbegleiter. Jeder kennt dieses destruktive Gefühl, das uns die Lebensfreude, den Elan raubt, das die Kehle zuschnüren kann und uns sogar körperlich fertig macht. Deshalb werden wir uns später in diesem Buch eingehender damit befassen, wie wir lernen mit der Angst umzugehen und sie in positive Bahnen zu lenken.

> **Vertrauen gewinnen, ist der Sieg über die Angst**

Der Weg der Wandlung

Wir werden lernen, unsere Gedanken unter Kontrolle zu bringen, sie in die richtige Richtung zu lenken und uns nicht mehr zum Opfer unserer Gedanken machen zu lassen. Wir werden selbst denken und nicht mehr zulassen, dass Gedanken anderer Menschen in uns wirksam werden können. Wir werden unser Gehirn richtig einschalten und zwar die linke *und* die rechte Seite und dadurch Höchstleistungen produzieren. Unsere Einstellung zu uns, aber auch zum Leben kommt auf den Prüfstand. Probleme machen wir sichtbar, damit wir sie in Erfolge verwandeln können. Und wir werden unseren großen Freund, unser Unterbewusstsein, verstärkt für uns arbeiten lassen.

Dabei helfen uns verschiedene Techniken: Wir werden mit Autosuggestionen, mentalen Übungen und Visualisierung trainieren und so oft wie möglich in den Alphazustand eintauchen. Ich lasse Sie an meinem reichen Erfahrungsschatz teilhaben, gebe Ihnen Starthilfe und begleite Sie. Gehen beziehungsweise trainieren müssen Sie allerdings selbst. Denn:

> **Nichts ändert sich, außer Sie ändern sich.**

Wir werden gemeinsam von der Verliererseite auf die Gewinnerseite wechseln, werden Angst in Mut und Tränen in ein Lächeln verwandeln. Leben nach den geistigen Gesetzen – entsprechend der Evolution – schenkt uns Frieden, Zufriedenheit und wahres Glück. Wertvolle Ziele, sinnvolle Aufgaben, Selbsterkenntnis – das sind die Etappen auf unserem Weg.

Erfolg bedeutet für mich, sein Leben in die Hand zu nehmen und es glücklich und erfolgreich zu führen. Glück und Erfolg gehören zusammen. Ein glücklicher Mensch kommt gut an. Er wird geachtet und geliebt, weil er richtig mit Menschen umgehen kann. Erfolgreich sind diejenigen, die auch beliebt sind, denn die Unterstützung ist ihnen sicher. Eines bedingt dabei das andere.

Wir werden mehr als wir denken von unbewussten Abläufen gesteuert. Wer die Funktionsweise des Unterbewusstseins kennt und weiß, wo wir unvorteilhaft geprägt sind, der kann gegensteuern. So verändern wir Denk- und Verhaltensweisen und mit diesen verändert sich unser Leben und verläuft so, wie wir es immer erträumt haben.

Magische Augenblicke

Zum Abschluss dieses Kapitels möchte ich noch einmal auf Paolo Coelho zurückkommen. Er schreibt in dem erwähnten Buch „Der Alchimist", dass, wenn ein Mensch genau weiß, was er will, die Kräfte des Universums ihm helfen werden, seine Ziele zu erreichen. Unser Freund Wolf R. Böse sandte mir vom gleichen Autor ein Zitat, das uns helfen kann, den Alltag zu vergolden. Nehmen Sie sich zwei Minuten Zeit, um den Inhalt zu verinnerlichen. Das wird Ihnen eine neue Sicht des Lebens schenken.

„Wir können das Wunder des Lebens nur richtig verstehen, wenn wir zulassen, dass das Unerwartete geschieht.

Jeden Tag lässt Gott die Sonne aufgehen und schenkt uns jeden Tag einen Augenblick, in dem es möglich ist, alles das zu ändern, was uns unglücklich macht. Tag für Tag übergehen wir diesen Augenblick geflissentlich, als wäre das Heute wie Gestern und das Morgen auch nicht anders. Aber derjenige, der seinen Tag bewusst lebt, nimmt den magischen Augenblick wahr. Er kann in dem Moment verborgen sein, in dem wir morgens den Schlüssel ins Schlüsselloch stecken, im Augenblick des Schweigens nach dem Abendessen, in den Tausenden von Dingen, die uns alle gleich anmuten. Diesen Augenblick gibt es – den Augenblick, in dem alle Kraft der Sterne uns durchdringt und uns Wunder vollbringen lässt.

Manchmal ist Glück ein Geschenk – doch zumeist will es erobert werden. Der magische Augenblick eines Tages hilft uns, etwas zu verändern, lässt uns aufbrechen, um unsere Träume zu verwirklichen. Wir werden leiden, werden schwierige Momente durchmachen, werden viele Enttäuschungen erleben – doch all dies geht vorüber und hinterlässt keine Spuren. Und später können wir stolz und vertrauensvoll zurückblicken.

Weh dem, der sich davor fürchtet, ein Risiko einzugehen. Vielleicht wird er nie ernüchtert oder enttäuscht und auch nicht leiden, wie jene, die träumen und diesen Träumen folgen. Doch wenn er dann zurückblickt – und wir blicken immer zurück – wird er hören, wie sein Herz ihm sagt: „Was hast du aus den Wundern gemacht, die Gott über deine Tage verteilt hat? Was hast du mit den Talenten gemacht, die dir dein Meister anvertraut hat? Du hast sie in einer Grube vergraben, weil du Angst hattest, sie zu verlieren. Und so ist dies nun dein Erbe: Die Gewissheit, dass du dein Leben vergeudet hast."

Weh dem, der diese Worte hört. Denn nun wird er an Wunder glauben, doch die magischen Augenblicke seines Lebens werden bereits verstrichen sein."

2. Kapitel:

Hans im Glück

Es war einmal ein junger Mann, der einige Jahre fleißig bei seinem Meister gearbeitet hatte und nun endlich wieder nach Hause zu seiner Mutter wollte. Für seine gute Arbeit erhielt er vom Meister als Anerkennung ein Stück Gold – so groß wie der Kopf von Hans. Der junge Mann packte den Schatz in ein Tuch, knüpfte es zu und nahm es über die Schulter. Glücklich und froh machte er sich auf seinen Weg. Doch je länger er wanderte, desto schwerer schien ihm das Goldstück zu werden. Er war gar nicht mehr so glücklich. Dann kam ein Reiter seines Weges daher und Hans dachte, ein Pferd sei doch viel besser als ein Stück Gold. Er musste dann nicht mehr diese Last schleppen, brauchte nicht mehr zu Fuß gehen, sondern könnte sich tragen lassen. Gedacht – getan. Er tauschte das Gold gegen das Pferd. Hans war sehr glücklich. Doch dann überkam ihn der Übermut und er gab seinem Pferd ordentlich die Sporen – mit dem Resultat, dass das Pferd ihn in den Graben warf. Das reduzierte das Glücksgefühl ungemein. Doch nun kam ein Bauer, der eine Kuh mit sich führte. Hans erkannte sofort die Vorteile einer Kuh. Warum also nicht das Pferd gegen die Kuh tauschen? Und wieder war unser Hans glücklich. Die Sonne brannte erbarmungslos herunter und nirgends gab es Schatten. Hans war müde und durstig. Doch dafür hatte er ja seine Kuh. Als er sie melken wollte, kam jedoch nicht ein einziger Tropfen Milch. Stattdessen wurde das Tier auch noch unfreundlich und trat ihn mit dem Huf gegen den Kopf. Hans fiel um und war ganz benommen. Die Kuh schien auch nicht die Lösung zu sein. Nun begegnete er einem Metzger, der ein Schwein an einem Strick führte. Bei dem Gedanken an das leckere Schweinefleisch lief Hans das Wasser im Mund zusammen. Und so verwundert es nicht, dass er flugs die Kuh gegen das Schwein eintauschte. Als ihm später eine Frau mit einer Gans entgegenkam, sah er bereits die Vorteile dieser Gans: Gänseschmalz, Gänsebraten und ein flockiges Kopfkissen aus Gänsefedern. Die Entscheidung fiel ihm leicht, besonders als er erfuhr, dass sein Schwein Diebesgut war: Es war dem Bürgermeister gestohlen worden! Er tauschte wieder und war wieder sehr glücklich.

Kurz vor seinem Heimatdorf sah er einen Scherenschleifer, der ihm die Vorzüge dieses Handwerks in so rosigen Farben schilderte, dass Hans ganz begeistert seine Gans gegen zwei Schleifsteine eintauschte. Und schon wieder war er sehr glücklich. Doch die Steine schienen mit jedem Schritt an Gewicht zuzulegen und Hans wurde müde und immer durstiger. Er war mit den Steinen nicht mehr zufrieden. Als er bei einem Brunnen Rast machte, sich bückte, um Wasser zu trinken, stieß er versehentlich die Steine die Tiefe. Und in diesem Moment war Hans überglücklich. Voller Freude dankte er dem lieben Gott für sein Glück mit den Worten: „Ich bin wirklich ein Glückskind – immer wenn etwas schief zu gehen drohte, kam das Richtige für mich." Mit diesem Glücksgefühl erreichte er das Haus seiner Mutter.

Ich glaube, jeder von uns möchte gern immer so glücklich sein wie unser Hans, oder? Und das können wir auch, wenn wir dieses Märchen als Vorbild nehmen: Das Glück liegt nämlich in erster Linie in uns selbst, in unserer Einstellung zum Leben. Hans ist psychologisch gesehen die erste Märchengestalt, die verdeutlicht, dass Glück eine Frage der Einstellung ist. Die meisten Menschen aber suchen das Glück in Äußerlichkeiten. Verändern wir unsere Einstellung, dann ändern sich auch die äußeren Umstände wie von selbst.

Finden können wir das Glück, wenn wir unser Bewusstsein für unsere Glückschancen sensibilisieren. Magische Momente lassen wir nämlich oftmals verstreichen, weil wir sie einfach nicht erkennen.

Die Voraussetzungen schaffen: Dem Glück eine Chance geben

Glück – damit hat der Mensch sich zu allen Zeiten befasst, immer getrieben von der unstillbaren Sehnsucht nach innerer Zufriedenheit und einem anhaltenden Zustand der Glückseligkeit. Je schlechter die Zeiten, desto höher steht das Glück im Kurs.

Sogar die Wissenschaft hat sich jetzt mit diesem Gefühl intensiver befasst und die Gehirnforschung liefert interessante Informationen zu diesem Thema. In unserem Gehirn gibt es bestimmte Vernetzungen oder Schaltungen, die ein Glücksempfinden auslösen können. Oder anders ausgedrückt: In unserem Kopf müssen wir nur die richtigen Hebel betätigen und schon fühlen wir uns wohl. Und die zweite gute

Nachricht: Glaubte man bis vor kurzem noch, das Gehirn würde sich nach der Pubertät nicht mehr weiterentwickeln, so hat man jetzt entdeckt, dass das Gehirn einem ständigen Entwicklungsprozess unterworfen ist. Jeder neue Eindruck verändert die Vernetzungen – unabhängig vom Alter. Diese Veränderungen lassen sich sogar mit Hilfe von Mikroskopen erkennen. Und nicht nur Gedanken verändern unser Oberstübchen, stärker und noch nachhaltiger wirken Emotionen. Wir können also nicht nur unser Wissen durch Lernen vergrößern, sondern wir können unsere Glücksfähigkeit in ähnlicher Weise entfalten.

Unsere Welt entsteht in unserem Kopf, unser Glück auch. Wenn wir also lernen, unser Umfeld anders wahrzunehmen, werden wir unser Leben verändern können. In unserem Gehirn schaffen wir andere Vernetzungen. So können beispielsweise Menschen, die unter Klaustrophobie leiden, sich nach einem entsprechendem Training in engen Räumen aufhalten, weil sie durch entsprechende Übungen lernen, anders mit der räumlichen Enge umzugehen. Ebenso können wir durch Übungen lernen, anders auf Probleme zu reagieren. Das aktiviert in unserem Gehirn andere Areale, wir erarbeiten uns dadurch neue Denkstrukturen und sind durch diese dann in der Lage, Probleme in Glück zu verwandeln. Dazu müssen wir unser Gehirn durch entsprechende Übungen einfach anders verdrahten, aber auch durch kontrolliertes Denken. Mehr Glück zu empfinden kann man lernen, ebenso wie man lernen kann, Unglück zu verringern. Dabei kommt es auf die richtige Einstellung und konsequentes Training an. Die alten Griechen nannten das Bemühen, die eigenen Gefühle durch Selbstbeherrschung zu kontrollieren, „Askesis" (Übung). Einer der sieben Weisen, der Philosoph Periandros, soll im siebten Jahrhundert vor Christus gesagt haben „alles ist Übung". Daran hat sich bis heute nichts geändert.

Allen Skeptikern zum Trotz wurde übrigens auch erst kürzlich der Beweis erbracht, dass der Mensch durchaus wandlungsfähig ist. Behauptete man doch immer, dass die Grundzüge der Persönlichkeit bereits im Kindesalter festgelegt und für den Rest des Lebens nicht mehr zu ändern seien. Dass dies nicht stimmt, hat jeder von uns schon festgestellt – bei sich wie auch bei anderen Menschen. Nun aber hören wir das auch von der Wissenschaft. Eine Studie der Stanford-Universität belegt, dass sich die wichtigsten Persönlichkeitsmerkmale eines Menschen das ganze Leben hindurch verändern. (SZ 20.5.2003/Wissenschaft). Dies bestätigt meine Erfahrung, dass der Mensch jeden Tag die Möglichkeit hat, aktiv an seiner Persönlichkeit zu arbeiten und sich dementsprechend verändern kann.

Was ist Glück?

Glück ist ein weiter Begriff, deshalb sollten Sie einmal für sich selbst definieren, was für Sie Glück bedeutet. Für den einen mag das ein gut gefülltes Bankkonto sein, für viele Frauen gelten glitzernde Juwelen als sichtbarer Ausdruck von Glück; für andere ist Glück untrennbar mit einer intakten Familie, gesunden und gut geratenen Kindern verbunden. Glück kann Erfolg im Beruf bedeuten, aber auch Reichtum, Schönheit, Gesundheit, Freunde und Liebe sein – oder auch ein wenig von allem. Für die Spaßgesellschaft werden die oberflächlichen Vergnügungen – Parties ohne Ende, spektakuläre Auftritte in der Öffentlichkeit etc. – als Lebenshochgefühl propagiert und rangieren ebenso unter dem Begriff „Glück" wie für andere das Lächeln eines geliebten Menschen. Doch Glück steht nicht allein dem Menschen zu. Ja, heutzutage wollen wir es am liebsten auch mit glücklichen Hühnern und Kühen beziehungsweise mit deren Produkten zu tun haben, denn diese gelten als qualitativ hochwertig. Dies wiederum bestätigt, dass Glück sich körperlich auswirkt – nicht nur bei Tieren (siehe Seite 94 ff., Gehirn). In der Konstitution der Vereinigten Staaten von Amerika ist sogar das Recht auf Glück verankert.

Im alltäglichen Sprachgebrauch nennen wir es Glück, wenn eine Befürchtung nicht eingetreten ist oder wir gerade an einem Unglück vorbeigeschrammt sind – nach dem Motto „gerade noch mal Glück gehabt". Anders dagegen die Glückseligkeit – ein Zustand vollkommener Zufriedenheit, ein Zustand der Wunschlosigkeit, wie wir ihn als Ideal des Buddhismus kennen.

Hufeisen, Glücksklee, Glücksschweine und der Kaminkehrer bringen uns Glück, auch wenn eine schwarze Katze vor uns die Straße von rechts nach links kreuzt; ebenso sollen Scherben oder ein Talisman wirken. Wir „greifen das Glück beim Schopf", „sind unseres Glückes Schmied", „haben Schwein gehabt" oder sind „Glückspilze". Unterschiedliche Bezeichnungen für einen Begriff.

Bereits im alten Rom soll Marcus Terentius Varro 288 Vorschläge erarbeitet haben, die den Menschen zum Glück führen sollten. Für Augustinus, der 300 Jahre später lebte, war das irdische Glück absolut verwerflich. Er sah das Glück allein im Glauben an Gott. Das verschaffte ihm später die Heiligsprechung. Das wäre nichts für den Griechen Epikur gewesen, den ein Paradies im Himmel als Preis für ein freudloses Dasein auf Erden nicht reizen konnte.

Epikur gilt als der Klassiker der Glückstheorie, der das Glück als wertvolles Gut pries, das jedoch auch großen Gefahren ausgesetzt sei. Seine Anhänger, die Epikureer verfochten seine Philosophie, in der das Leben im Hier und Jetzt eine wichtige Rolle spielte: „Als ob ihr Macht hättet über den morgigen Tag! Wir ruinieren unser Leben, weil wir das Leben aufschieben. So sinken wir ins Grab, ohne unser Dasein recht gespürt zu haben."

Demokrit nennt die wahre Glückseligkeit Euthymía (griechisch für Freude, Frohsinn). Eudämonismus ist nach Sokrates und später Spinoza, Leibnitz oder Feuerbach, um nur einige Vertreter zu nennen, die philosophische Lehre vom Glück als Motiv für alles menschliche Streben. Beinhaltet das Streben nach Glück auch die körperliche Lust, so sprechen wir von Hedonismus.

Glück ist ein Zustand unseres Denkens (Oscar Schellbach)

Glück – und was wir darunter verstehen – hängt nicht nur vom Individuum ab, sondern unterliegt auch den Strömungen der Zeit. Mal wird das Glück überwiegend in der Anhäufung materiellen Besitzes gesehen, mal wird es in der Askese gesucht. Leicht wird Glück auch mit Glanz verwechselt. Was glauben Sie, wie viele Menschen, die wir wegen ihres Erfolges so sehr beneiden, im tiefsten Herzen todunglücklich sind? Wir sehen nur die Fassade, lassen uns vom Glanz blenden. Lesen wir dann von solchen strahlenden Stars, dass sie Dauergäste in Suchtkliniken oder suizidgefährdet sind, erkennen wir wie brüchig diese Art von Glück ist. Äußerlichkeiten allein machen also wohl nicht glücklich. Dafür gibt es reichlich Beispiele aus der Menschheitsgeschichte. Prinz Siddharta, vielleicht bekannter unter dem Namen Buddha, gab um 560 v. Chr. das Leben am Königshof auf, um etwas Wertvolleres zu finden. Prinz Edward verzichtete für das Glück, nämlich für die Liebe seines Lebens, auf den Thron von England. Ähnliche Beispiele gibt es zur Genüge – nicht nur in den Königshäusern dieser Welt.

Wir werden nun mit unserem Glückstraining beginnen. Zu Ihrer Ausrüstung benötigen Sie Papier und Stift. Manch einer mag einwerfen, diese Methode sei nicht mehr zeitgemäß. Doch alles, was Sie selbst aufschreiben – und ich meine das im Sinn des Wortes und nicht etwa eine Eingabe per Tastatur – hat eine viel stärkere Wirkung. Deshalb fordere ich Sie immer wieder auf, wichtige Punkte zu notieren beziehungsweise Fragen handschriftlich zu beantworten.

Schreiben Sie bitte hier auf, was Sie glücklich macht. Glücklich macht mich,

....

....

....

Schließen Sie jetzt die Augen und versetzen Sie sich in Ihre Glückssituation. Spüren Sie, wie das Glücksgefühl bei dieser Vorstellung in Ihnen wächst? Genießen Sie es und machen Sie diese Übungen mindestens einmal in der Woche. So entwickeln Sie auf äußerst angenehme und zugleich einfache Art und Weise Glücksgewohnheiten.

Glück – ein Wort, zwei Bedeutungen

Wir Deutschen haben nur ein Wort für das Glück, das sowohl für „glücklich sein", also das Glücksgefühl an sich, als auch für „Glück haben", den günstigen Zufall, herhalten muss. Andere Sprachen sind da präziser, beispielsweise das Englische oder Französische. „Good luck" wünscht man dem Tennisspieler für das Match oder seinem Kind für die Mathe-Arbeit. Wer verliebt ist, fühlt „happiness", hat aber sicher auch good luck gehabt, als er den richtigen Partner traf. Auch die Franzosen haben unterschiedliche Worte für glücklich sein (bonheur) und Glück haben (chance).

In der griechischen Ethik wird unterschieden zwischen Eutychía als Gunst des Schicksals und Eudaimonía, dem Glücksgefühl, das aus einem selbst entsteht, also nicht von glücklichen Zufällen abhängig ist.

Die deutsche Sprache ist hier ziemlich einsilbig, es fehlt uns hier, wie wir sehen, zumindest ein Wort. „Zum Glück fehlt uns ein bisschen Glück" oder „Zum wahren Glück braucht man nicht unbedingt Glück" sind deshalb nicht sehr präzise Aussagen. Übersetzen Sie einmal: „What is the difference between luck and happiness".

Oft besteht ein enger Zusammenhang zwischen dem Glücksfall und dem Glücksgefühl, zu dem ersterer führt. Deshalb heißt es im Englischen auch: Luck leads to happiness. So ist man leichter happy, wenn man bei einer Prüfung good luck gehabt hat. Umgekehrt funktioniert das auch: Ein Bewerber, der happy ist, hat eine ganz andere Ausstrahlung als ein unzufriedener Mensch – damit sind seine Chancen auf good luck in Form eines Arbeitsvertrags ungleich größer, womit er lucky war, dass er einen Job bekommen hat.

Glück – eine Rechenformel?

Da Glück nicht allein auf äußeren Faktoren beruht, haben britische Psychologen eine Rechenformel für das Glück erarbeitet, die wie folgt lautet:

Glück = P + (5xE) + (3xH)

P steht für die persönlichen Eigenschaften, wie beispielsweise die innere Einstellung zum Leben etc.

E steht für Existenz. Dazu gehören Freundschaften, Gesundheit, finanzielle Verhältnisse.

H steht für die höheren Werte, wie Lebenssinn, Selbstwertgefühl etc.

Die einzelnen Werte werden durch Fragen ermittelt und dann darf gerechnet werden.

Wie wichtig Glück ist und welchen Stellenwert es in allen Lebensbereichen hat, sehen wir daran, dass es sogar Wissenschaftler gibt, die sich der Glücksökonomie verschrieben haben und die das Wohlbefinden in Euro berechnen. So hat der britische Wirtschaftswissenschaftler Andrew Oswald errechnet, dass eine harmonische Ehe einen Wert von 9 000 Euro im Monat hat. Und das ist (noch) nicht einmal steuerpflichtig! Arbeitslosigkeit wiegt schwer, nämlich 34 500 Euro im Monat (Rheinischer Merkur am 03.04.2003). Es stellt sich die Frage, welchen Betrag die Glücksökonomen für Ihr Leben errechnen könnten.

Auf die unterschiedlichste Art und Weise hat sich die Wissenschaft mit dem Glück befasst. Nach den neuesten Erkenntnissen sind unsere Nachbarn, die Schweizer, die glücklichsten Menschen auf dieser Erde. Sie erreichen 8,36 Punkte von 10 erreichbaren Punkten. Die Deutschen liegen mit 7,2 Punkten ganz gut im Rennen. (Focus 12/2003) Das Emnid Institut hat ermittelt, dass sich 62 Prozent der Deutschen als restlos glücklich einschätzen.

Rundum glücklich ist, wer mit sich selbst zufrieden ist (= inneres Glück), denn dann kommt automatisch auch das äußere Glück. Gleiches zieht grundsätzlich Gleiches an. Sie werden mir sicher zustimmen, wenn ich sage, dass ein Optimist bessere Chancen hat als ein Pessimist. Wer von vornherein Negatives erwartet, der zieht das Unglück geradezu an. Wer an sich glaubt, von sich überzeugt ist, der tritt entsprechend auf und hat Erfolg. Hier greift das Gesetz von Ursache und Wirkung:

> **Die Qualität der Gedanken (= Ursache) bestimmt die Qualität des Lebens (=Wirkung).**

Sie haben vielleicht aus eigener schmerzhafter Erfahrung gelernt, dass diese Regel stimmt. Warum sonst beißt ein Hund viel eher einen Menschen, der Angst vor Hunden hat? Instinktiv spürt der Hund die Angst, unter anderem auch, weil der Adrenalinschub die Körperausdünstung verändert – da kann der Passant sich noch so sicher geben, der Hund merkt das. Die Angst lässt sich nicht kaschieren und der Hund beißt zu!

Umgekehrt bleibt eine positive Haltung ebenso wenig ohne Wirkung: Eine ältere Seminarteilnehmerin erzählte, dass Reisen mit schwerem Gepäck für sie nie ein Problem darstellte. Sie war von der Hilfsbereitschaft ihrer Mitreisenden so überzeugt, dass sie sich keine Gedanken darüber machte, wie sie wohl ihr schweres Handgepäck in die Ablage bekommen konnte. Ihr wurde immer Hilfe angeboten. Das verwundert nicht, denn diese Frau strahlte Freundlichkeit und Zuversicht aus – und sie wurde nicht enttäuscht. Anders dagegen der notorische „Schwarzseher", der sich schon vor Beginn einer Reise mit seinem Kofferproblem konfrontiert sieht und bereits vorab jammert: „Und wie soll ich das Gepäck managen? Mir hilft ja garantiert niemand." Und so wird es dann auch geschehen.

Auch ein anderes Gesetz kommt hier zur Wirkung: Die sich selbst erfüllende Prophezeiung: „Ich bekomme die Stelle sowieso nicht, ich werde sicher im Stau stecken bleiben, die neue Flamme versetzt mich garantiert ..." Und genau so wird es dann auch geschehen, denn die Ursachen sind gesetzt. Auch dieses Prinzip funktioniert in umgekehrter Weise: „Ich bekomme die Stelle, ich freue mich auf das Date, die Straßen werden frei sein ..." Jeder ist also seines Glückes Schmied!

Das Wort Glück hat unterschiedliche Aspekte, hat viele Facetten und ist mit den unterschiedlichsten Vorstellungen belegt. Deshalb sollten Sie sich, bevor Sie weiter lesen, erst einmal intensiv mit Ihrem ganz persönlichen Glück auseinandersetzen. Wie wollen Sie Probleme in Glück verwandeln, wenn Sie gar nicht genau wissen, was Glück für Sie bedeutet?

Eigenproduktion: Die Glückshormone

Ob wir eine Prüfung bestanden, den begehrten Job erhalten oder den verlorenen Ring des Großvaters wiedergefunden haben – in solchen Fällen werden wir von einer Woge des Glücks regelrecht hochgehoben. Wir schweben förmlich über den Dingen, befinden uns in einem traumähnlichen Zustand. Je nach Situation empfinden wir diese Euphorie nur kurz oder das Hochgefühl hält über eine längere Zeitspanne an. Egal, ob der kurze emotionale Höhenflug oder das beständigere Dauergefühl – in beiden Fällen werden in unserem Organismus Endorphine, also Glückshormone, produziert. Sie sorgen dafür, dass wir uns ausgesprochen wohl fühlen und zudem geben sie uns einen Power-Kick. Das entspricht den Gesetzen der Natur, die all das unterstützt, was dem Überleben beziehungsweise der Arterhaltung dient. So wundert es uns nicht, dass Sex, aber ebenso auch Joggen, die Endorphinproduktion besonders anregt.

Wer das Gefühl für seinen Körper noch nicht verloren hat, weiß ganz genau, was ihm gut tut und was nicht. Dazu braucht man nicht mal Kenntnisse über die physiologischen Prozesse in unserem Körper. Tun wir etwas Gutes für unseren Körper, erfolgt die Belohnung durch Glücksgefühle – Ausschüttung von Endorphinen. Tun wir hingegen etwas, was unserer Gesundheit schadet, gibt es keine Endorphine. Unser Wohlgefühl ist gestört, wir werden bestraft. Instinktiv vermeidet der Mensch solche Situationen und hält sich deshalb – entsprechend der Gesetze der Natur – weitgehend gesund und fit. Das funktioniert, solange wir im Einklang mit uns selbst sind. Ist uns dieses Gefühl abhanden gekommen, sieht es auch für unsere Gesundheit schlecht aus.

Die größten Glücksgefühle erzeugen vor allem sinnliche Genüsse wie Lachen, Berührung (Massage, Streicheln, Sex), Helligkeit, Düfte, Musik, Farben und natürlich Essen und Trinken. Wichtig ist dabei die Abwechslung. Für einen Daueraufenthalt in Supergefühlen ist der

Mensch allerdings nicht geschaffen. Ständig nur in Sterne-Lokalen zu essen, lässt den Glücksspiegel absinken – der Reiz geht verloren. So ist verständlich, dass wir nicht immer gleich glücklich sein können, selbst wenn die äußere Situation unverändert gut bleibt. Wir brauchen die Abwechslung, immer mal wieder einen besonderen Kick, ein ständiges Auf und Ab. Dennoch können wir unseren Glückspegel kontinuierlich steigern und uns zwischendurch mit kleinen Extraportionen den notwendigen Kick geben. Wer Sport treibt, weiß wie wirksam es ist, beim Langstreckenlauf zwischendurch auch mal einen Spurt einzulegen. Auf diese Weise ermüdet der Körper nicht. Auch ein Auto, das im Stadtverkehr mehr steht als fährt, braucht ab und zu mal die Langstrecke, um wieder richtig auf Touren zu kommen.

Der Mensch funktioniert im Vergleich zum Motor sehr viel besser und effizienter, denn allein die Vorstellung einer äußerst angenehmen Situation aktiviert die Produktion von Endorphinen. Und daran sehen wir schon, wie sehr es von der Vorstellung beziehungsweise Einstellung des Einzelnen abhängt, ob er sich wohl und glücklich fühlt oder nicht. Selbst in tief traurigen Situationen muss keiner den Mut aufgeben. Allein schon die Vorstellung einer Verbesserung trägt in der Regel dazu bei, sich besser zu fühlen. Und wer sich besser fühlt, kann klarer denken und eher eine Lösung entwickeln.

Unglück – das Gegenteil von Glück?

Betrachten wir Glück nur unter dem Aspekt der glücklichen Zufälle nach dem Motto „Glück gehabt", dann können wir Unglück durchaus als Gegenteil von Glück ansehen. Allein schon die Vorsilbe „un-" kündigt Schlimmes an: Treue – Untreue, Ehrlichkeit – Unehrlichkeit.

Naturkatastrophen, Verkehrsunfälle, Schicksalsschläge – all das sind Situationen, die wir selbst nicht beeinflussen können. Das Unglück bricht über uns herein und wir stehen ihm meist machtlos gegenüber. Wir können nicht agieren, müssen reagieren. Unglück ist Zeichen der „Ohn-macht", des Ausgeliefertseins. Wir haben zwar die Macht, über unser Leben weitgehend selbst zu bestimmen, zu entscheiden, ob wir einen Glückskurs einschlagen wollen oder nicht. Aber ob uns diese Art des Unglücks heimsucht, das haben wir nicht in der Hand. Wie wir dann allerdings mit dem Unglück umgehen – das ist eine Entscheidung, die wir selbst treffen müssen. Hier beginnt unsere Eigenverantwortlichkeit und damit haben wir bereits wieder „Macht" über eine Situation beziehungsweise über unser Leben gewonnen. Jeder von uns hat die Fähigkeit, Situationen zum Positiven zu wenden. Dieses Talent – wie alle anderen Begabungen auch – entfaltet sich allerdings nur durch Betätigung.

Laufen Dinge in unserem Leben schief, dann sprechen wir gern vom Pech, das wir haben, oder von „bad luck" im Englischen, „malheur" im Französischen. Ein Unglück kommt selten allein. Wenn wir nicht aufpassen oder eventuell falsch reagieren, können wir uns ganz schnell in eine Pechsträhne hineinmanövrieren.

Wird unsere Liebe nicht erwidert, sind wir unglücklich verliebt, der Engländer ist unhappy. Wir sind vielleicht auch unglücklich wegen ein paar Pfund Übergewicht oder weil wir einen Job haben, der uns nicht liegt. Aber das wiederum sind Gefühlszustände, die wir durchaus verändern können. Wir können uns ent-lieben, können entweder unsere Figur akzeptieren oder hungern, können ebenso eine Arbeit suchen, die eher unseren Vorstellungen entspricht. Vielleicht werden wir durch eine solche Veränderung nicht sofort glücklich, aber wir fühlen uns allein schon durch die Tatsache besser, dass wir die Situation im Griff haben und nicht umgekehrt.

Was ist Glück für Sie?

> „Man muss das Glück unterwegs suchen, nicht am Ziel, da ist die Reise zu Ende."
>
> *(Sprichwort)*

Glückliche Menschen sehen sich selbst als Verursacher ihres Glücks, deshalb machen äußere Glücksfälle nicht unbedingt auch langfristig glücklich. Sogar schwere Schicksalsschläge können sich in Glück verwandeln. Menschen, die durch Unfälle zu Schwerstbehinderten wurden, sind – nach Aufarbeitung der Situation – nicht unglücklicher als Gesunde. Glücksforscher erklären das damit, dass die Psyche sich der jeweiligen Situation anpasst. Für ein Model ist ein Pickel im Gesicht ein Problem, der Rennfahrer, der beim Rennen beide Beine verliert, ist glücklich, wenn er sich wieder ohne fremde Hilfe bewegen kann. Glück bleibt eine Frage der Relation. Erstaunlicherweise sind die meisten Menschen dort am glücklichsten, wo sie es gar nicht vermuten: am Arbeitsplatz. Dort erfahren sie mehr Glücksmomente als in der Freizeit, die sie doch selbst gestalten können. Auch Menschen, die sich voll engagiert einer Aufgabe widmen, gehören zu den Glücklichen. Sie sind vom Sinn ihres Tuns so überzeugt und eingenommen, dass sie Stress oder geringe Bezahlung nicht als etwas Negatives empfinden. Der Sinn im reinen Tun macht glücklich! Auch der Glückliche will hoch hinaus, aber er geht seinen Weg nicht mit ausgefahrenen Ellbogen und über Leichen. Vielmehr vertraut er auf seine eigene Kraft und lebt in einem ausgewogenen Verhältnis von An- und Entspannung. Der Glückliche lebt im Hier und Jetzt. Er weint weder verpassten Chancen nach, noch sind seine künftigen Ziele so weit entfernt, dass er sie kaum sehen kann. Er kennt seine Möglichkeiten und ist in der Lage, diese mit seinen Ansprüchen in Übereinstimmung zu bringen. Ein glücklicher Mensch sieht jeden Tag die vielen kleinen Glücksmomente und kann sie genießen. Glückliche Menschen sind nicht unbedingt auf ein großes Glücksziel fixiert, sondern genießen die kleinen Freuden des Alltags, fühlen sich wohl in ihrer Haut und in ihrem Umfeld. Enttäuschungen erleben eher Menschen, die alles in ihrem Leben auf ein großes äußeres Ziel setzen. Haben Sie es endlich mit allergrößter Anstrengung und unter Entbehrungen erreicht, setzt nicht das Glücksgefühl ein, sondern Leere und Müdigkeit.

Glück ist, die Balance zu finden, zwischen dem, was man hat und dem, was möglich ist. Glück bedeutet, die magischen Momente zu erkennen und zu nutzen. Das heißt, mal müssen die Ansprüche heruntergefahren, mal die Arbeit und Anstrengung verstärkt werden. Auf jeden Fall hat Glück immer mit Optimismus, Dankbarkeit, einer sinnvollen Aufgabe sowie Selbstwertgefühl zu tun.

Ich habe Ihnen hier einige Facetten dieses wundervollen Gefühls gezeigt. Jetzt sind Sie an der Reihe: Setzen Sie sich in Ruhe hin und schreiben Sie spontan auf, was Sie unter Glück verstehen. Und dann machen Sie die Probe. Wenn Sie dieses Buch durchgearbeitet haben, dann machen Sie noch einmal eine Glücksaufstellung und vergleichen Sie dann die Ergebnisse.

Glück bedeutet für mich:

....

....

....

Stellen Sie sich vor, Sie könnten zaubern und mit einem kurzen Schnippen der Finger würde sich Ihre Glücksvision realisieren.

❏ Welche Folgen würden sich daraus für Ihr Leben ergeben?
❏ Wie würde Ihr Leben aussehen, wenn Sie wirklich glücklich wären?
❏ Hätten Sie mehr Geld, einen anderen Beruf, vielleicht sogar einen anderen Partner?
❏ Würden Sie sich anders fühlen – fit, dynamisch, könnten Sie Bäume ausreißen, Höhenflüge machen, die Welt verändern?

Schließen Sie die Augen und stellen Sie sich vor, wie es ist, sich glücklich zu fühlen. Spüren Sie die wunderbare Leichtigkeit, die Schwerelosigkeit, die sich einstellt, sobald Sie sich auf das Glück konzentriert haben?

Und jetzt, in diesem Augenblick, wird Ihnen bewusst, was Sie bisher daran gehindert hat, glücklich zu sein. Es ist die Last der Probleme, die wie Mühlsteine auf Ihren Schultern liegen und Sie niederdrücken. Viele Menschen vergessen vor lauter Problemen, dass es Glück gibt. Ein solcher Mensch lebt wie der Hamster in einem Problem-Tretrad. Die Probleme stehen förmlich in der Reihe. Kaum ist ein Problem aufgearbeitet, da steht schon das nächste auf der Matte. Und so treten und treten Sie mit aller Kraft auf der Stelle und kommen keinen Schritt weiter. Es wird sogar noch schlimmer: irgendwann nämlich geht dem Menschen die Puste aus, die Probleme können nicht schnell genug gelöst werden und türmen sich auf, werden mehr und mehr und dabei immer schwergewichtiger. Je nach Veranlagung und Temperament geben die einen nicht auf, die anderen resignieren und lassen alles einfach geschehen. Die Kämpfernaturen schlagen sich schlecht und recht durch, so gut sie eben können, aber auch sie kommen auf keinen grünen Zweig. Ihnen sind nur kleine Verschnaufpausen gegönnt, nach denen es in unvermindertem Tempo weitergeht. Am Ende des Lebens müssen diese Menschen feststellen, dass sie gar nicht selbst gelebt haben, sondern gelebt wurden – von ihren Problemen!

Die alte Weisheit bestätigt sich: Der Mensch ist seines Glückes Schmied. Ob er glücklich ist oder es vorzieht, unglücklich zu sein, ist alleine seine Entscheidung. Das heißt nicht, dass Sie einfach ein Knöpfchen drücken können, auf dem *Glück* steht. Glück will vielmehr erworben werden – erst das macht uns dann wirklich glücklich. Nur so lernen wir den Wert des Glücks auch kennen. Ein Kind, das in einem Umfeld aufwächst, in dem Geld keine Rolle spielt, weil im Überfluss vorhanden, kann den Wert des Geldes nicht schätzen lernen. Ein solcher Mensch hat keine Ahnung von Geldsorgen, Armut ist ein Zustand, den er nur aus der Zeitung kennt. Für ihn ist finanzieller Reichtum alltäglich und damit relativ wertlos. Für jemanden, der in ärmlichen Verhältnissen aufgewachsen ist, hat Geld einen ganz anderen Stellenwert. Ebenso hält Glück, das uns in den Schoß fällt, nicht lange an – wir müssen es selbst entwickeln und formen.

Erstrebenswert und damit auch wertvoll wird das für uns, was wir nicht im Überfluss besitzen, was wir uns erarbeiten müssen. Die Frau, die am unerreichbarsten scheint, ist am reizvollsten, denn sie muss erobert werden, für sie muss der Mann sich etwas ganz besonders einfallen lassen. Er muss sich Mühe geben. Hat er Erfolg und wird erhört, ist er glücklich. Erreicht er sein Ziel ohne Anstrengung, ist der Sieg langweilig und damit wertlos.

Stellen Sie sich vor, dass Sie überraschenderweise einen Posten in der Geschäftsleitung bekommen. Das war Ihr Ziel, Ihr Traumjob. Aber jetzt haben Sie ihn ohne eigene Leistung, quasi umsonst, erhalten. Macht Sie das wirklich glücklich? Sie haben sich diesen Job nicht erarbeitet, können nicht stolz auf die eigene Leistung sein. Der Job gibt Ihnen keine innere Befriedigung, macht Sie nicht glücklich. Anders wäre es, wenn Sie hart darum gekämpft und gearbeitet hätten. Vergleichbar ist dieses Gefühl mit einem Bergsteiger, der im Schweiße seines Angesichts den Gipfel erklimmt. Er ist glücklich, dass er es geschafft hat. Dieses Gefühl kann niemand nachempfinden, der mit der bequemen Gondel in kurzer Zeit den Gipfel erreicht. Keine Mühe – kein Glücksgefühl!

Dem Glück aus dem Weg gehen – die Fluchtwege

Einen Menschen, der keine Probleme hat, werden Sie wohl auf der ganzen Welt nicht finden. Das Lebensschiff kommt manchmal in eine Schieflage, finanzielle Einbrüche, private Enttäuschungen – damit ist jeder von uns konfrontiert. Was den glücklichen von dem weniger glücklichen Menschen unterscheidet, ist die Art und Weise, wie er mit solchen Situationen umgeht, worauf er sich konzentriert: Ob man ein Problemlöser ist, sich also mit Lösungen befasst, ob man Probleme schafft oder gar selbst das Problem ist. Ebenso ist entscheidend, ob man sich passiv in sein „Schicksal" fügt oder aktiv an seinem Schicksal arbeitet.

Wer dann auch noch erkennt, dass nichts in unserem Leben ohne einen tieferen Sinn geschieht, der kann leichter schwierige Situationen akzeptieren und meistern. Jede Erfahrung bringt uns weiter, macht uns reifer und vergrößert unser Glückspotenzial.

Probleme hat jeder Mensch und keiner ist glücklich darüber. Nun gibt es die verschiedenen Möglichkeiten der Problemlösung. Es liegt in der Natur des Menschen, sich den einfachsten Weg zu auszusuchen. Viele glauben deshalb die Lösung in der Flucht zu finden. Der eine ertränkt die Probleme in Alkohol und schafft sich damit ein zusätzliches Problem, nämlich die Leberzirrhose, der andere stürzt sich von einem Flirt in den anderen, um die innere Leere zu überdecken und fühlt sich nur noch einsamer, der dritte arbeitet von früh bis spät, weil es zu Hause ständig Streit gibt.

Anstatt sich den Problemen zu stellen und eine Lösungsstrategie zu suchen, ziehen viele die Vogel-Strauß-Politik vor. Sie graben ein tiefes Loch, in das sie ihren Kopf stecken können – getreu dem Motto: „Was ich nicht weiß, macht mich nicht heiß". Ungelöste Probleme schieben wir auf die Seite oder auf die lange Bank und suchen Ablenkung. Damit können wir jedoch unangenehmen Situationen nicht entrinnen, sondern wir machen uns nur selbst etwas vor. So lastet das Problem nun nicht mehr offen auf uns, drückt dafür unterschwellig aber umso mehr auf unser Gemüt. Und dann wundern wir uns, warum wir nicht glücklich sind, warum wir unser Leben nicht aus vollem Herzen genießen können.

Ein glückliches Leben zeichnet sich durch gelöste Probleme aus.

Wir haben doch alles in uns, um glücklich zu sein. Gleich dem Alchimisten müssen wir nur die richtige Formel anwenden und dazu den Stein der Weisen nutzen. Und dann heißt es: Üben, üben, üben.

Wollen Sie wirklich glücklich sein?

Sie finden, das ist eine seltsame Frage? Natürlich will doch jeder glücklich sein, so denken Sie sicherlich. Mit dem Glück ist es aber wie mit allem anderen auch – man muss es wollen, man muss es zulassen und man muss es willkommen heißen. So wie Sie keinen Alkoholiker zu einer Entziehungskur überreden können, können Sie niemanden zu seinem Glück zwingen. Jeder Mensch muss die Entscheidung – Glück oder nicht – selbst fällen und entscheiden, welche Art von Glück er anstrebt. Und jeder muss auch erst einmal sich selbst glücklich machen, bevor er andere glücklich machen kann. Ein Mann, der das Glück nicht in sich selbst trägt, wird keine Frau glücklich machen beziehungsweise kein Glück in einer Partnerschaft finden können.

Können Sie obige Frage aus vollem Herzen mit Ja beantworten? Dann möchte ich Ihnen gleich die nächste Frage stellen: Was sind Sie bereit, für Ihr Glück zu tun?

Sind Sie bereit, an sich zu arbeiten und Ihre Glückseigenschaften zu trainieren? Vielen fällt es leichter, regelmäßig ins Fitness-Studio oder zum Joggen zu gehen als regelmäßig etwas für ihre geistig-seelische Verfassung zu tun. Lieber quälen wir doch täglich unseren Körper mit Aerobic, pressen unsere Füße in spitze Schuhe, leiden in engen Klamotten als uns damit zu beschäftigen, was wir wirklich brauchen, um ein erfülltes und glückliches Leben zu leben. Wir befassen uns mit den unterschiedlichsten Diäten, trennen Kohlehydrate von Eiweiß, hungern ab 16 Uhr bis zum nächsten Morgen, um unseren Körper schlank und rank zu erhalten, wir achten auf hochwertige Nahrungsmittel, auf straffe Muskeln und lassen die Falten unterspritzen. Vielleicht fliehen wir sogar in diese Aktivitäten, um uns vor den wesentlichen Aufgaben unseres Lebens zu drücken. Wenn ich die Magazine durchblättere, die Talkshows sehe und mich mit Menschen aus allen Regionen und Schichten unterhalte, dann fällt mir auf, dass die gesamte Aufmerksamkeit sich auf das Äußere richtet. Und was ist mit dem Geist? Wo bleibt die Seele? Was tun wir, um uns geistig-seelisch fit zu halten? Welche geistige Nahrung nehmen wir zu uns? Wie trainieren wir unsere Fähigkeiten für ein erfülltes und glückliches Leben? Welche

Verpflichtungen gehen wir ein, um den Auftrag der Schöpfung zu erfüllen? Wie wollen wir uns auf höherer Ebene weiterentwickeln und unserem Ziel – geistige Vollkommenheit zu erreichen – näher kommen? Wie wollen wir Glück in unser Leben integrieren, wenn wir uns nur auf das Äußere beschränken?

Dabei ist Glücklichsein einfacher als Sie denken. Für das Glückstraining brauchen Sie nicht einmal Mitglied in einem Klub zu werden oder ein Abo zu buchen. Sie sind niemandem verpflichtet außer sich selbst.

Das Trainingsprogramm ist einfach, aber effektiv. Sie brauchen nur jeden Tag mit diesem Buch zu arbeiten, tiefenwirksam Autosuggestionen anzuwenden oder, besser noch, mit den Suggestionskassetten ins Bett zu gehen. Und wenn Sie einen besonderen Kick brauchen, dann kommen Sie zu meinem Seminar. Fast im Schlaf können Sie Ihr Glückstraining absolvieren, ganz ohne Verletzungsgefahr oder Muskelkater.

Glückspilz oder Pechvogel – angeboren oder antrainiert?

Sicher gibt es in Ihrem Umfeld Menschen, die einen fröhlichen Eindruck machen, obwohl bei genauer Betrachtung ihre Situation nicht gerade rosig ist. Trotzdem verbreiten diese Menschen gute Laune, wirken zuversichtlich und sind schnell Mittelpunkt in jeder Gesellschaft. Und umgekehrt kennt jeder von uns Zeitgenossen, denen es recht gut geht, die zumindest keine großen Probleme haben, deren Job sicher, das Konto gefüllt und deren Privatleben in Ordnung ist. Und dennoch zeichnen diese Menschen sich dadurch aus, dass sie die reinsten Miesepeter sind. Überall finden Sie ein Haar in der Suppe, haben an jedem etwas herumzunörgeln und verbreiten eine Atmosphäre, die zur schnellen Flucht animiert. Woran liegt das?

Der eine jammert und klagt über Missgeschicke, der andere beachtet sie einfach nicht. Manche Menschen scheinen von einem Unglück ins nächste zu tappen. Und dann gibt es solche, die immer auf die Füße fallen, egal, was sie tun. Pechvogel oder Glückspilz – ist das vorbestimmt, angeboren oder antrainiert? Testen Sie einmal, wie es um Ihre Grundeinstellung steht:

- ❏ Überraschend haben Sie die Konkurrenz ausgeschaltet und einen großen Auftrag erhalten. Was denken Sie?
  - Da ist irgendetwas faul
  - Ich wusste, dass sich es schaffe.
- ❏ Ihr Partner ist auffallend aufmerksam und liest Ihnen die Wünsche von den Augen ab.
  - Das geht nicht mit rechten Dingen zu – vielleicht betrügt er mich.
  - Meine dezenten Hinweise auf einige Missstände waren nicht umsonst.
- ❏ Ein Sonderangebot wird Ihnen in einem Geschäft vor der Nase weggge geschnappt.
  - Die hatten ja überhaupt nur ein einziges Exemplar – das ist Betrug.
  - Habe ich mir das Geld gespart; mein Fernseher ist noch gut, einen neuen brauche ich momentan gar nicht.
- ❏ Kaum haben Sie die Autowaschanlage verlassen, kommen Sie in einen Platzregen.
  - Das passiert immer nur mir – schade ums Geld.
  - Gut, dass der Wagen richtig sauber war, sonst hätte er recht ungepflegt ausgesehen.
- ❏ Sie sitzen im Biergarten unter einem ausladenden Kastanienbaum, genießen Ihr Bier. Plötzlich spüren Sie etwas Feuchtes auf Ihrem Arm. Ein Vogel hat sich erleichtert.
  - Der Tag ist Ihnen vermiest, Sie sind verärgert und schimpfen vor sich hin.
  - Die erinnern sich an Sprichworte, wie „alles Gute kommt von oben" oder „Sch... bringt Glück", putzen den Arm ab und genießen den Abend.

Abb. Glückspilz oder doch Pechvogel?

Die Antworten bringen es an den Tag, wie Sie mit den alltäglichen Situationen umgehen, ob Sie dem Glück eine Chance geben oder nicht. Sie sind nicht sehr talentiert für das Glück? Seien Sie nicht traurig – das lässt sich ändern. Sogar leichter als Sie annehmen. Glück ist eine Kunst, die sich erlernen lässt. Und noch eine gute Botschaft: Glück beziehungsweise die Fähigkeit, Glück zu empfinden, können Sie trainieren! Allein schon, wenn Sie sich über Ihr Verhalten bewusst werden, wenn Sie einmal die „Glücksfresser" in Form von destruktiven Denkstrukturen erkennen und lernen, anders mit den großen und kleinen Katastrophen des täglichen Lebens umzugehen, kommen Sie dem Glück ein gutes Stück näher.

Dazu brauchen Sie dann nur noch Begeisterung und Freude zu entwickeln für das, was Sie tun, und schon sind Sie auf dem richtigen Weg. Sie sehen, alles führt uns immer wieder hin zu unserem Thema: Wer etwas mit Freude tut, fühlt sich gut und als Folge werden Glückshormone produziert. Kleine Ursache – große Wirkung!

Glücklich zu sein, das ist eine wahre Kunst. Und Kunst – das wissen wir – ist zuerst einmal eine gehörige Portion Technik und harte Arbeit. Ein Künstler muss sein Handwerkszeug beherrschen und seine Talente entfalten. Stellen Sie sich einen Eiskunstläufer beim Paarlauf vor, der die Technik nicht von der Pike auf gelernt hat. Das kann nur fatal enden. Er dreht heute hier eine Pirouette, morgen dort, mal fängt er seine Partnerin auf, mal ist er nicht zur Stelle. Ebenso der Skiabfahrtsläufer, der nicht die Technik perfekt beherrscht – er wird schon beim ersten Buckel aus der Piste geworfen.

Ob im Job oder beim Hobby, ob bei der Kunst oder im Sport – überall wird eine Menge Wissen vorausgesetzt. Nur für das Leben, so glauben wir, brauchen wir nichts zu wissen. Das ist ja auch der Grund, warum so viele Menschen scheitern. Und das meine ich keineswegs allein auf das Finanzielle oder Materielle bezogen. Vom Scheitern der Reichen und Schönen lesen wir täglich in den Magazinen. Doch wie viele Menschen um uns herum – Menschen wie Sie und ich – bleiben auf der Strecke. Sie haben keine Ziele, keine Hoffnung, erwarten nur Negatives, welches dann natürlich auch eintrifft. Sie leben in den Tag hinein, ohne sich Gedanken über Ursache und Wirkung zu machen, sie versuchen nicht einmal herauszufinden, warum ihr Leben so schief läuft. Sie suchen die Schuld bei den Umständen – angefangen bei einer schweren Kindheit über Benachteiligung in Schule und Ausbildung bis hin zu Ungerechtigkeit im Job und Missgunst im Privatleben. Sie beneiden andere um ihre Beziehungen, beklagen sich über die Mitmenschen, denen es besser geht. Immer tiefer geraten sie in einen Sumpf, aus dem sie sich dann nicht mehr befreien können. Doch wo lernen wir „glücklich zu leben"? Wir lernen Rechnen und Fremdsprachen, erfinden immer schnellere Kommunikationstechniken, können zum Mond fliegen, werden immer älter – nur glücklicher werden wir nicht. So viele seelisch kranke Menschen und einen so hohen Verbrauch an Psychopharmaka wie in der heutigen Zeit, gab es noch nie. Also auch in dieser Richtung eine Zeit der Superlative. Sie sind nicht glücklich? Damit stehen Sie nicht allein da. Aber Sie unterscheiden sich von der Masse, weil Sie dieses Buch in Händen haben und daraus schließe ich, dass Sie etwas ändern wollen, dass Sie bereit sind durch Übung zum Meister zu werden. Zu diesem Entschluss gratuliere ich Ihnen, denn das ist der erste Schritt zum Glück. Auch die Besteigung des Mount Everest begann mit so einem ersten Schritt.

Wir müssen uns darüber im Klaren sein, dass Glück nicht etwas ist, das uns vom Himmel einfach so zufällt. Für unser Glück wie auch für unser Unglück sind wir in hohem Maße selbst zuständig. Wir wissen zwar, dass wir für unseren Körper etwas tun müssen, wollen wir gesundheitlich fit und leistungsfähig bleiben. Wir trainieren unseren Geist, damit wir konkurrenzfähig bleiben und überall mitreden können. Aber was tun wir für unser seelisches Wohlbefinden, für das A und O eines glücklichen Lebens? Vielleicht meditiert der eine oder andere mal, besucht sogar Seminare oder liest Bücher, die das große Glücksgefühl versprechen. Aber durch Lesen allein, durch eine Seminarteilnahme oder eine Meditation ab und zu verändert sich gar nichts im Leben. Wie im Sport muss auch die Glücksfähigkeit gefordert und gefördert werden.

Wir sind bisher ziemlich nachlässig mit uns umgegangen. Dass dabei vieles schief lief, sollte uns also nicht wundern. Wir aber tun es, schieben dann auch noch die Verantwortung für unsere eigenen Fehler einfach weg und bezeichnen uns lieber als Pechvögel. Oder anders gesagt: Neidvoll blicken wir auf die vermeintlichen Glückskinder, die wir als die Begünstigten ansehen, machen das Schicksal für die sich in unserem Leben häufenden Missgeschicke verantwortlich und ziehen uns in die Schmollecke zurück.

Dabei ist es gar nicht so schwer glücklich zu sein: Entscheiden Sie sich jetzt in diesem Augenblick, endlich das zu werden, was Sie eigentlich werden sollten: Ein Profi oder ein Künstler im Studienfach „Leben", mit der Spezialisierung auf das Gebiet Glück.

Werden Sie zu dem, der Sie in Wirklichkeit sind.

Lao-tse sagte: „Der Mensch hat es in der Hand, sein Schicksal zu gestalten. Je nachdem, ob er sich durch sein Benehmen dem Einfluss der segnenden oder der zerstörenden Kräfte aussetzt." Auf diesen Nenner können wir auch die Glücksformel bringen, die ich an dieser Stelle ergänzen möchte: Die Qualität Ihrer Gedanken ist die Basis für Ihre Lebensqualität. Glückliche Menschen sind solche, die den positiven Teil ihrer geistigen Kapazität aktivieren. Sie schalten einfach nur ihren Kopf ein, und zwar beide Gehirnhälften. Sie lenken ihre Gedanken bewusst in die von ihnen gewünschte Richtung. Je mehr wir uns auf etwas konzentrieren, je intensiver wir uns mit einer Sache befassen, desto stärker werden die entsprechenden Vernetzungen in unserem

Oberstübchen aktiviert. Denken Sie in Lösungen, fällt Ihnen die Lösung ein; konzentrieren Sie sich aber auf ein Problem, dann bekommen Sie es auch, nur noch etwas größer!

1. Es liegt an Ihnen, was Sie aus Ihrem Leben machen. Sie entscheiden, was Sie mit Ihren Gaben anfangen, ob Sie die positiven verstärken oder das Negative fördern. So wie Sie Ihr Leben angehen, so wird es verlaufen, denn Ihre Entscheidung ist das Entscheidende.
2. Und dann kommt es darauf an, wie Sie die Dinge betrachten. In einem Literkrug, der zur Hälfte mit Wasser gefüllt ist, bleibt der Inhalt der Gleiche, egal ob Sie ihn als „halb-voll oder „halb-leer" bezeichnen. Ein Problem bleibt ein Problem, ob Sie sich von ihm erschlagen lassen oder es lösen. Sie allein entscheiden, wie Sie mit jeder Situation in Ihrem Leben umgehen. Die Konsequenzen sehen Sie in Ihrem täglichen Leben.

Sie sehen, dass wir immer wieder zu einem Punkt zurückkommen: Alles liegt an Ihnen. Die wenigsten Menschen kennen sich selbst richtig, wissen kaum um ihre Stärken und Schwächen. Um dieses Manko auszugleichen, stürzen sie sich mit Ehrgeiz und Fleiß in die Arbeit. Aber anstatt Glück und Erfolg zu haben, werden sie von Herzinfarkt oder Burn-out-Syndrom dahingerafft. Glück und Erfolg erreicht der Mensch nur, wenn er im Einklang mit seiner Begabung an seinen Zielen arbeitet.

Ich setze bewusst Erfolg in Zusammenhang mit Glück, denn beide Begriffe stehen für Erfüllung und bedingen sich gegenseitig. Erfolg ist nicht nur auf den Beruf anzuwenden, sondern auch für alle anderen Lebensbereiche. Glücklich mit seinem Beruf ist, wer erfolgreich ist. Der wahrlich Erfolgreiche ist mit seinem Leben, also auch mit seinem Privatleben, zufrieden – und das führt wieder zum Glück.

Weder Glück noch Erfolg fallen vom Himmel. Beide sind das Ergebnis bewusster Planung und Handlung. Wenn in Ihrem Kopf nicht das Bewusstsein für Glück vorhanden ist, werden Sie das Glück nicht einmal erkennen, geschweige denn, es fassen.

Ich gehe sogar noch weiter: Harmonie und Aggression, Klugheit und Dummheit, Erfolg und Misserfolg, Gesundheit und Krankheit, Hoffnung und Verzweiflung und natürlich Glück und Unglück – all das wird von Ihnen selbst geschaffen, und zwar in Ihrem Unterbewusstsein.

Glückspilz oder Pechvogel – beides können Sie werden. Sie brauchen nur entsprechend zu denken:

Der Pechvogel denkt negativ und produziert
- ❏ Misserfolg
- ❏ Ärger
- ❏ Disharmonie
- ❏ Aggression
- ❏ Unverständnis etc.

Der Glückspilz denkt konstruktiv und schafft
- ❏ Erfolg
- ❏ Freude
- ❏ Anerkennung
- ❏ Sympathie
- ❏ Glück

Wie wechsle ich denn nun auf die Glücksseite, werden Sie sich jetzt fragen. Gedankendisziplin, Konzentration auf das Wesentliche und Zielklarheit sind die Grundpfeiler der Philosophie der Glücklichen. „Herrschaft über das Denken gibt Macht über Leib und Leben" – so sagte Buddha bereits vor 2 500 Jahren und daran hat sich bis heute nichts geändert – trotz Missionen zum Mars.

Die Philosophie der Erfolgreichen und Glücklichen

Den glücklichen Menschen erkennt man auf den ersten Blick:

- ❏ Man sieht, dass etwas in ihm steckt, und man spürt, dass er eine schöpferische Kraft in sich trägt.
- ❏ Er hat einen offenen Blick.
- ❏ Schon nach den ersten Worten bemerkt man, dass man ihm gute Leistung zutrauen kann.
- ❏ Der erfolgreiche Mensch gehört zu den Menschen, die früher oder später mit beständiger Sicherheit an die Spitze kommen.
- ❏ Ein bestimmter Geist zeichnet diesen Typus aus.
- ❏ Es ist der Geist der Initiative, des Mutes und Arbeitsfreude.
- ❏ Der glückliche Mensch hat eine nur ihm zukommende Lebensanschauung.
- ❏ Er glaubt nicht Intrigen und Lügen.

- Er glaubt nicht an den Zufall.
- Er wartet nicht auf bessere Zeiten.
- Er weiß, das alles sind nur Ausreden.
- Dagegen glaubt der Tüchtige an die Wirksamkeit seiner Leistung.
- Er glaubt daran, dass er sich selbst anstrengen muss.
- Er vertraut seiner Fähigkeit, auch Durststrecken durchstehen zu können.
- Er glaubt vor allem an die treibende Kraft, die von großen Zielen ausgeht.

Wenn Sie sich diese Philosophie zu eigen machen, dann macht Ihnen Ihr Leben Spaß. Und was Spaß macht, ist nicht anstrengend. Wenn Sie jeden Morgen aufstehen und sagen können: „Das Leben ist schön. Ich freue mich, dass ich lebe!", dann werden Sie jeden Tag ein klein wenig glücklicher. Wer glücklich ist, trifft die richtigen Entscheidungen und hat Erfolg. Wenn Ihnen das Leben aber keine Freude macht, dann fehlt Ihnen etwas Elementares, dann sind Sie nicht auf dem richtigen Weg, sondern befinden sich in einer Sackgasse.

Eigenartigerweise haben viele Menschen ein gespaltenes Verhältnis zum Erfolg. Sie lehnen ihn einerseits ab, verbinden ihn mit Geldmacherei, Stress und Herzinfarkt. Und dennoch wollen alle nur eines, nämlich erfolgreich sein. Wie ist das zu erklären?

Erfolg hat viele Gesichter. Nichts beeinflusst den Menschen mehr als eine Reihe von Erfolgen beziehungsweise Misserfolgen. Die Misserfolgskette bewirkt Enttäuschung, Angstzustände, Selbstzweifel und kann zu Krankheit, ja sogar zum Tod führen. Erfolg macht glücklich, zufrieden, er stärkt die Gesundheit, hebt das Selbstwertgefühl und macht attraktiv. Die Lebensqualität steigt. Glück und Erfolg sind nichts anderes als ein lebensnotwendiges Grundprinzip des Universums, das wir durch unser individuelles Verhalten bestimmen.

Bevor wir uns dem Glück zuwenden und unsere Glückseigenschaften trainieren, müssen wir einen Blick auf das werfen, was uns bisher daran gehindert hat, glücklich zu sein: Unsere Probleme – die von außen kommenden und die selbstgestrickten.

Probleme kontra Chancen

Wenn ich mich so umhöre, dann gewinne ich manchmal den Eindruck, dass das Leben nichts anderes ist als eine Ansammlung von Problemen. Es gibt keine Nachrichtensendung im Radio oder Fernsehen, die sich nicht überwiegend mit den Problemen dieser Welt beschäftigt: Kriege, Hungersnöte, Naturkatastrophen, Mord und Totschlag, Lug und Betrug. Die Titelseiten der Zeitungen und Magazine versprechen uns Probleme seitenweise und in den Filmen, die wir abends zur Erholung anschauen wollen, geht es noch gewalttätiger zu als bei den Reportagen. Was ist los mit dieser Welt? Was machen wir aus unserem Leben? Fast scheint es, als fühlten wir uns wohl in diesem globalen Unglück. Wie gravierend die Auswirkungen solcher Katastrophen, selbst wenn sie Tausende von Kilometern entfernt auftreten, auf den Menschen sind, erfahren wir von den Psychologen: Nach dem 11. September 2001 stieg die Anzahl der Menschen, die an Panikattacken leiden, um ein Vielfaches. Die Angst macht nicht halt an Landesgrenzen oder lässt sich vom Atlantik stoppen. Wir werden von einer negativen Schwingung erfasst, egal, wie weit die Ursachen entfernt sind. Mit unseren superschnellen Kommunikationsmethoden sind wir heute per Knopfdruck mittendrin im grausigen Geschehen. Verstümmelte Leichen, Kinder mit aufgeblähten Hungerbäuchen, Massengräber ... – all das wird frei Haus geliefert und als Beilage zum Abendessen serviert. Da muss man ja abstumpfen. Wir registrieren solche Horrormeldungen oft nicht mehr bewusst, mögen solche Informationen schnell vergessen – so glauben wir jedenfalls. Aber dennoch geht all das nicht spurlos an uns vorüber, denn unser Unterbewusstsein zeichnet alles auf. Ich erwähne dies nur, damit wir endlich aufwachen aus unserer Lethargie und sehen, in welchem Umfeld wir leben, was uns bereits zur Normalität geworden ist. Wohin wir blicken: Probleme, Probleme, Probleme. Die Weltprobleme bekommen wir frei Haus geliefert, die Probleme im Job nehmen wir mit in unser Privatleben und die privaten Probleme lassen uns den ganzen Tag nicht los. Das wirkt sich dann so aus, dass der eine oder andere meiner Seminarteilnehmer jeden Satz mit den Worten beginnt: „Das Problem ist ..." Damit sorgt er dafür, dass die wenigen Dinge, die noch kein Problem waren, schnellstens zu Problemen werden. Eine bessere Programmierung zum Negativen hin gibt es kaum. Für solche Menschen haben sich die Probleme bereits verselbstständigt – der Mensch ist selbst zum Problem geworden.

Warum haben wir aber so viele Probleme? Weil wir – und zwar jeder einzelne von uns – es uns richtig gehend bequem in den Problemen machen. Das hat natürlich auch einen Vorteil: Wir sind vollauf mit dem Wehklagen über die schlechte Welt und unser hartes Los, unser Pech beschäftigt, dass keine Zeit mehr für Lösungsvorschläge bleibt.

Das Problem ist aber nur die eine Seite der Medaille. So schwer es auch wiegen mag, in jedem Problem steckt zugleich ein Lösungsansatz. Anstatt danach zu suchen, befassen wir uns lieber mit dem Problem. Und was geschieht? Es wird dadurch nicht etwa kleiner, sondern es wächst in dem Maße, in dem wir dem Problem Aufmerksamkeit schenken. Ein Mechanismus setzt sich in Gang: Ursache – Wirkung – Konzentration auf das Ziel. Das müssen wir unbedingt ändern, denn sonst bleiben wir da, wo wir heute sind: In einem Meer von Problemen. Wir müssen lernen, umzudenken, nicht dem Problem unsere Hauptaufmerksamkeit schenken, sondern uns auf die Chancen konzentrieren.

Wir müssen unsere Denkstruktur analysieren. Dann merken wir nämlich, welche inneren Programme in uns wirken. Das Problemprogramm muss umgestellt werden auf ein Lösungsprogramm. Das beginnt bei der Einstellung, denn sogar Probleme haben ihre guten Seiten, man muss sie nur erkennen. Sie sind eine Herausforderung, die wir mit sportlichem Elan angehen und meistern können. Das verspreche ich Ihnen. Am Anfang steht die Kernfrage:

Habe ich ein Problem?

Oder bin ich etwa selbst das Problem?

Bevor wir mit dem Glückstraining beginnen, müssen wir eine Bestandsaufnahme machen. Ähnlich dem sportlichen Training müssen wir feststellen, welche Voraussetzungen Sie bereits mitbringen, damit wir zielgerecht arbeiten können und Ihre Stärken nutzen und verstärken können.

Was sind Probleme wirklich?

Gegenspieler des Glücks ist Unglück, verursacht durch Probleme. Denn: Hätten wir keine Probleme, könnten wir grenzenlos glücklich sein. Deshalb konfrontiere ich bei meinen Seminaren die Teilnehmer immer mit folgenden Fragen:

❏ Was müsste geschehen, damit Sie der unglücklichste Mensch der Welt werden? Jobverlust, Trennung vom Partner, Einbruch der Aktienkurse, körperliche Behinderung ...?
❏ Was müsste geschehen, damit Sie der glücklichste Mensch der Welt werden? Vielleicht der große Lottogewinn, Superbody mit Waschbrettbauch, gerade noch einem Autocrash entkommen sein oder die Geburt des ersten Kindes ...?

Das größte Glück und das schlimmste Unglück – das sind die Eckpfeiler, zwischen denen wir uns bewegen. Unsere ständigen Begleiter sind Sorgen und Ängste, die uns daran hindern, zum glücklichsten Menschen zu werden. Aber auch hier gibt es den Gegenpol: Glaube und Zuversicht. Sehen Sie sich nur mal unsere Sprache an: „Ich bin krank vor Sorgen, ich ängstige mich zu Tode". Da macht uns ja schon die Angst mehr fertig als der tatsächliche Anlass. Wie sollen wir ein Problem überhaupt lösen, wenn wir schon geschwächt sind? Sorgen und Ängste abzulegen, wird zu einem wichtigen Punkt in unserem Glückstraining.

Mit den Problemen verhält es sich wie mit dem halbvollen beziehungsweise halbleeren Glas Wasser. Unsere Realität schaffen wir durch unsere Betrachtungsweise. Die Situation oder konkret das Problem können wir weder ignorieren noch wegdiskutieren. Ob wir den Kopf in den Sand stecken, uns mit Glückspillen vor unserer Aufgabe zu drücken versuchen oder ob wir auswandern. Das Problem bleibt bei uns, egal was wir auch versuchen – es sei denn wir entscheiden uns für das einzig Richtige: Uns der Situation zu stellen, das Problem richtig einzuordnen und dann eine Lösungsstrategie zu entwickeln. Mit jedem gelösten Problem wachsen wir, entwickeln wir uns weiter, kommen nicht nur äußerlich voran, sondern werden mehr und mehr zu dem, der wir wirklich sind. Alles, was wir dazu benötigen, liegt in uns.

Sie sehen, wir haben einen großen Handlungsspielraum. Wir können entscheiden, *wie* wir das Problem betrachten und wie wir es einordnen. Damit stellen wir dann aber auch zugleich die Weichen für Erfolg oder Misserfolg. Eine neue Sichtweise schafft neue Realitäten, wir erkennen plötzlich Aspekte, die uns vorher verborgen blieben.

Doch was tun wir in der Regel? Wir denken destruktiv, vergrößern damit bestehende Probleme und schaffen zugleich neue, wie wir an folgendem Beispiel sehen:

Gerd und Helmut sind seit vielen Jahren miteinander befreundet. Als Gerd eine neue Freundin hat, verändert sich das Verhältnis zwischen den beiden Männern. Gerd hat nicht nur weniger Zeit, sondern auch plötzlich andere Interessen. Aus ist es mit den zünftigen gemeinsamen Bergtouren, den Abenden in den Jazzkneipen. Gerd begeistert sich plötzlich für klassische Musik und gemütliche Spaziergänge im Park. Helmut ist sauer und sieht Gerd als Freund schon entschwinden. Nur wegen dieser neuen Flamme muss er nun auf die lieb gewonnenen gemeinsamen Aktivitäten verzichten. Seine Gedanken drehen sich ständig um die neue Situation. Er trauert der Männerfreundschaft nach, ist voller Abneigung gegen die Freundin und voller Wut auf den Freund. Am Wochenende bleibt er zu Hause, stellt sich vor, was er mit seinem Freund zusammen hätte unternehmen können. Die diversen Angebote von Gerd, hier oder dort mitzugehen, lehnt er beleidigt ab. Er sieht Gerd als den untreuen Freund, der ihn auf die Seite schiebt. Irgendwann reicht es Gerd und er ruft nicht mehr bei Helmut an. Und Helmut sieht seine Befürchtung bestätig. Hatte er es doch schon von Anfang an gewusst.

Hier haben wir es mit dem klassischen Fall der sich selbst erfüllenden Prophezeiung zu tun. Wer schon von vornherein das Unglück kommen sieht, braucht nichts weiter zu tun als abzuwarten. Natürlich hätte Helmut auch ganz andere Möglichkeiten gehabt. Er hätte die neue Freundin von Gerd annehmen können. Er hätte dadurch sogar seinen Bekanntenkreis erweitert, seine Chancen ebenfalls ein weibliches Wesen zu finden und sich zu verlieben, wären durch die Freundin gestiegen. Doch was tut Helmut? Er will partout nichts verändern, ist weder flexibel noch ist er ein guter Freund. Statt mitzumachen und etwas Kompromissbereitschaft zu zeigen, spielt er die beleidigte Leberwurst. Er sieht die Alleinschuld beim Freund, bezichtigt ihn des Egoismus und merkt nicht einmal, dass er selbst stur und egoistisch ist. Vielleicht hätte Helmut sogar Gefallen an der Klassik gefunden. Wer weiß?

Hätte Helmut aus der Veränderung der persönlichen Situation seines Freundes nicht auch etwas gewinnen können? Anstatt die Vorteile zu sehen, klammerte er sich aber an Gewohntes. Panta rhei – alles fließt. Morgen ist manches nicht mehr so wie heute. Wir können nicht allein stehen bleiben, wenn sich alles um uns ständig bewegt.

Oder: Sie freuen sich auf den lang ersehnten Urlaub, stellen sich die Tage am Strand vor – Sonne, Meer, nette Leute und einfach nur relaxen. Was passiert? Die Sonne sehen Sie selten, denn ausgerechnet in diesem Jahr regnet es ungewöhnlich viel – und das in den sonst absolut trockenen Monaten. Das Vergnügen am Strand fällt buchstäblich ins Wasser. Ihr Urlaub entspricht überhaupt nicht Ihrer Vorstellung. Nun haben Sie zwei Möglichkeiten: Sie ärgern sich, die gute Laune ist weg, Sie sind mürrisch und lustlos. So stehen Sie als Gesprächspartner nicht gerade hoch im Kurs. Damit läuft auch auf der Bekanntschaftsebene wenig, denn wer will schon seine Zeit mit einem Miesepeter verbringen. Bliebe noch das Relaxen, aber dazu ist Ihnen nun auch die Lust vergangen. Der ganze Urlaub ein Flop, oder?

Man kann es auch anders machen: Keiner wird begeistert sein, wenn man sich auf Sonne freut und Regen erhält. Doch glücklicherweise hat der Mensch noch keinen Einfluss auf das Wetter. Hoffentlich bleibt das auch so, denn das Wetter ist ein gutes Übungsobjekt für unser Glückstraining. Unangenehmes akzeptieren lernen und etwas Gutes daraus machen. Das ist der Stoff, aus dem das Glück gemacht ist! So könnten Sie sich zum Beispiel mehr der Kultur in Ihrem Urlaubsgebiet widmen. Ist da nicht viel vorhanden, könnten Sie einmal das tun, wozu Sie sonst kaum Zeit haben, beispielsweise Malen, Fotografieren – eine Herausforderung bei grauem Himmel! Sie könnten auch mal Ihrem Partner einen Liebesbrief schreiben, sich in die Hände eines Masseurs oder einer Kosmetikerin begeben, lange Spaziergänge im Regen machen. Möglicherweise kommen Sie besser erholt und mit sehr viel mehr Power zurück und ganz bestimmt haben Sie Ihre Haut vor schädlichen UV-Strahlen geschont und Neues entdeckt.

Ob ein Plan gelingt oder nicht, hängt nicht nur davon ab, dass alles nach Plan läuft, sondern wie Sie mit außerplanmäßigen Ereignissen umgehen.

So kommen wir wieder zu meinem ersten Grundgesetz der Lebensentfaltung. Erinnern Sie sich noch? Notieren Sie hier dieses Gesetz, am besten ohne zurückzublättern:

....

....

....

Problem ist nicht gleich Problem

Unter Berücksichtigung des oben Gesagten ist es jetzt Zeit, eine Bestandsaufnahme zu machen. Notieren Sie Ihre Probleme und Sorgen auf einem Blatt Papier. Schreiben Sie alles auf, was Sie jetzt belastet. Wenn Sie drei Monate mit diesem Buch gearbeitet haben, überprüfen Sie Ihren Fortschritt, indem Sie diese Liste betrachten und die Veränderungen notieren.

Wenn Sie sich nun so mit jedem einzelnen Problem auseinandersetzen, sollten Sie die Gelegenheit nutzen und jedes Problem einmal ganz genau betrachten. Ist es wirklich noch ein Problem, oder ist es nur noch ein Ärgernis oder vielleicht gar eine Banalität. Vielleicht stellen Sie fest, dass Sie einiges in Ihrem Leben bisher zu kritisch gesehen haben? Jetzt ist der richtige Zeitpunkt, Klarheit über Ihre Situation zu gewinnen.

Hören wir nur einmal genau zu, welches Thema in den Medien zu einem Problem gemacht wird: Das Wetter. Wir haben tagelang schönsten Sonnenschein. Was passiert? Wir haben ein Problem, nämlich die Hitze. Kaum zeigen sich dann ein paar Wolken oder es regnet mal einen Tag, dann haben wir schon wieder ein Problem: schlechtes Wetter. Für den Rest der Welt ist das Wetter nur dann ein Gesprächsthema, wenn lebenswichtige Projekte, wie Ernte, Bauvorhaben etc. davon betroffen sind. Wir können uns dagegen den Luxus erlauben, das Wetter, von dem in unserer Region in der Regel nicht das Überleben abhängt, zu einem Thema zu machen. Dabei geht es lediglich um Banalitäten, wie Freizeitgestaltung, entsprechende Kleidung, Autowaschen oder nicht? Ein indonesischer Bauer oder ein Farmer in Afrika würde nicht einmal den Sinn unseres Problems verstehen können. Wenn bei Georg Huber der Gerichtsvollzieher vor der Tür steht, Heike Müller mit ihren zwei kleinen Kindern vom Mann verlassen wird, Erwin Schäfer erfährt, dass er Krebs hat, dann darf man getrost von Problemen sprechen. Aber wenn eine Wolke am Himmel steht, sogar wenn durch einen Regenguss die Gartenparty ins Wasser fällt – hier von einem Problem zu sprechen, erscheint mir doch ein wenig übertrieben. Aber wir hören ja den lieben langen Tag nichts anderes. Schalten wir das Radio ein, werden wir mit Problemen überhäuft. Wir haben Probleme in der Wirtschaft, im sozialen Bereich, in der Außenpolitik, im Gesundheitswesen, im zwischenmenschlichen Bereich ... Ja, ich frage Sie, wo haben wir denn keine Probleme? Nicht einmal im Privatleben gibt es noch problemfreie Zonen, betrachtet man beispielsweise die Scheidungszahlen.

Wenn Sie nun daran gehen, Ihre Probleme aufzulisten, sollten Sie die Spreu vom Weizen trennen. Ich meine damit, dass Sie zwischen Problemchen, die Bestandteil des täglichen Wahnsinns sind, und den gravierenden Problemen, die Ihr Leben beeinträchtigen, unterscheiden lernen. Ich spreche gerne vom „großen" und "kleinen" Schicksal: Zum großen Schicksal rechne ich Naturkatastrophen, Behinderung, Tod – also Schicksalsschläge, die wir nicht beeinflussen können. Das kleine Schicksal allerdings liegt in unseren Händen; wir können es verändern, wenn wir wollen. Wir können dicker, dünner, erfolgreicher, liebevoller, glücklicher werden – wir müssen nur anfangen, etwas zu tun. Berücksichtigen Sie auch diesen Aspekt bei Ihrer Problemliste. Es ist übrigens ausschließlich **Ihre** Meinung entscheidend. Jeder von uns weiß, dass unsere lieben Zeitgenossen zwar gern und ausführlich über ihre eigenen Probleme sprechen, unsere Sorgen aber schnell als lächerlich hinstellen. Es geht mir darum, dass Sie für sich selbst feststellen, was Ihnen zu schaffen macht.

Nun machen Sie sich an die Arbeit. Unterteilen Sie Ihre Probleme in verschiedene Rubriken, zum Beispiel Privat, Familie, Job, Allgemeines etc. und bewerten Sie die Probleme entsprechend einer Skala von 1 (gering) bis 5 (schwerwiegend).

	1	2	3	4	5
Privatleben					

Beruf					

Familie					

Gesundheit					

Und nun machen wir eine Übung aus der Alchimie:

Notieren Sie auf einem Blatt Papier auf der linken Hälfte Ihre Probleme. Dann wandeln Sie Ihre Probleme um und notieren das Gegenteil auf der rechten Hälfte:

Arbeitslosigkeit	Berufstätigkeit
Krankheit	Gesundheit, Vitalität
Trauer	Freude, Fröhlichkeit

So verwandelt der Alchimist unedle Metalle in Gold und Sie Negatives in Positives. Wenn Sie diese Übung immer wieder machen, wird schöpferisches Denken zu einer Gewohnheit, die es Ihnen leicht macht, Ihren Alltag zu vergolden.

Hierin liegt die Kunst der Alchimisten, das Negative in das absolut positive Ideal zu verwandeln. Beispiel:

Schlaflosigkeit	Ich kann nach 5 Minuten überall wie ein Bär schlafen.
Stottern	Ich kann überall frei und sicher sprechen.
Nierenerkrankung	Meine Nieren werden immer besser durchblutet und mit Sauerstoff versorgt.

Ein Blick zurück – ohne Zorn

Wir machen einen kurzen Rückblick, um festzustellen, wo wir heute stehen und welchen Ballast wir aus der Vergangenheit mit uns herumschleppen. Ansonsten halte ich eine so genannte Aufarbeitung der Vergangenheit, wie sie von vielen betrieben wird, für sinnlos. Was wollen wir denn aufarbeiten? Nichts von dem, was geschehen ist, kann rückgängig gemacht werden. Wir können Worte nicht ungesagt machen, Reaktionen nicht zurücknehmen, wir können einmal getroffene Entscheidungen nicht mehr neu fällen. Wir können uns nur entschuldigen, wenn wir falsch gehandelt haben. Rückwirkend aber die Weichen noch einmal neu stellen – das können wir nicht. So brauchen wir auch nicht über Vergangenes zu weinen. Wir sollten lieber dankbar sein, dass wir heute zu neuer Erkenntnis gelangen und nicht erst morgen oder gar noch später. Jeder Tag zählt, jeder Tag ist ein Tag vom Rest unseres Lebens. Je eher wir das erkennen und daraus Konsequenzen ziehen, desto besser stehen unsere Chancen, das Ruder unseres Lebensschiffs herumzuwerfen und einen besseren, glücklicheren Kurs zu fahren.

Wollen Sie von einem Rückblick profitieren, dann brauchen Sie etwas Mut, denn Sie werden nicht um die Erkenntnis herumkommen, dass Ihre momentane Situation nur das Resultat Ihrer Gedanken und Lebenseinstellung ist. Niemand anderen können Sie verantwortlich machen. Es gibt kaum ein größeres Armutszeugnis als beispielsweise den Eltern die eigenen Fehler und Missgeschicke in die Schuhe schieben zu wollen. „Ich bin beruflich gescheitert, weil meine Eltern mir kein Studium finanziert haben … Mein Vater hat sich nicht um mich gekümmert, deshalb kann ich heute nicht treu sein ... Als Kind habe ich Prügel bezogen, deshalb schlage ich heute alles kurz und klein, wenn mir etwa nicht gefällt ..."

Wie oft höre ich diese oder ähnliche Entschuldigungen für die eigene Unfähigkeit, für das Versagen. Dabei gibt es genügend Beispiele von erfolgreichen Menschen, die nicht nur eine schwere Kindheit hatten, sondern auch eine Reihe von Schicksalsschlägen meistern mussten. Sie haben sich nicht auf die Versäumnisse anderer Menschen berufen, sondern haben ihr Leben selbstbewusst angepackt und sind ihren eigenen Weg gegangen.

Ich weiß wirklich nicht, was schlimmer ist: Die Unfähigkeit eigenverantwortlich zu leben oder die Feigheit, nicht für sein Handeln einzustehen. Auf jeden Fall kommt niemand in seinem Leben weiter, der die Grundgesetze des Lebens versucht zu ignorieren. Eine wichtige Rolle spielt die Eigenverantwortlichkeit, aber auch das Wissen um Ursache und Wirkung. Ein wenig Mut ist nötig. Wer gibt schon gerne zu, dass er sein Lebensschiff selbst auf Grund gesetzt hat. Weder Eltern, noch ungerechten Lehrern, falschen Freunden oder Partnern können wir die Schuld für Fehlentscheidungen und Misserfolge aufbürden. Wir haben immer die Wahl, über unser Leben selbst zu bestimmen oder andere bestimmen zu lassen und uns dann zu beklagen. Treffen wir bewusst unsere Entscheidungen, so ist selbst eine Fehlentscheidung kein Grund zur Verzweiflung. Misserfolge sind Meilensteine auf dem Weg zum Erfolg, sie sind eine Herausforderung, noch besser zu werden. Fehler zeigen nur, wo wir Mängel haben. Eine Fehlentscheidung ist noch lange nicht das Ende, sondern beinhaltet immer auch einen neuen Anfang, zeigt einen ganz anderen Aspekt auf. Und außerdem: Wir wissen doch, dass ständiger Erfolg uns nicht glücklich macht.

Oftmals ist es gar nicht so einfach, das eigene Verhalten richtig einzuschätzen, da wir unser Leben zu einer Mischung aus den verschiedensten „Strömungen" machen – ein wenig Eigenverantwortung, viel Fremdbestimmung, zielloses Vor-sich-hin-leben ... Entwirren Sie Ihr Verhalten.

Wichtig ist ein klarer Kopf, um sich einen Überblick über die Situation zu verschaffen. Nehmen Sie sich Zeit für diesen Rückblick. Hüten Sie sich davor, in alten Problemen zu wühlen. Leicht passiert es, dass wir, wenn wir in der Vergangenheit kramen, an alten Erinnerungen hängen bleiben. Das ist nicht Sinn und Zweck dieser Aufstellung.

Wie ein Nachlassverwalter sollen Sie lediglich eine Auflistung über die Probleme erstellen – sachlich und nüchtern. Wenn Sie die wirklichen Probleme entlarven, dann erst können Sie daran gehen,

❏ Probleme in Glück
❏ Tränen in Diamanten
❏ Niederlagen in Erfolge
❏ Gleichgültigkeit in Liebe

zu verwandeln.

Wie viel Zeit verwenden – oder besser gesagt: verschwenden – die meisten Menschen dafür, über ihre Sorgen nachzudenken. Allein das Wort „nach-denken" sagt uns alles: Wozu wollen Sie „nach"-denken? Denken Sie doch lieber „voraus", schauen Sie nach vorn – dort liegt Ihre Zukunft. Die können Sie noch formen und gestalten. Wenn Sie immer zurückschauen, verpassen Sie die Chance, in der Zukunft glücklich zu sein. Sie brauchen sich nicht umzudrehen, die Vergangenheit bleibt wie sie war.

Beim Nachdenken führen Sie doch nur endlose Dialoge mit sich selbst, die überwiegend aus Worten wie „... hätte ich doch ...", „Wenn dies oder jenes wäre, ..." bestehen. Sie stellen sich als Helden und Sieger hin, wo sie kläglich versagt haben. Wenn Ihnen bei einem wichtigen Gespräch die passenden Worte gefehlt haben beziehungsweise Sie falsch agiert oder reagiert haben, so können Sie tausend Mal in Ihrer Fantasie schlagfertige Antworten finden oder an brillanten Formulierungen feilen. Es wird Ihnen nichts helfen, denn Sie können das Rad der Zeit nicht zurückstellen, Sie können nichts mehr ändern. Fragen Sie sich lieber, was Sie aus der Situation lernen können und beherzigen Sie diese Erkenntnis beim nächsten Mal. Nur so verändert sich Ihr Leben, nur so lernen Sie.

Wir arbeiten für die Zukunft, wir leben in der Gegenwart. Und deshalb müssen wir einen Strich unter die Vergangenheit ziehen. Mitnehmen sollten wir die Erfahrungen, die uns helfen, die Zukunft besser zu meistern und uns weiterzuentwickeln. Konsequenzen aus der Vergangenheit zu ziehen – das ist ein Teil der Lebensschule. Jeder Tag gibt uns die Chance, etwas besser zu machen als am Vortag.

Der Rückzug in die Vergangenheit ist manchmal auch eine Flucht. Wer sich in der Gegenwart nicht wohlfühlt, in der Zukunft keine

Perspektive sieht, der mag sich in angenehmen Erinnerungen besser zurechtfinden als in der Realität. Zum Glück behält der Mensch das Angenehme besser im Gedächtnis und im Laufe der Zeit wird alles „rosa" eingefärbt. Für Menschen, die am Ende Ihres Lebens stehen, ist dies ein notwendiger und sinnvoller Prozess. Sie lassen die schönen Zeiten des Lebens noch einmal Revue passieren. Und das ist auch gut so.

Aber für Menschen, die Pläne für die Zukunft schmieden, die noch Aufgaben zu erledigen haben, die noch etwas bewirken wollen, muss der Blick nach vorn gerichtet sein. Der Mensch braucht die Zukunft so sehr wie die Luft zum Atmen. Gäbe es keine Zukunft, stünden wir am Ende der Evolution.

Probleme weisen uns den Weg

Sie sehen vor sich nun eine Liste Ihrer Probleme. Ist die Liste möglicherweise sehr lang? Das sollte Sie nicht beunruhigen, es ist nur ein Zeichen für Ihr Problembewusstsein. Werfen Sie also nicht die Flinte ins Korn, sondern freuen Sie sich darauf, dass Sie eine wirkliche Aufgabe vor sich haben. Interessant ist in diesem Zusammenhang, dass sich das chinesische Schriftzeichen „Krise" aus den Zeichen für „Problem" und „Chance" zusammensetzt. Damit ist schon alles gesagt. Ein Problem ist immer Ausdruck dafür, dass die Harmonie gestört ist oder dass etwas fehlt, also ein Mangel vorliegt – das kann auf den unterschiedlichsten Ebenen sein.

Was uns der Körper sagen will

Nehmen wir als Beispiel körperliches Wohlbefinden. Die Chinesen haben dieses Prinzip schon vor Urzeiten entdeckt; sie nennen es Yin und Yang. Yin steht für das weibliche Prinzip, für das Dunkle, Weiche, Yang steht für die Stärke, das Helle, das Männliche. Ein chinesischer Arzt befasst sich auch heute zuerst mit diesen beiden Elementen, findet heraus, wo ein Ungleichgewicht besteht. Er verordnet entsprechende Mittel oder Veränderung der Lebensweise, um die Harmonie wieder herzustellen. Stehen Yin und Yang in ausgewogenem Verhältnis zu einander, können die Energien wieder frei fließen, dann ist der Mensch gesund. Diese Art der Gesundheit bezieht sich nicht allein auf den Körper, sondern ebenso auf die Seele und den Geist. Deshalb gehören Meditationen und bestimmte Rituale in der chinesischen Heilkunde genauso zur Therapie wie bestimmte Lebensmittel, die entweder als „kalt" oder „heiß", „süß" oder „sauer" eingestuft sind. Oft genügt schon eine Kleinigkeit, um Beschwerden vorzubeugen. Gesundheit beginnt in China in der Küche. Ein guter chinesischer Koch weiß genau, dass Schalentiere bei vielen Menschen Magenprobleme verursachen können. Eine Prise Ingwer in das Gericht und schon verträgt es jeder. So einfach können Probleme vermieden werden.

Wer ständig an Kopfschmerzen oder Schlaflosigkeit leidet oder wer Probleme mit dem Rücken hat, der sollte sich einmal fragen, was ihm diese Beschwerden sagen wollen. Es ist kein Zufall, dass vor allem Rückenschmerzen gerade bei solchen Menschen besonders häufig vorkommen, die ständig überlastet sind. „Ich kann es nicht mehr er-tragen", spricht der Volksmund. „Ich halte das im Kopf nicht aus" verbalisiert, wenn jeder Ärger mit einer Migräneattacke kompensiert wird.

Wenn Sie Gesundheitsprobleme haben, dann gehen Sie nicht nur zum Arzt, sondern gehen Sie auch mal in sich. Was wollen Ihnen Ihre Hautprobleme sagen? Die Haut ist das Spiegelbild der Seele. Welche Gifte haben sich in Ihrer Seele festgesetzt, die jetzt über die Haut ausgeschieden werden? Könnten die Nackenprobleme nicht etwa auch Ausdruck einer inneren Starrheit sein? Die Magenprobleme sind möglicherweise nicht auf eine physische Schwäche des Magens zurückzuführen, sondern hängen vielleicht eher mit der Unfähigkeit zusammen, die eigene Meinung, Ärger oder Kritik zu äußern. So bleibt alles im Magen liegen oder schlägt auf den Magen, weil es nicht verdaut wird.

Die schwierigen Mitmenschen oder bin ich selbst schwierig?

Der Schwerpunkt Ihrer Probleme liegt im zwischenmenschlichen Bereich? Immer Ärger mit der Schwiegertochter, mit dem Vorgesetzten oder viele Beschwerden von Kunden? Wer ständig Probleme mit anderen hat, der hat vor allem ein Problem mit sich selbst. Vielleicht wollen Sie alles bestimmen – auch für andere? Oder Sie können sich schlecht in die Situation anderer versetzen und verhalten sich wie die Axt im Walde? Sie tun immer alles für die anderen, aber wenn Sie etwas wollen, ist keiner da? Das frustet, aber ist es wirklich so? Alles hat mehrere Aspekte. Wie sehen andere Menschen diese Situation?

Es kann nämlich nicht angehen, dass alles Schlechte nur von den anderen kommt. Unsere Probleme sind ein Spiegel unserer Unzulänglichkeiten. Ich weiß, dass wir dies nicht gerne hören und noch weniger zugeben wollen.

Alle Probleme führen in eine Richtung – nämlich zu uns selbst. Entweder zeigen Sie einen Mangel in uns auf oder aber sie sind Hürden, an denen wir messen, feststellen können, ob wir uns vorwärts bewegen.

- Was sagen Ihnen Ihre Probleme? Notieren Sie sie!
- Wo liegen die Ursachen? Gehen Sie den Problemen auf den Grund und lassen Sie sich nicht vom ersten Eindruck be-eindrucken. Schauen Sie hinter die Problemfassade.
- Wo sehen Sie Lösungsansätze?
- Was haben Sie zur Verbesserung Ihrer Situation getan?
- Wie viel Zeit verbringen Sie damit, über das Problem nachzudenken?
- Wie viel Zeit wenden Sie auf, um sich mit einer Lösung zu befassen?

Wie gehen wir mit Problemen um?

Was machen Sie, wenn nichts so läuft, wie Sie es sich vorgestellt haben? Der Wagen kommt nicht rechtzeitig aus der Reparatur, weshalb Sie einen Tag später in Urlaub fahren müssen; der Kunde storniert den Großauftrag, der Sohn hat mal wieder eine Sechs in Mathe und Ihre Frau hat das Konto erheblich überzogen, um den überquellenden Kleiderschrank noch mehr zu füllen. Bekommen Sie in der Kfz-Werkstätte einen Wutanfall, drohen Sie mit einer Entschädigungsklage? Sprechen Sie kein Wort mehr mit Ihrem Kunden, streichen Sie dem Sohn das Taschengeld und nehmen Sie Ihrer Frau die Kreditkarte weg? Schreien Sie oder ziehen Sie sich beleidigt zurück? Drohen Sie oder handeln Sie?

Und wie gehen Sie mit sich selbst um, mit Ihrer permanenten schlechten Laune, Ihrem Pessimismus, Ihrer Ungeduld? Lassen Sie diese an Ihren Mitarbeitern, der Familie oder einem unschuldigen Fremden in der U-Bahn aus? Wie hören sich Ihre inneren Dialoge an? Reden Sie sich vielleicht ständig als „Trottel" oder „Dummkopf" an oder bauen Sie sich selbst auf und sagen Sie sich „Ich schaffe das"?

Je nach Temperament und Charakter haben wir die unterschiedlichsten Methoden, uns einer echten Lösung zu entziehen:

Was ich nicht weiß, macht mich nicht heiß: Der Ignorant

Wir wollen nichts von Problemen wissen. Sie vermiesen uns sonst das Leben. Und was wir nicht sehen, existiert nicht. So einfach ist das. Kommt das Problem zur Sprache, wird der Ignorant schweigsam. Spricht man ihn direkt an, sodass er nicht mehr ausweichen kann, setzt er seinen Unschuldsblick auf und mimt den Unwissenden. Dabei entwickelt er geradezu Perfektion dabei, das Thema zu wechseln.

Und manchmal funktioniert es – kurzfristig. Doch wir können den Problemen nicht entrinnen. Wir können nicht so schnell laufen, so tief tauchen oder so hoch fliegen, um dem Problem zu entkommen. Wie mit Sekundenkleber fixiert, bleibt das Problem an uns hängen. Und es begleitet uns überall hin.

Politik à la Vogel Strauß: Der Verdränger

Das Problem ist ihm bewusst, aber er will sich nicht damit befassen, sei es, weil es ihm unangenehm ist, sei es, weil er sowieso keine Hoffnung hat, die Situation in den Griff zu bekommen. Kommt das Problem zur Sprache, dann beschränkt sich sein Gesprächsbeitrag auf ein freundliches, verständnisvolles Nicken. Das ist aber dann auch schon seine einzige Aktivität. Auch er will das Problem nicht sehen und schiebt es auf die Seite.

Und bist Du nicht willig, dann brauch ich Gewalt: Der Brutalo

Passivität ist nicht seine Sache. Lieber ein Ende mit Schrecken als ein Schrecken ohne Ende – nach diesem Motto scheint dieser Typus zu leben. Lieber das Kind mit dem Bade ausgeschüttet, aber gehandelt, als zu viel Zeit oder Gefühle in eine Sache investiert. Lange Gespräche oder gar Diskussionen über unangenehme Dinge sind ihm verhasst. Er ist ein Mensch der Tat, trifft seine Entscheidung schnell und führt sie ebenso schnell durch. Die Meinung anderer interessiert ihn wenig. Er will klare Verhältnisse – nach seinem Gusto. Erst viel später bemerkt er manchmal, dass er mit einem einzigen Schlag alles kaputt gemacht hat. Aber dann ist es meist zu spät.

Zögern und Zaudern: Der Entscheidungsunfähige

Er möchte alles und das ist meist ein wenig zu viel. Er kann sich nur schwer entscheiden, ist stark von anderen Menschen abhängig. Leicht schwankt er deshalb zwischen den unterschiedlichen Meinungen hin und her, weiß am Ende überhaupt nicht mehr, was er wirklich will und verliert die Übersicht. Aus Angst, eine Fehlentscheidung zu treffen, tut er gar nichts.

Der Mutter Theresa Effekt: Der Problemlöser

Dieser Typ erfreut sich großer Beliebtheit. Egal, ob Sie ein großes oder kleines Problem haben, bei ihm finden Sie immer ein offenes Ohr. Er nimmt sich Zeit, überschüttet Sie mit Lösungsvorschlägen. Aber ehrlich gesagt, Sie wollen nur das hören, was Ihnen gefällt. Mit seinen kritischen Bemerkungen oder gar seinen Ratschlägen, Sie sollten etwas ändern, können Sie nicht so gut umgehen. So wird er meist nur als Mülleimer benutzt, aber nicht als Ratgeber geschätzt. Eine eher unbefriedigende Situation.

Keine dieser Methoden, keiner dieser Typen bringt uns einer Lösung näher. Anstatt sich der Situation – und sei sie noch so schwierig – zu stellen, entziehen sich die meisten Menschen lieber der Verantwortung. Was passiert? Bekanntlich lösen sich Probleme nur in den seltensten Fällen von selbst, meist werden sie sogar größer je länger man sie unbearbeitet liegen lässt. Wir schaden also nur uns selbst. Doch das wollen wir nicht wahrhaben. Wie viel besser würde es uns gehen, wenn wir, anstatt davonzulaufen, die Ärmel hochkrempelten und endlich aktiv würden. Die Lösung ist einfacher als Sie sich vorstellen.
Nicht verdrängen, nicht ignorieren, nicht auf die Hau-Ruck-Methode handeln, sondern auf die weiche, sanfte Art können wir Problem lösen, unsere Lebensqualität steigern und werden so zu einem Meister in der Kunst glücklich zu leben.

> „Es ist nicht genug, zu wissen, man muss es auch anwenden.
> Es ist nicht genug, zu wollen, man muss es auch tun. (Goethe)

So kommen wir aus der Sackgasse, in die wir uns selbst hineinmanövriert haben, wieder heraus:

1. Wollen

Als erstes müssen wir unser Leben wirklich verändern *wollen*. Verändern Sie Ihre innere Einstellung – und eine Veränderung im Äußeren wird ganz automatisch folgen. Sie brauchen in sich selbst nur die Weichen zu stellen, den Hebel von negativ auf positiv umzuschalten und schon geht es los. Viele Menschen haben Angst davor, sich zu verändern. Doch Veränderung bedeutet nicht, anders zu werden. Veränderung bedeutet vielmehr zu wachsen, sich zu dem Menschen zu entwickeln, der man in Wirklichkeit ist.

2. Tun

Viele Menschen *reden* ihr ganzes Leben lang von ihren guten Vorsätzen. In dieser Zeit hätten sie jedoch schon längst etwas tun können! Was hält uns davon ab, endlich glücklich zu werden? Wir selbst sind das größte Hindernis für unsere persönliche Weiterentwicklung. Denken Sie nur mal an den letzten Jahreswechsel? Was haben Sie sich da für das neue Jahr alles vorgenommen? Und was haben Sie davon realisiert? Haben Sie das Rauchen oder Trinken aufgehört, Ihr tägliches Sportprogramm durchgeführt, jeden Mitarbeiter einmal am Tag gelobt, den Hochzeitstag nicht vergessen? Wie lange haben Sie durchgehalten mit Ihren Vorsätzen? Drei Wochen oder drei Monate?

Ich kenne die Ausflüchte sehr gut: zu viel Arbeit oder Stress, Unruhe, schwache Nerven ... Eine gute Ausrede ist viel wert und beruhigt ungemein. Nur bringt sie uns nicht weiter. Und ein Jahr später stellen wir fest, dass wir uns keinen Zentimeter von der Stelle bewegt haben. Einige Menschen machen es sogar den Krebsen nach: einen Schritt nach vorn und zwei Schritte zurück.

„Am Anfang jeder Tat steht die Idee. Nur was gedacht wurde, existiert" – so lautet mein zweites Grundgesetz der Lebensentfaltung. Ganz bewusst habe ich diese bewährten und seit über drei Jahrzehnten erprobten Leitsätze „Grundgesetze zur Lebensentfaltung" genannt. Entfalten wir doch einfach unser Potenzial, machen wir Gebrauch von den Möglichkeiten, die in uns angelegt sind. Suchen Sie den Schatz in sich selbst, denn nirgendwo anders werden Sie ihn finden. Stellen Sie sich ein kleines Päckchen vor, das Sie in Ihrem Schrank finden. Es ist fein säuberlich zusammengeschnürt. Neugierig öffnen Sie die äußere Hülle und finden klein zusammengefaltet ein Tuch vor. Der Stoff fühlt sich weich und fast seidig an, aber das Muster, das Sie sehen, sagt Ihnen nicht zu. Trotzdem beginnen Sie, dieses Tuch zu entfalten. Es wird immer größer und größer. Als Sie es vollständig entfaltet haben, sind Sie überrascht: Die unscheinbaren Einzelmuster waren wenig attraktiv, aber jetzt hat sich das ganze Tuch als ein kunstvolles Motiv entpuppt.

Sie zeigen dieses Tuch einem Experten, der Ihnen einen enormen Geldbetrag dafür bietet, ist es doch ein wertvolles Unikat. Hätten Sie das unscheinbare kleine Päckchen nicht geöffnet, das klein gefaltete Stück Stoff nicht ausgebreitet, hätten Sie niemals dessen Wert erkennen können.

Oft kennen wir unseren eigenen Wert nicht, weil wir unsere Fähigkeiten und Talente nicht entfalten. Warum so bescheiden? Warum begnügen wir uns mit dem, was wir oberflächlich sehen und lassen so unsere Chancen zum Lebensglück dahinschwinden. So wie das Tuch sollten auch wir uns ent-falten. Dazu müssen wir uns selbst ganz kennen lernen, müssen unsere Stärken entdecken, Schwächen akzeptieren und an unseren Fähigkeiten arbeiten.

Woran liegt das eigentlich? Sind wir für unser Glück blind geworden? Sind wir zu phlegmatisch, um unser Potenzial zu entfalten? Sind wir zu bescheiden, um mehr zu wollen? Sind wir zu bequem, um noch etwas in unserem Leben zu verändern? Haben wir aufgegeben, ohne überhaupt begonnen zu haben? Haben wir uns selbst vielleicht schon aufgegeben und merken es nur nicht? Oder beschränken wir uns auf eine einseitige Sichtweise?

Wir wollen immer noch mehr lernen, wollen klug und schlau sein, wollen unser Wissen vergrößern anstatt erst einmal das Wissen zu nutzen, das wir besitzen. Stellen Sie sich das einmal bildhaft vor, wie Ihr Wissen ungenutzt gestapelt wird! Wir lachen zwar über Menschen, die einen Sammeltick haben: 120 Paar Schuhe nennen sie ihr eigen, 5 000 Armbanduhren etc. Aber was tun wir? Wir kaufen neue Bücher, ohne das Gelesene umzusetzen. Ganze Industrien leben davon, alle paar Monate neue Softwareprogramme auf den Markt zu werfen. Und wir kaufen, ohne überhaupt das alte Programm einigermaßen genutzt zu haben. Immer schneller hecheln wir dem neuesten Trend hinterher. Sicher lernen wir das eine oder das andere, aber was nützt es, wenn wir keinen Gebrauch davon machen?

Wissen ist recht und gut, aber es macht uns keineswegs glücklicher oder zufriedener. Ich kenne Menschen, die haben fünfmal mehr Wissen als ich, die haben in drei unterschiedlichen Studienrichtungen promoviert und sind dennoch totale Versager, sind unzufrieden mit ihrem Leben und unglücklich. Weit verbreitet sind auch die Besserwisser. Manche gleichen wandelnden Lexika, andere erlangen zweifelhaften Ruhm, indem sie überall ungefragt ihr angelerntes Wissen kundtun.

Nicht Besserwisser sind gefragt, sondern Könner: Menschen, die Kunst glücklich zu leben wirklich beherrschen.

Nie gab es mehr Chancen als heute. Aber wir ergreifen sie nicht. Was hindert uns daran? Das kleine Wörtchen „wenn" in Verbindung mit unserem Glauben an den Misserfolg. Wie wir wissen, versetzt der Glaube Berge – im positiven Sinne. Der Glaube kann aber auch Berge erschaffen – im negativen Sinn. Und all dies beginnt mit dem Wort „wenn": „Wenn ich englisch könnte, wäre ich heute Generaldirektor…", „Wenn ich den richtigen Beruf/den idealen Partner hätte …, wäre ich glücklich, erfolgreich, zufrieden …"

Wenn wir also nicht heute mit unserem Glücktraining beginnen, wann dann?

Eine Frage der Einstellung: In jedem Problem liegt eine Chance

Der 14. Dalai Lama, bekannt als Uhrenliebhaber, schildert sehr anschaulich an einem persönlichen Beispiel, wie sehr alles von momentanen Stimmungen abhängig ist: Wenn er morgens aufwacht, schaut er wie jeder andere auch auf seine Uhr. Aber manchmal fühlt er sich nicht so wohl dabei. Vielleicht liegen Erfahrungen des Vortages noch auf seiner Seele. An anderen Tagen dagegen, an denen seine Stimmung ausgeglichen ist, bemerkt er, wie schön seine Uhr ist. Dabei betrachtet er immer die gleiche Uhr.

Alles hängt nur von der momentanen Einstellung ab. Problem oder nicht Problem – es liegt an Ihnen, wie Sie die Situation einschätzen und bewerten. Ich will damit nicht sagen, dass Sie Probleme unter den Tisch kehren sollen. Es kommt nur darauf an, wie Sie damit umgehen. Ob Sie sich fragen: Warum geschieht das immer mir? Oder ob Sie fragen: Was kann ich jetzt tun? Man könnte es auch so sagen: Es macht einen großen Unterschied, ob das Problem Besitz von Ihnen ergreift oder Sie sich mit einer Lösung befassen, ob Sie an der Vergangenheit festhalten oder ob Sie in die Zukunft schauen.

Kennen Sie Kippbilder? Kürzlich sah ich bei Freunden ein „Sandbild". Zwischen Bild und Glas befand sich australischer Sand. Man konnte nun das Bild aufhängen wie man wollte – oben, unten oder an einer der vier Ecken – mit jeder Bewegung ergab sich ein völlig anderer Eindruck. Je nach Lage des Sandes entstehen also unterschiedliche

Motive. Der Inhalt bleibt immer der gleiche. Nur die Perspektive hat sich verändert und damit die Lage des Sandes. Das ist sehr eindrucksvoll, denn auch unser Lebensgefühl verändert sich mit unserem Blickwinkel, mit der Betrachtungsweise. Was Sie sehen – oder sehen wollen –, worauf Sie Ihre Aufmerksamkeit richten, das entscheidet darüber, was Sie erleben beziehungsweise was Ihnen entgeht. Nicht die Fakten als solche entscheiden darüber ob wir glücklich sind, sondern unsere Einstellung zu den Umständen. Entsprechend erleben wir dann die Situation.

Lassen Sie mich das an einfachen Beispielen aus dem täglichen Leben veranschaulichen: Ich freue mich über den Regen, weil ich mir dann das Gießen im Garten sparen kann; mein Nachbar ist wütend, weil die frische Farbe an seinem Gartenhäuschen leidet. Der eine ist fasziniert von den prächtigen Maharaja-Palästen in Indien, der andere sieht nur das Elend und den Schmutz. Vorhanden ist immer beides. „Des einen Freud ist des anderen Leid" heißt es im Volksmund.

Noch viel gravierender fällt die Einstellung ins Gewicht, wenn es um lebenswichtige Dinge geht. Wir sehen das oft an Menschen, die schwer krank sind. Viele erkennen in dieser verzweifelten Situation plötzlich den Zusammenhang von Ursache und Wirkung und reißen das Ruder herum. Sie mobilisieren all ihre positiven Energien, um den Kampf gegen die Krankheit aufzunehmen. Viele gewinnen ihn. Wer aber nicht kämpft, nicht die Chance erkennt und nutzt, der hat nicht einmal den Hauch einer Chance.

Bei dieser Gelegenheit möchte ich meinem großen Lehrer Victor E. Frankl, den Begründer der Logotherapie (Logos = Geist, Sinn, Vernunft) erwähnen. Victor Frankl war Jude und lebte während der Nazizeit in Wien. Als die Situation immer kritischer wurde, bedrängten ihn seine Eltern, das Land zu verlassen. Sie beschworen ihn, sich um eine an der Universität Columbia ausgeschriebene Stelle zu bewerben. Victor Frankl befolgte den Rat und erhielt eine positive Nachricht aus den USA. Sein erster Impuls war Freude – Freude über diesen Erfolg, Freude, dass er nun die Ausreisegenehmigung vermutlich erhalten würde. Nur seinen Eltern hatte er dies zu verdanken. Doch dann wurden ihm die Konsequenzen bewusst. Was würde wohl aus den Eltern werden? Er betete um eine Antwort. Zurück in seinem Institut fand er auf seinem Schreibtisch ein Stück Mauer von der Synagoge, die durch das Bombardement zerstört worden war. Ein Kollege hatte es gefunden und ihm geschenkt. Auf dem Stein war der erste Buchstabe des vierten Gebotes: Ehre Deinen Vater und Deine Mutter ... Das waren die Zeichen, die Victor Frankl gebraucht hatte. Er änderte seine Entscheidung und blieb in Wien, wurde festgenommen und in ein Konzentrationslager gebracht. In seinen schlimmsten Stunden dort hatte er eine Eingebung: Es gibt etwas, was man dem Menschen nicht wegnehmen kann: Die innere Freiheit – die Freiheit, auf jeden Umstand des Lebens so zu reagieren, wie man es selbst möchte. Einen Sinn zu finden selbst in den schwärzesten Zeiten des Lebens, in denen er gefoltert und erniedrigt wurde – das hat Victor Frankl nicht nur das Leben gerettet, sondern war die Geburtsstunde der Logotherapie. Eine Therapie, die vielen Menschen das Leben rettete und ihnen half, wieder Sinn in der Existenz und Freude am Leben zu finden. Wer lernt, dass selbst in der größten Verzweiflung, im unermesslichen Schmerz und im unerträglich erscheinenden Leid ein Sinn liegt, der wird nicht nur über-leben, sondern seinem Leben eine ganz andere Qualität geben können.

Das Leben als solches hat sich nicht geändert. Es gibt an sich nichts Neues. Wir haben heute die gleichen Probleme wie die Menschen zu Cäsars Zeiten: Wir wollen essen und trinken, wollen das Leben genießen, suchen attraktive Partner. Wir lassen uns verführen von der Werbung, die uns jeden Tag etwas Neues schmackhaft machen möchte. Das ist ihr gutes Recht, denn diese Branche lebt davon ebenso wie unsere gesamte Wirtschaft. Wo kämen wir hin, wenn niemand mehr ein neues Automodell, modische Kleidung etc. kaufen würde? Wir lassen uns auch verführen von neuen Diäten, Schönheitspillen oder neuen Psychotherapien. Doch wer abnehmen will, kommt nicht darum herum, seine Essensgewohnheiten zu verändern – und das wussten schon unsere Großeltern. Auch die aktuellen Psychotrends, wie sie heute überall propagiert werden, können unsere Situation nicht wirklich verändern. Niemand kann uns das abnehmen, wovor wir uns so gern drücken: das Tun. Wer etwas verändern will in seinem Leben, hat die Möglichkeit dazu – jede Sekunde. Aber keiner kommt daran vorbei, an sich zu arbeiten. Einen anderen Weg zur Veränderung gibt es nicht.

Ob Sie so weiterleben wollen wie bisher oder sich für ein glückliches, erfolgreiches und erfülltes Leben entscheiden, das liegt einzig und allein bei Ihnen. Auch ob Sie Ihren Blickwinkel verändern wollen, ob Sie Lösungen sehen oder lieber Probleme anhäufen möchten. Sie haben die Freiheit, den Weg zu wählen. Sie haben die Möglichkeit, ein Meister in der Kunst der Verwandlung zu werden.

Wahres Glück kommt von innen

Glück kann man nicht kaufen, aber man kann es erwerben. Sie können die Basis dafür schaffen, dass das Glück sich in Ihrem Leben ausbreitet. Nicht der Sechser im Lotto macht wirklich glücklich, auch wenn dies eine weit verbreitete Meinung ist. Untersuchungen haben sogar ergeben, dass Menschen, denen ein unverhoffter Glücksfall zustieß, sich ein Jahr nach dem Glücksereignis sogar unglücklicher als vorher einschätzten. Äußere so genannte Glücksfaktoren wie Reichtum oder Schönheit tragen zwar zu einem momentanen Wohlgefühl bei, aber dauerhaft glücklich machen sie nicht. Das beständige Glück liegt in der richtigen Einstellung zum Leben. Auch glückliche Menschen haben Probleme, werden mit Missgeschicken und Enttäuschungen konfrontiert; auch sie kommen mal vom Kurs ab. Im Gegensatz zum chronisch Unglücklichen, ist der Glückliche aktiv, handelt entsprechend seiner Lebensgrundsätze und bringt deshalb alles wieder ins Lot. Wesentlich dafür ist die Erkenntnis, dass er für sein Leben – und damit auch für seine Glücksgefühle – selbst verantwortlich ist. Und er lässt es nicht beim Wissen, sondern er handelt danach. Denn wissen tun wir ja viel – doch hilft es uns nicht viel, solange wir es nicht anwenden.

Der Soziologe Ruut Veenhofen, der sich seit vielen Jahren mit dem Glück befasst, kam zu folgenden Ergebnissen: Glück – das ist die Freude am eigenen Leben, das ist die Zufriedenheit mit dem, was man hat. Wenn jemand sein Leben liebt, so wie es ist, dann bezeichnet er sich als glücklich. Äußere Glücksfälle spielen dabei keine entscheidende Rolle. Natürlich ist es kein Schaden, viel Geld zu verdienen oder attraktiv zu sein, aber solche Faktoren machen nicht das tiefe Glücksgefühl aus. Wir sehen ja an vielen Beispielen, dass Menschen, denen es nicht gut geht, oftmals glücklicher sind als die Menschen, die im Überfluss leben. Denken Sie nur mal an Thailand oder Indien. Länder, in denen es um das Überleben geht. Das Lächeln dieser Menschen kommt von innen, weil sie ihre Situation annehmen, das Beste daraus machen und eine tiefe Dankbarkeit gegenüber der Schöpfung empfinden. Schauen Sie sich die verkniffenen Gesichter in unseren Wohlstandsländern dagegen einmal an. Wir haben fast alles, aber glücklich sind wir dabei nicht. Menschen, die Schicksalsschläge haben hinnehmen müssen, sind oft glücklicher als solche, die ganz bequem leben. Sie haben erfahren, dass Schmerz und Leid manchmal die Sensibilität für das Leichte und Schöne im Leben erhöht. Vielleicht entsteht gerade dadurch ein tieferes Bewusstsein für Glück. Glück ist eine Fähigkeit – bei dem einen mehr, beim anderen weniger deutlich ausgeprägt. Jede Fähigkeiten kann man entfalten, verstärken und trainieren. Erstaunlicherweise sind in unserer Gesellschaft eher junge und alte Menschen glücklich, während Menschen in der Lebensmitte etwas weniger glücklich sind. Da drücken wohl die äußeren Umstände, wie Erfolgsdruck, Stress, Überlastung etc. auf den Glückspegel. Aber das müsste nicht sein! Erfolgreich ist gleich glücklich: Studien belegen, dass glückliche Menschen kommunikativer, cleverer und kreativer sind und deshalb machen sie schneller Karriere.

Innere Balance, Ausgewogenheit, ein freier Geist – das sind die Komponenten, aus denen ein Mensch gemacht ist, der alle Voraussetzungen für das Glück in sich trägt. Betrachten Sie einmal mein Symbol des perfekten Menschen: Er steht mit beiden Beinen fest auf dem Boden, kein Sturm kann ihn umwerfen. Er steht aufrecht und hat sich nicht vom Leben beuteln lassen, er hat Rückgrat. Auch wenn er einmal kurzfristig aus der Balance kommt, macht ihm das nichts aus. Wenn der Sturm des Lebens ihn tatsächlich einmal auf die Seite schiebt, dann pendelt er gleich wieder zurück – ähnlich dem Bambus. Schon die alten Chinesen wussten um die Vorteile dieser Pflanze. Der Bambus mit seinen flexiblen Ästen biegt sich im Wind; die Eiche bricht im Sturm, obwohl sie stark ist. Aber sie ist nicht flexibel und biegsam, sondern starr. Ein für mich perfekter Mensch ist frei im Geist, lebt aus seiner Mitte und deshalb kann ihm gar nichts geschehen. Stellen Sie sich vor, Sie müssten sich selbst in Form eines solchen Symbols darstellen. Wie sähen das aus? Wäre Ihr Kreuz ungebrochen, stünden Sie mit beiden Beinen fest im Leben? Oder wippen Sie nervös hin und her, als wollten Sie jeden Augenblick davonlaufen? Wie sieht es mit der Standfestigkeit aus? Sind Sie geschmeidig, können Sie nachgeben oder beharren Sie stur auf Ihrer Meinung? Tragen Sie den Kopf oben oder schauen Sie immer nur verlegen auf den Boden? Stellen Sie sich doch einfach einmal vor einen großen Spiegel und betrachten Sie sich, wie Sie so da stehen. Sie wissen nicht wohin mit den Händen? Sind Ihre Schultern nach vorn gebeugt, ist Ihr Blick offen und klar, Ihr Gesichtsausdruck freundlich? Ist Ihr Gewicht auf beide Beine verteilt, stehen die Füße sicher auf dem Boden? Und nun beugen Sie sich ein wenig nach vorn und hinten, nach rechts und links. Stellen Sie sich vor, Sie sind der Pendel einer Kirchturmuhr. Kreisen Sie langsam mit dem Oberkörper wie der Zeiger der Kirchturmuhr. Wie fühlt sich das an? Die Füße bleiben bei dieser Bewegung fest am Boden haften. Wie fühlen Sie sich, wenn Sie sich so gegenüberstehen? Mögen Sie sich? Machen Sie einen guten Eindruck? Würden Sie sich vertrauen?

Ich stelle Ihnen diese Fragen, weil Sie nur glücklich werden können, wenn Sie sich selbst annehmen können und sich mögen. Wie viele Menschen scheuen den Blick in den Spiegel: Sie wollen nicht sehen, wie sie wirklich sind. Manche kompensieren das durch übertriebene Aufmerksamkeit für ihr Äußeres; andere wollen nicht einmal ihr Äußeres ansehen, geschweige denn, sich mit ihrem Seelenleben und ihrer Persönlichkeit befassen.

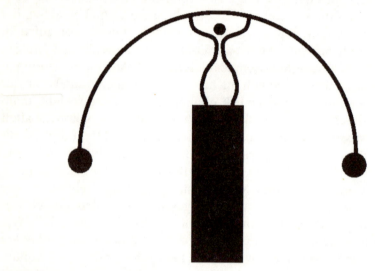

Abb. Yin-Yang-Symbol

Selbsterkenntnis, Selbstbewusstsein und Selbstliebe sind wichtige Grundpfeiler für ein glückliches und erfolgreiches Leben. Der Ansatzpunkt zum Glück liegt in uns und nirgendwo anders. Wenn wir das Glück in uns nicht finden, dann finden wir es nirgends. Aus diesem Grund habe ich auch den perfekten Menschen als Symbol für meine Philosophie des erfolgreichen Weges gewählt. Wir sind alle auf dem Weg – auf dem Weg zu uns. Der eine ist schon ein Stück weiter, beim anderen geht es etwas langsamer. Auf die Geschwindigkeit kommt es nicht an, aber auf die richtige Richtung, auf das Ziel.

Nachdem wir uns nun so lange mit den unterschiedlichen Aspekten des Glücks befasst haben, ist es an der Zeit, dass wir mit unserem Training beginnen. Als „warm-up" und Einstimmung wollen wir eine Bestandsaufnahme machen. Nur wer weiß, wo er steht, kann wissen, wohin er gehen will. Stellen Sie sich vor, Sie sind in einer fremden Stadt und möchten eine bestimmte Adresse anfahren. Sie können zwar auf dem Stadtplan die gesuchte Straße finden. Wissen Sie aber nicht, wo Sie sich im Augenblick befinden, so wissen Sie auch nicht, in welche Richtung Sie fahren sollen.

Wer – wo – wohin: Analyse und Zielsetzung

Um mehr Glück in Ihr Leben zu bringen, brauchen Sie keine großen Investitionen zu tätigen. Sie benötigen

- eine klare Entscheidung für mehr Glück
- den Wunsch, Veränderungen einzuleiten
- Ausdauer für das Training

Doch als allererstes gilt es festzustellen, wer Sie sind, was Sie haben und was Ihnen fehlt. Und dann können Sie daran gehen, Ihre Ziele festzusetzen.

> **Nur wer ein Ziel hat, kann auch ankommen.**

Persönlichkeitsprofil

Beantworten Sie bitte folgende Fragen:

- Welche Eigenschaft würden Sie nennen, wenn Sie sich vorstellen müssten:
  - in der neuen Firma
  - beim Empfangscocktail zu Beginn Ihrer Schiffsreise
  - wenn Sie eine/n sehr interessante/n Frau/Mann kennen lernen
  - bei einem Gesellschaftsspiel im Freundeskreis
- Sind Sie spontan oder halten Sie sich immer strikt an den Plan, den Sie gemacht haben?
- Grübeln Sie viel über die Vergangenheit nach oder planen Sie Ihre Zukunft?

- ❏ Lassen Sie sich auch mal von Stimmungen mitreißen oder tun Sie immer alles, was Sie sich vorgenommen haben?
- ❏ Werfen Sie Pläne um, weil Sie neue Erkenntnisse gewonnen haben?
- ❏ Folgen Sie auch einmal Ihrer Eingebung und tun etwas ganz Verrücktes?
- ❏ Sind Sie eher ein Gefühls- oder ein Verstandesmensch?
- ❏ Was erwarten Sie von der Zukunft?
- ❏ Mit welcher Einstellung gehen Sie an schwierige Situationen heran?
- ❏ Welche Eigenschaften schätzen Sie besonders bei
  - Partner/in
  - Freunden/Familie
  - Kollegen/Geschäftspartnern
- ❏ Mögen Sie sich?
- ❏ Wie wirken Sie auf andere Menschen?
- ❏ Schenkt man Ihnen Vertrauen?
- ❏ Welche positiven Eigenschaften haben Sie?
- ❏ Auf welchen Gebieten liegen Ihre Stärken?
- ❏ Welche Eigenschaften finden Sie weniger gut an sich?
- ❏ Was sind Ihre Schwachpunkte?
- ❏ Haben Sie Eigenschaften, die Ihnen das Leben schwer machen?
- ❏ Sind Sie mit Ihrem Leben zufrieden?
  - Wenn ja, warum?
  - Wenn nein, warum nicht?
- ❏ Welche Fähigkeiten haben Sie bereits?
- ❏ Welche Fähigkeiten hätten Sie außerdem gerne?
- ❏ Welche Ihrer Fähigkeiten haben Sie bisher ausgebaut?
- ❏ Welche würden Sie gerne mehr entfalten?
- ❏ Warum haben Sie das bis jetzt nicht getan?
- ❏ Welche Fähigkeiten fehlen Ihnen, um Ihre Wünsche zu realisieren?
- ❏ Sind Sie von sich und Ihren Fähigkeiten überzeugt?
- ❏ Würden Sie sich als selbstbewusst bezeichnen? Als Glückspilz? Oder als Pechvogel?
- ❏ Wie lautet Ihr Lebensmotto?
- ❏ Leben Sie entsprechend Ihrem Motto?
- ❏ Welche Werte sind Ihnen wichtig?
- ❏ Welchen Sinn sehen Sie in Ihrem Leben?
- ❏ Welchen Sinn haben Ihre Beziehungen – privat und geschäftlich?
- ❏ Welchen Sinn hat Ihre Arbeit für Sie?
- ❏ Welchen Sinn möchten Sie Ihrem Leben geben?

❏ Haben Sie Ziele?
  • Welche Ihrer Ziele haben Sie bisher erreicht?
  • Wie sehen Ihre künftigen Ziele aus – beruflich und privat?
❏ Wie sieht es mit Ihrem Berufsleben aus?
  • Sind Sie zufrieden?
  • Haben Sie bisher erreicht, was Sie sich vorgenommen hatten?
  • Haben Sie Ihren Beruf bewusst gewählt, ist er Be-rufung?
❏ Wie sieht es mit Ihrem Privatleben aus?
  • Entspricht es Ihren Vorstellungen?
  • Wie würden Sie Ihre Freunde bezeichnen: Eher lebensfroh, lustig und dynamisch oder problembeladen und träge?
❏ Was war der glücklichste Augenblick in Ihrem bisherigen Leben?
❏ Und der unglücklichste?
❏ Welches Ereignis hat Ihr Leben am meisten positiv beeinflusst?
❏ Welches Ereignis hat sich am negativsten ausgewirkt?

Ziehen Sie aus Ihren Antworten ein Resümee:
  • Wer bin ich?
  • Was bin ich?
  • Was will ich?
  • Was macht mich glücklich?
❏ Wenn Sie ein Alchimist wären, was würden Sie
  • an sich verändern wollen?
  • Und an Ihrer Lebenssituation?

Der persönliche Glückstatus

Wir arbeiten mit einer Glücksskala – ähnlich der Leistungskurve eines Sportlers. Und sportlich wollen wir ja das Glück angehen. Wählen Sie ein ganz persönliches Glückssymbol. Das kann ein Glückskäfer oder ein Kleeblatt sein, aber auch das Bild eines Sonnenuntergangs, ein Foto vom Meer – also ein Symbol für Ihr persönliches Glücksgefühl. Vielleicht möchten Sie auch meinen perfekten Menschen als Ihr Symbol nehmen? Die höchste Punktzahl, die wir erreichen können, ist zehn. Nehmen Sie einen Arbeitsbogen, am besten kariertes Papier, auf dem Sie als Eckpunkte eintragen: Persönlichkeit, Privates, Beruf, Gesundheit. Auf die Seite kommen dann die Zahlen 1 bis 10.

Notieren Sie hinter jeder Frage die Anzahl der Punkte beziehungsweise Ihres Glückssymbols.

❏ Wie glücklich bin ich in der momentanen Phase meines Lebens?
  • mit mir selbst (bin ich ausgeglichen und zufrieden mit den Lebensumständen allgemein, ist meine Grundstimmung gut, habe ich Depressionen, Sorgen, Probleme …)?
  • im Privatleben (Partnerschaft, Familie, Freunde, Freizeit)?
  • im Beruf (habe ich den richtigen Beruf, kann ich meine Stärken einsetzen, bin ich motiviert, komme ich gut mit Vorgesetzten, Kunden, Kollegen aus, habe ich Zukunftsperspektiven)?
  • über meine Gesundheit?
❏ Wie ging es mir vor einem beziehungsweise fünf Jahren?
❏ Wie ging es mir vor zehn Jahren?

Tragen Sie nun die Zahlen in die Skala ein und verbinden sie miteinander, und zwar in unterschiedlichen Farben. So können Sie gleich einer Fieberkurve sehen, wie sich Ihre Glückssituation in den letzten zehn Jahren verändert hat. Vielleicht ist Ihr Glück von Jahr zu Jahr gewachsen; vielleicht aber stellen Sie einen entgegen gesetzten Trend fest und Ihr Glück hat sich im Lauf der Zeit verringert oder etwa aus Ihrem Leben davongemacht.

Eine andere Brille aufsetzen – oder die Perspektive verändern

Sie geben Ihrem Glück eine große Chance, wenn Sie Ihre Grundeinstellung von negativ auf positiv umschalten. Sie finden das zu gewagt? Aber was kann Ihnen denn schon passieren? Das Problem bleibt das gleiche, egal wie Sie es betrachten.

Beginnen wir mit einer einfachen Übung. Egal, welchen Nachrichtenkanal wir eingeschaltet haben, welche Zeitung wir lesen, wir werden mit Horrormeldungen, mit Schreckensnachrichten und, wo das nicht reicht, mit überzogenen Befürchtungen überschwemmt. Relativen Sie einfach einmal alle diese Meldungen. Beispielsweise SARS: Täglich werden Meldungen über die Anzahl der Erkrankten und Toten in China um den ganzen Erdball geschickt. Selbst wenn es 1 000 Tote in China gäbe … Was ist das bei einer Bevölkerung von 1,3 Milliarden? Oder Kongo: Aus einem Flugzeug sind zirka 150 Menschen gefallen, alle sind tot. Diese Meldung kommt an erster Stelle in den TV-Nachrichten und wird im Radio auch noch am nächsten Tag gesendet.

So tragisch jeder Todesfall ist, einem solchen Unglück so viel Raum in der Presse zu geben, steht in keinerlei Verhältnis zur Realität. In Afrika sterben täglich zig Tausende an Hunger, werden ganze Volksgruppen durch Kriege oder Bürgerkriege ausgerottet. Das wird nur ab und zu als kleine Meldung gesendet. In welchem Verhältnis steht das Geschehen zum wirklichen Leben? Wir aber lassen uns von früh bis abends mit derartigen Informationen zumüllen. Was sie sich damit antun, wissen die wenigsten. Alles, was wir hören, nimmt unser Unterbewusstsein auf. Alles wird dort gespeichert und zwar für immer – es sei denn wir räumen radikal auf und programmieren uns um.

Auch unsere Wirtschaftslage wird nicht dadurch besser, dass wir uns sämtliche Firmenpleiten merken und uns von den negativen Meldungen beeinflussen lassen. Anstatt uns runterziehen zu lassen, sollten wir unsere Ideen fließen lassen, sollten konstruktiv und kreativ denken. Nie waren gute Einfälle gefragter als heute, nie waren Optimisten gesuchter als heute.

Ihr Partner ist davongelaufen? Sicher ist das ein Schlag, den ich keinesfalls verniedlichen will. Aber: Auch andere Mütter haben liebenswerte Töchter und Söhne. Damit will ich sagen, dass das Leben noch lange nicht gelaufen ist, weil eine Beziehung zerbricht. Ich will Ihnen aber zeigen, dass es auch andere Aspekte gibt: einen neuen Anfang mit einem Partner, der heute besser zu Ihnen passt.

Jeder sieht die Welt durch die Brille, die für seine Augen passt.

Also, nehmen Sie Ihre Brille mit den dunkel gefärbten Gläsern ab und setzen Sie sich eine Klarsichtbrille auf. Schieben Sie den Negativ-Melder beiseite, der überall Stoppschilder aufstellt, und holen Sie sich einen Berater, mit dem Sie freie Fahrt haben. Lassen Sie sich nicht alles erzählen: Relativieren Sie erst einmal jede Meldung.

Eine gute Übung ist es, eine Situation aus den unterschiedlichsten Perspektiven zu betrachten. Nehmen wir als Beispiel den überraschenden Jobverlust eines Freundes:

Versetzen Sie sich in die Lage Ihres Freundes, seiner Frau, seiner Freunde. Wie sieht die Situation aber für den Chef, für den Kollegen, seine Sekretärin, seinen Vermieter, seine Kinder aus? Eine Situation – doch jeder Standpunkt hat andere Pro- und Kontra-Argumente, jeder erkennt unterschiedliche Fehler und Chancen.

Wir sind meist so in unserer Denkstruktur festgefahren, dass es uns nicht mal in den Sinn kommt, einen anderen Standpunkt – und sei es nur versuchsweise – einzunehmen. Manche Menschen nennen diese Sturheit elegant „Geradlinigkeit". Mit der gelangen wir dann irgendwann auch auf geradem Weg in den Sarg. Solche Menschen haben weder nach rechts noch nach links geblickt. Zweifel an sich selbst kennen sie nicht – das beglückende Gefühl, sich selbst näher gekommen zu sein, den eigenen Horizont erweitert zu haben, lernen sie damit allerdings auch nicht kennen.

Doch wir sind flexibel, wir wollen etwas verändern. Deshalb müssen wir bei uns selbst beginnen. Ändern wir uns, dann ändert sich alles andere. Ändern wir unseren Blickwinkel, verändert sich unser Leben.

„Nichts ändert sich, außer wir ändern uns."

Zehn Schritte zum Glück

Ich möchte Ihnen hier die einzelnen Schritte zum Glück aufzeigen. Schreiben Sie Ihre Antworten nieder und bewahren Sie diese Notizen gut auf. Wenn Sie dieses Buch durchgearbeitet haben, sollten Sie diese Fragen noch einmal beantworten. Sie werden so manche Kurskorrektur vornehmen können.

1. Schritt
Notieren Sie die Grundsätze Ihres Lebens.

❑ Was ist Ihnen am wichtigsten,
❑ nach welchem Motto leben Sie,
❑ welche Werte haben Sie und
❑ welchen Sinn sehen Sie in Ihrem Leben?

2. Schritt
Woran glauben Sie?

❑ An den Zufall, an Schicksal, an Erfolg, Pech …?
❑ Glauben Sie an Astrologie oder an ein besseres Leben nach dem Tod?
❑ Glauben Sie an das Fernsehen oder an sich?

3. Schritt
Welche Erfahrungen haben Sie bisher gemacht und welche Konsequenzen ziehen Sie daraus?

- ❏ Beispiel: Sie geraten immer wieder an den falschen Partner, suchen immer schneller nach Ersatz oder fragen Sie sich, warum Sie immer auf den gleichen Typen hereinfallen?
- ❏ Wie wollen Sie künftig bei der Partnerwahl vorgehen?

4. Schritt
Schreiben Sie auf, wofür Sie Ihrem Schicksal dankbar sein können.

5. Schritt
Halten Sie sich für wichtig?

- ❏ Für wen?
- ❏ Und warum?

6. Schritt
Notieren Sie das, was Sie wirklich glücklich macht.

7. Schritt
Schreiben Sie Ihre wichtigsten Glücksziele auf, unterteilt in private und geschäftliche Ziele.

- ❏ Was wollen Sie in einem Jahr,
- ❏ in fünf Jahren,
- ❏ in zehn Jahren
- ❏ erreicht beziehungsweise verändert haben?

8. Schritt
Notieren Sie hier Ihre Talente und Fähigkeiten, die Ihnen helfen, glücklich zu werden.

9. Schritt
Schreiben Sie hier auf, welches Ihr erstes Glücksziel sein soll.

10. Schritt
Machen Sie einen Zeitplan und handeln Sie!

Basis-Glückstraining

Diese Suggestion gibt Ihnen so viel Power, dass Sie gar nicht anders können, als Ihr Glück zu machen. Anzuwenden zweimal täglich, morgens und abends:

> *Ich kann, was ich will!*
> *Ich bin fest entschlossen, meinem Leben Wert*
> *und Sinn zu geben, denn ich weiß, was ich will!*
> *Ich habe einen starken Willen und kann mich gut konzentrieren!*
> *Alle Oberflächlichkeiten verschwinden –*
> *meine Konzentrationskraft vertreibt meine Unruhe!*
> *Misserfolge können mich nicht verunsichern,*
> *denn ich kann, was ich will!*
> *Erst denken, dann handeln,*
> *aber nie mit dem Kopf durch die Wand,*
> *denn es gibt immer eine Tür!*
> *Wünschen – planen – wagen – siegen,*
> *das ist mein Motto!*
> *Ich bin glücklich, denn ich weiß,*
> *ich kann, wenn ich will!*

Das Glückstagebuch

Wir sind dabei, uns selbst auf das Glück einzustellen. Dazu müssen wir Gewohnheiten entwickeln, die uns glücklich machen: Glücksgewohnheiten.

Und was wäre da besser geeignet als ein Glückstagebuch anzulegen?

Anstatt am Abend mit den Gedanken an den Ärger über den Chef ins Bett zu gehen, schlecht zu schlafen und am nächsten Morgen mürrisch aufzustehen, sollten wir uns mit den schönen Erinnerung in die Arme von Morpheus begeben. In unseren Kindertagen stand das Tagebuch hoch im Kurs, und auch heute gibt es noch genügend Menschen, die Tagebuch führen. Dabei handelt es sich nicht ausschließlich um Kinder oder Jugendliche, auch Erwachsene führen Tagebuch, um Ereignisse festzuhalten, um Probleme zu verarbeiten oder aber, um später einmal den Kindern und Enkeln Einblick in ihr Leben zu gewähren.

Das Glückstagebuch ist jedoch etwas anderes. Hier werden ausschließlich Glücksmomente festgehalten. Jeder Tag hält zumindest eine Prise Glück für Sie bereit. Aber achtlos übersehen wir die kleinen Glücksgefühle, weil wir nur auf das große Glück hoffen. Ich möchte Ihren Blick für das kleine Glück schärfen. Ein Tropfen Wasser ist nichts, aber tausende von Wassertropfen können das Überleben sichern. Auch das Meer besteht letztendlich aus nichts anderem als aus einer unendlichen Zahl von Wassertropfen.

Glück ist das, was wir uns am meisten wünschen. Deshalb sollte unser Glückstagebuch mit viel Liebe ausgewählt werden. Ob Sie sich für ein dickes Buch oder ein kleines Büchlein entscheiden, spielt keine Rolle. Wichtig ist, dass Sie Ihr Buch entsprechend seinem Stellenwert ausstatten. Ob Sie es in schönes Papier einbinden, ob Sie auf den Buchdeckel Ihr Glückssymbol kleben, jede Seite ausmalen – es bleibt Ihnen überlassen. Ihr Glückstagebuch sollte etwas Besonderes sein – und das sollte man ihm auch ansehen.

Nehmen Sie sich jeden Abend etwas Zeit und erinnern Sie sich an die glücklichen Momente des Tages. Notieren Sie das Datum und dann mindestens drei Glücksmomente – nach oben sind keine Grenzen gesetzt. Jeden Tag sollten Sie Ihren Eintrag dazu machen. Am Anfang ist das etwas ungewohnt, aber wenn Sie konsequent sind, dann wird Ihnen dieser Tagesrückblick mit seinen Glücksmomenten bald zu einem Bedürfnis werden und dann zu einer Gewohnheit.

Vielleicht machen Sie sogar ein kleines Ritual daraus:

Legen Sie eine schöne CD auf, entspannen Sie sich, finden Sie zu innerer Ruhe und dann tauchen Sie ein in Ihre Tageserinnerungen. Dabei kommen natürlich auch der Ärger, der Frust, die Enttäuschung noch einmal ins Bewusstsein. Auch das gehört zu unserem Leben. Aber wir haben es in der Hand, welchen Raum wir solchen Emotionen zubilligen. Denken Sie jetzt nicht darüber nach, was Sie hätten sagen können oder sollen, sondern konzentrieren Sie sich auf die glücklichen Augenblicke des Tages. Wenn Sie Ihre Aufmerksamkeit auf das Glück richten, bekommt das weniger Gute oder Erfolgreiche eine geringere Bedeutung. Sie entscheiden schließlich, welche Kräfte in Ihnen wirken können. Erinnern Sie sich an das strahlende Lächeln Ihrer Tochter, die Einladung eines Freundes oder das Kompliment, das Ihnen Ihre Kollegin gemacht hat. Schreiben Sie die drei größten Glücksmomente auf. Stellen Sie sich die Situation noch mal bildlich vor und genießen Sie das Glücksgefühl, das Sie dabei durchströmt.

Eine Spalte in Ihrem Glückstagebuch sollten Sie für die Dankbarkeit einrichten. Notieren Sie parallel zu Ihren Glückserlebnissen jeden Tag drei Dinge, für die Sie dankbar sind. Das können Menschen, aber auch Umstände sein.

Wenn Sie mit Gedanken an Glück und Dankbarkeit ins Bett gehen, können Sie gar nicht anders, als am nächsten Morgen gut gelaunt aufzustehen. So vergrößert sich Ihr Glückspotenzial jeden Tag.

Ihr Glückstagebuch ist ausschließlich für Sie bestimmt. Verwahren Sie es sorgfältig und nehmen Sie es auch immer mit, wenn Sie verreisen.

> **Jeder Mensch hat zwei Geburtsdaten:**
> **Einmal den Tag, an dem er das Licht der Welt erblickte.**
> **Und dann – weniger offensichtlich – den Tag, an dem er bewusst erkannte, dass er seine Zukunft gestalten kann.**

3. Kapitel:

Charles Dickens:
Ein Weihnachtsmärchen

In Charles Dickens „Ein Weihnachtsmärchen" lesen wir die eindrucksvolle Schilderung von der Wandlung des Geizkragens Ebenezer Scrooge in einen von allen geliebten Wohltäter. Scrooge ist anfangs ein echter Misanthrop, der einsam und allein in seinem Kontor sitzt. Für die Weihnachtswünsche seines Neffen hat er nur Spott und Verachtung übrig. Sein miserabel bezahlter Schreiber muss sich an der Kerze wärmen, weil Scrooge sogar über die Kohlen wacht.

Doch ein Wunder geschieht, ausgelöst durch den nächtlichen Besuch seines ehemaligen Partners Jacob Marley. Dieser erscheint als Geist, der ruhelos und endlos durch die Welt ziehen muss, weil er ebenso hartherzig und geizig war wie Ebenezer Scrooge. Er kann seine Versäumnisse nicht wieder gut machen, aber wenigstens darf er Scrooge warnen. Marley kündigt den Besuch von drei Geistern an, die Scrooge die Möglichkeit geben, sein Leben aus einer anderen Perspektive zu betrachten.

Der erste Besucher ist der Geist der vergangenen Weihnachten. Wie ein Geist ist auch Scrooge bei diesen Reisen unsichtbar. Er kehrt mit dem Geist zurück an die Stätten seiner Kindheit. Er sieht sein eigenes Ich, das er längst vergessen hatte.

Mit dem zweiten Geist kann Scrooge das gegenwärtige Weihnachtsfest erleben. Er bekommt Einblick in das Leben seines Schreibers, sieht dessen Armut und dessen Probleme. Aber er spürt auch die Wärme, Liebe und Menschlichkeit, die in dessen Hause herrscht. Auch seinem Neffen stattet er einen Besuch ab und ist gerührt über dessen Nachsicht ihm gegenüber. Scrooge fällt es wie Schuppen von den Augen, wie lieblos und hart er mit seinen Mitmenschen umgeht.

Der dritte Geist lässt ihn in die Zukunft blicken: Scrooge sieht den Tod eines einsamen, bösen Mannes. Nur sein Schreiber und auch sein Neffe empfinden Mitleid mit ihm, sonst weint kein Mensch ihm nach.

Scrooge ist erschüttert über sich selbst und in ihm vollzieht sich eine wundersame Wandlung. Er will ein anderer Mensch werden, nicht mehr der sein, der er war. Diesen Entschluss setzt Scrooge umgehend in die Tat um, beschenkt seinen Schreiber mit einem riesigen Truthahn, erhöht sein Gehalt, kümmert sich um dessen Familie. Danach besucht er seinen Neffen und erfährt Wärme und Herzlichkeit. Scrooge tut noch viel Gutes, er liebt nun die Menschen und wird geliebt.

Diese Geschichte zeigt uns, dass alles in uns ist, dass sogar scheinbar hoffnungs- oder aussichtslose Fälle sich zum Guten wenden können. Und dass alles, was wir geben, zu uns zurückkehrt. Nie ist es zu spät zu einer besseren Einsicht zu gelangen, nie ist es zu spät, sein Leben zu verändern, auf die Sonnenseite zu wechseln und Glück in uns zu erwecken, damit wir auch andere glücklich machen können.

Das Glückstraining in der Praxis

Bisher war unser gemeinsamer Weg nicht besonders anstrengend für Sie. Sie konnten es sich im Sessel bequem machen und brauchten nur zu lesen und mitzudenken – mehr hatten Sie nicht zu tun. Aber das ändert sich jetzt. Hier beginnt die wahre Arbeit, das echte Training, damit Sie Spitze werden in puncto Glück. Konsequentes Arbeiten sichert das Vorankommen – aber das brauche ich ja kaum zu erwähnen. Nicht nur im Sport gilt: Übung macht den Meister, denn

Übung verwandelt den Menschen.

Kopfarbeit

Was immer wir tun – alles beginnt im Kopf. Im Kopf werden Mannschaftsspiele, Tennismatches oder Schachspiele durchgespielt – immer wieder und immer wieder. Auf diese Weise werden ganz bestimmte Strukturen im Gehirn geschaffen und bis zur Perfektion ausgebaut. Gedankenklarheit und die bildhafte Vorstellung schaffen die mentalen Voraussetzungen. Ein Automatismus tritt hier ein: Gibt es beim Polospiel oder beim Eishockey eine Chance, hat kein Spieler Zeit für lange Überlegungen, was er tun oder wie er den Schlag parieren soll. Blitzschnell muss gehandelt werden. Reagieren können alle, aber allein das richtige Reagieren entscheidet über Sieg oder Niederlage. Das haben wir selbst oft genug erfahren, wenn wir auf einen verbalen Angriff mit Stottern reagierten. Anstatt kühl und souverän zu bleiben, verlieren wir die Nerven. Hätten wir uns auf eine Auseinandersetzung geistig vorbereiten können, hätten wir den Disput in Gedanken immer wieder durchgespielt, dann hätten wir den anderen lächelnd in die Schranken verweisen können. So aber sind wir verärgert über uns selbst, vergeuden unsere wertvolle Zeit mit der nachträglichen Formulierung der besten Argumente – doch leider zu spät, denn dieser Zug ist bereits abgefahren. Ob im Berufs- oder Privatleben: Mentales Training, also die geistige Vorbereitung, ist das A und O für Erfolg. Deshalb beginnen wir bei unserem Glückstraining auch mit der Kopfarbeit.

Ich behaupte: Der Inhalt unseres Kopfes, also die Qualität unserer Gedanken, bestimmt über unser Leben. Ob wir glücklich sind oder nicht, hängt davon ab, was wir in unserem Oberstübchen produzieren. Gedanken sind nicht etwa eine Macht, der wir hilflos ausgesetzt sind. Und ob wir „Hochwertiges" denken oder nur Ausschuss produzieren, das bestimmen wir selbst. Das möchten die wenigsten Menschen wahr haben, denn sonst würde ich nicht so oft Sätze hören wie: „Meine Gedanken lassen mir keine Ruhe", „ich habe negative Gedanken", „meine Gedanken bedrücken mich" oder dergleichen. Wer so spricht, macht es sich entweder sehr einfach oder er kennt die Gesetzmäßigkeit von Ursache und Wirkung nicht. Wer behauptet, er habe keine Macht über seine Gedanken, begibt sich gewissermaßen freiwillig in einen Zustand der Ohnmacht. Ohne Macht sind wir aber nur, wenn wir unsere Hände in den Schoß legen und alles über uns ergehen lassen. Durch ein solches Verhalten gerät dann unser Leben außer Kontrolle und die Chancen auf Glück und Erfolg verringern sich drastisch. Dem Glück können wir dann bestenfalls hinterherlaufen, vom Erfolg nur träumen – erreichen werden wir weder das eine noch das andere. Glück und Ohnmacht lassen sich nicht miteinander vereinbaren. Dabei ist das Glücksprinzip auf einen einfachen Nenner zu bringen:

Glückliche Menschen denken positiv, unglückliche denken negativ.

Eine positive Einstellung zum Leben ist das Merkmal glücklicher Menschen. Alle haben wir mit den Widrigkeiten des Alltages, mit mobbenden Kollegen oder cholerischen Vorgesetzten, mit unzuverlässigen Handwerkern und unfairen Bekannten zu tun. Das gehört zu dem ganz normalen Wahnsinn des Lebens. Was jedoch den glücklichen vom unglücklichen Menschen unterscheidet, ist die Einstellung zur Situation und die Art und Weise, mit diesen Schwierigkeiten umzugehen. Der Glückliche ist mit allen Sinnen auf Schönes und Aufbauendes fixiert, der Unglückliche behält das Negative in Erinnerung und erwartet Schlimmes. Oder anders ausgedrückt: Hier sehen wir deutlich die Auswirkungen von Ursache und Wirkung. Glück und Erfolg entstehen im Kopf, ebenso wie Unglück und Misserfolg. Glückliche Menschen erwarten grundsätzlich etwas Positives, sie rechnen damit, dass sie mehr angenehme als unangenehme Situationen erleben, erwarten, dass sie öfters gewinnen als verlieren, dass sie öfter glücklich und zufrieden sind als unglücklich beziehungsweise unzufrieden. Diese positive Erwartungshaltung versetzt sie in die Lage, schnell die positiven Aspekte in jeder Situation zu erkennen und dann das Beste daraus zu machen. Im Gegensatz dazu sieht der Pessimist überall das Negative. Aus einer solchen Einstellung kann natürlich wenig Gutes entstehen. Wer positiv denkt, findet eher Lösungswege als ein „Schwarzseher", der mit sicherem Blick jedes Haar in der Suppe sofort entdeckt.

So fand beispielsweise Napoleon Hill bei den Recherchen für sein Buch *Denke nach und werde reich* einen gemeinsamen Nenner bei mehreren Hundert der reichsten Amerikaner: Allen gemeinsam war eine positive Erwartungshaltung.

> **Die Grundeinstellung zum Leben bestimmt unser Lebensgefühl.**

Nicht nur, dass eine positive Haltung den Blick für unsere Chancen schärft. Nein, wir verhalten uns auch entsprechend unserer Einstellung. Nehmen Sie an, Sie beginnen etwas Neues – eine neue Partnerschaft, einen neuen Job oder ziehen in eine andere Stadt. Erwarten Sie Harmonie in der Partnerschaft, sind Sie von Ihrem Erfolg beim neuen Arbeitgeber überzeugt und freuen Sie sich auf die neue Wohnung! So strahlen Sie genau das aus, was Sie erwarten und Sie wissen selbst, was dann geschieht. Gehen Sie freundlich auf einen Fremden zu, kann er kaum anders, als auch freundlich sein. Fragen Sie aber mürrisch nach dem Weg, erhalten Sie eine unfreundliche Antwort.

Ihr Partner wird ebenfalls liebevoller, verständnisvoller sein, weil Sie liebevoll auf ihn zugehen. Ihre Zuversicht und Vorfreude auf den neuen Job verleiht Ihnen Selbstvertrauen und Selbstbewusstsein – entsprechend treten Sie auf. In der neuen Umgebung wird Sie ein freundlicher, netter Mitbewohner mit offenen Armen empfangen. Je positiver und stärker Ihre Ausstrahlung ist, desto stärker ist die Resonanz. Das wiederum bewirkt in Ihnen ein Wohlgefühl – Sie sind zufrieden und glücklich. Wer selbst glücklich ist, kann andere leicht glücklich machen – damit schließt sich der Glückskreis.

Alles beginnt im Kopf. Dieser Erkenntnis können wir uns nicht entziehen. Und wir können uns auch nicht damit herausreden, dass andere mehr im Kopf haben als wir. Wie schon erwähnt, sind die Menschen alle gleich ausgestattet. Keiner hat ein größeres oder kleineres Gehirn. Aber der eine gibt seinem Kopf Kraftfutter und der andere nimmt nur Junkfood zu sich.

Jeder Profiradfahrer kennt sein Rennrad bis zur letzten Schraube, viele Autofahrer wissen, wie der Motor funktioniert und können kleinere Reparaturen selbst ausführen. Den Computer können heute schon kleine Kinder bedienen. Aber was wissen wir schon über die Funktion unseres Gehirns? Wer weiß schon, wie wir unsere Denkstrukturen installieren oder warum die rechte Gehirnhälfte so wichtig ist? Kaum jemand zerbricht sich darüber den Kopf. Warum also wundern wir uns, dass unsere Welt so schief hängt? Ein besseres Know-how über die Vorgänge in unserem Schädel würde uns das Leben leichter machen und erheblich dazu beitragen, glücklich und zufrieden zu sein. Wir könnten unser Potenzial viel besser nutzen, würden wir nicht gleichsam kopf-los durchs Leben stolpern. Lassen Sie mich deshalb einige Worte über das menschliche Gehirn sagen:

Es gibt quasi drei Gehirne: Das jüngste von diesen macht den Menschen erst zum Menschen, denn es ist zuständig für die Sprache sowie für das abstrakte und das symbolische Denken. Das alte Gehirn besteht aus zwei unterschiedlichen Bereichen, aus dem primitiven Gehirn der Säugetiere und dem noch ältern Gehirn der Reptilien. Sie sehen, mit welcher Spannweite wir es zu tun haben. Wie sollen so unterschiedliche Entwicklungsstufen miteinander auskommen oder gar effektiv zusammenarbeiten? Immerhin erklärt es, warum es dem

Menschen auch heute noch schwer fällt, Gefühl und Verstand auf einen Nenner zu bringen. Besser verstehen kann man diesen Zwiespalt, wenn man um die unterschiedlichen Gehirne weiß.

Das Wissen um die Ursache allein bringt uns aber nicht viel weiter. Wir müssen also etwas tun, damit unser Gehirn reibungsloser funktionieren kann. Verändern wir beispielsweise destruktive Denkstrukturen in eine positive Erwartungshaltung, aktivieren wir beide Gehirnhälften, dann nähern wir uns dem Idealzustand – dem ausgewogenen, ausgeglichenen Menschen, in dem Glücksgefühle entstehen können.

Die Wissenschaft ist noch längst nicht an ihrem Ziel angelangt, sie kann vieles noch nicht erklären, was in unserem Köpfen vorgeht. Wir hören von unterschiedlichen Arealen, die aktiviert werden, wenn wir uns freuen oder ärgern, wenn wir uns konzentrieren. Wir lesen von größeren Scheitellappen, die besonders intelligente Menschen, wie beispielsweise Albert Einstein, haben. Bei ihnen soll übrigens die Bereitschaft Verantwortung zu übernehmen, stärker ausgeprägt sein. Interessant ist, dass zwar der IQ von Generation zu Generation immer höher wird, dies sich aber nicht auch auf die Kreativität auswirkt. Zum Glück gehört weit mehr als pure Intelligenz zum Menschen, denn je verstandesbetonter der Mensch wird, desto mehr scheint er an Menschlichkeit zu verlieren. Das hat sich bis in die Chefetagen herumgesprochen und heute ist der SQ, die soziale Komponente der Intelligenz, gefragter denn je: Geld macht nicht glücklich und der Mensch lebt auch nicht vom Brot allein. Die Kunst, mit Menschen richtig umzugehen, Mitarbeiter zu motivieren und diese entsprechend ihrer Fähigkeiten einzusetzen, sie von den Unternehmenszielen zu begeistern – das macht eine erfolgreiche Führungspersönlichkeit aus. Solche Fähigkeiten stehen in der schwierigen heutigen Wirtschaftslage besonders hoch im Kurs, denn nur so kann ein Unternehmen konkurrenzfähig bleiben: mit Kreativität, Engagement und Einsatzwillen der Mitarbeiter.

Im frontalen Gehirnbereich soll die Fähigkeit sitzen, Ziele und Visionen zu entwickeln und umzusetzen. Diese Fähigkeit kann man trainieren. Menschen, die unstet sind, keine Aufgabe zu Ende führen und jedes Unternehmen bei der kleinsten Schwierigkeit abbrechen, haben es nicht leicht, Ziele konsequent zu verfolgen. Wer jedoch sein Gehirn entsprechend trainiert, hat gute Chancen diese zu erreichen. Dabei ist derjenige deutlich im Vorteil, dessen Neigungen mit seinen Wertvorstellungen übereinstimmen. Je mehr Übereinstimmung herrscht, desto besser ist das für ihn: Er kann nicht nur seine Ziele eher erreichen, er empfindet dabei auch tiefes Glück und Erfüllung.

Nicht nur unsere Gedanken werden im Gehirn produziert, alle Körperfunktionen werden von hier geregelt. Das Gehirn ist ein Wunderwerk, das bis heute noch nicht in allen Details erforscht ist. Es gibt immer wieder neue Erkenntnisse aus der Gehirnforschung, die uns in Staunen versetzen. Lassen Sie mich nur kurz ein paar Daten nennen: Beim Fötus entstehen 250 000 Neuronen in der Minute, beim Kleinkind 30 000 Synapsen pro Quadratzentimeter Gehirn pro Sekunde. Und mehr als 10 Milliarden Neuronen und zwei Dutzend Neurotransmitter halten den erwachsenen Menschen in Schuss. Alles, was wir wahrnehmen, wird blitzschnell mit bereits vorhandenen Informationen verbunden. Die Informationen sausen in Windeseile zu der Stelle, an der Ähnliches bereits abgespeichert ist. Gewissermaßen sitzt in unserem Oberstübchen ein Supercomputer – so genial, dass es den besten Wissenschaftlern noch nicht gelungen ist, ihn nur annähernd nachzubauen. Aber wie mit den richtigen Rechnern haben wir mit unserem „Rechner im Kopf" auch so unsere Probleme. Manchmal „installieren" wir falsche Systeme und wundern uns dann, dass unser Leben nicht richtig läuft. Erkennen wir dies, dann benötigen wir Expertenwissen, um unsere Software richtig umzuprogrammieren. Wer sich die richtige Technik (siehe Selbsthilfeprogramm/Suggestion) aneignet oder ein Seminar besucht, lernt schnell, mehr mit seinem geistigen Potenzial anzufangen.

Erschreckend ist auch, dass wir so wenig Gebrauch von unseren Fähigkeiten machen. Mit maximal einem Zehntel seines geistigen Potenzials gibt sich der Mensch zufrieden! Ist das nicht traurig? Stellen Sie sich vor, wir würden lediglich weitere zehn Prozent aktiv nutzen. Was könnten wir verändern, wie sähe unser Leben, aber auch unsere Welt dann aus? Ich gehe natürlich von einer sinnvollen und friedlichen Nutzung unserer Fähigkeiten aus. Alles hat seine zwei Seiten: Mit Geld können Sie Kindergärten bauen oder Waffen kaufen, mit einem Messer Brot schneiden, aber auch verletzen. Ebenso liegt es an uns, was wir mit unserem Gehirn, mit unserer Begabung anfangen. Nutzen wir es, um unserem Evolutionsauftrag zu entsprechen und uns weiterzuentwickeln oder nicht. Wir könnten beispielsweise Ideen formen, die zu einer positiven Veränderung in der Welt führen. Wir könnten Frieden schaffen, aber natürlich auch Kriege verursachen. Alles liegt an uns und in uns.

Sämtliche Informationen werden im Gehirn verarbeitet, blitzschnell über so genannte Links mit vorhandenen Informationen vernetzt und abgespeichert. Stark frequentierte Links arbeiten blitzschnell. Nicht so häufig benutzte Verbindungen benötigen etwas mehr Zeit, können aber mit der Häufigkeit der Nutzungen weiter „ausgebaut" beziehungsweise schneller gemacht werden. Ich vergleiche dies immer gern mit Straßen – einer Autobahn und einer kleinen Landstraße. So spezialisiert sich das Gehirn ganz individuell, entsprechend seinem „Menschen" oder Besitzers, auf bestimmte Themen. Die Vernetzungen im Gehirn eines Naturwissenschaftlers müssen demnach zwangsläufig anders sein als die eines Musikers. Der Wissenschaftler versteht sofort alles, was mit seinem Fachgebiet zu tun hat. Hört er aber etwas aus dem Bereich der Musiktheorie, kann es sein, dass er nur Bahnhof versteht. Sein Gehirn braucht länger, um Informationen aus dem musikalischen Bereich einzusortieren, weil diese die Landstraße benutzen müssen, da es keine Musik-Autobahnen bei ihm gibt. Umgekehrt geht es dem Musiker natürlich genauso. Schnell in Auffassung und Verarbeitung im eigenen Fachgebiet, langsam auf fremdem Terrain.

Jeder Mensch hat also seine individuelle Denkstruktur. Gefällt sie ihm nicht, muss er sich nicht damit abfinden. Betrachten Sie einmal das Gedankengut, das Sie sich im Lauf Ihres Lebens erworben haben. Und wenn Sie jetzt feststellen, dass Sie damit nicht besonders glücklich oder erfolgreich geworden sind, dann haben Sie jetzt die Gelegenheit, dies zu ändern. Ihre Entscheidung hat weitreichende Folgen: Sie können damit den Grundstein für ein Leben voller Glücksmomente legen.

Wer an seinem „Straßennetz" im Kopf nicht arbeitet, nur wenig und immer das Gleiche denkt, der verfügt logischerweise nur über wenige, dafür umso fester ausgebaute Verbindungen. Solche Menschen zeichnen sich durch Sturheit und Starrsinn aus. Sie sind wenig flexibel, stellen sich nur schwer auf neue Situationen ein und auch Toleranz zählt nicht zu ihren Stärken.

Alle Informationen, die in irgendeiner Weise mit Emotionen verbunden sind, haben sehr viel mehr Kraft. Sie wiegen schwerer, verankern sich fester und tiefer. Wenn Sie sich viel über Ihren Chef, Ihren Mann oder den Nachbarn ärgern, dann erhalten Ihre Gedanken durch die negativen Gefühle eine Menge Energie. Mit jedem Ärger verstärkt sich dieses Gefühl. Irgendwann verselbstständigt sich dieser Ärger. Dann brauchen Sie nur noch den Namen der Person hören. Und was passiert? Sie ärgern sich fürchterlich, obwohl Sie in diesem Moment gar keinen Anlass dazu haben. Allein der Gedanke, die Assoziation, verursacht ein starkes negatives Gefühl. Sie sehen an diesem Beispiel, wie sehr wir selbst an der Entstehung und Entwicklung unserer Gefühle beteiligt sind. Wir sind also keineswegs Opfer der Gefühle, sondern wir sind deren Verursacher.

Umgekehrt wirkt dieses Prinzip genauso. Sie haben Karten für das einzige Konzert erhalten, das Ihr Lieblingssänger in Deutschland gibt. Sie freuen sich riesig, kaufen sich für diesen Event ein neues Kleid, vereinbaren Termine beim Friseur und Kosmetiksalon. Die Vorfreude beschwingt Sie. Immer wenn Sie an das Ereignis denken oder wenn Sie ein Plakat mit der Vorankündigung des Konzerts sehen, hebt sich Ihre Stimmung sofort, steigt Ihr Glückspegel.

Warum nicht einfach auch den Ärger bewusst abschalten, ausklinken aus dem Leben? Es liegt doch nur an Ihnen, wie wichtig Sie eine kritische Bemerkung nehmen. Geben Sie ihr nämlich kein Gewicht, kann sie Ihnen nicht den Tag verderben. In Ihrem Kopf wird das Konto „Ärger" nicht weiter gefüllt, die Autobahn zum Ärgerdepot nicht weiter ausgebaut. Warum nicht Freude bewusst verstärken – durch kleine Glücksverstärker? Das erhöht Ihr Glückskonto, verstärkt die Links im Gehirn, die zu angenehmen Erinnerungen führen.

Sie sehen, dass Sie es selbst in der Hand haben, ob Sie sich gut oder weniger gut fühlen, ob Sie glücklich und erfolgreich sind oder nicht. Niemand ist hilflos äußeren Einflüssen oder eigenen Gefühlen ausgeliefert. Das scheint nur so für denjenigen, der die Zusammenhänge nicht kennt. Oder möchten Sie das vielleicht lieber gar nicht wissen, weil Sie dann die Schuld an Ihrer Misere besser auf andere abwälzen können? Unser Leben – unser Glück oder unser Pech – ist nichts anderes als die Konsequenz, die aus unserer Denkstruktur entsteht, die wir mit jedem Gedanken weiter ausbauen.

Eine Datenautobahn im Kopf, drei extrem unterschiedliche Gehirne – aber das ist noch nicht alles. Wir haben es auch noch mit zwei Gehirnhälften zu tun. Jede Seite hat ihre speziellen Aufgaben zu erfüllen. Die rechte Seite ist für die Körperfunktionen der linken Seite zuständig. Umgekehrt regelt die linke Gehirnhälfte die rechte Körperhälfte. Arbeiten beide Seiten gut zusammen, funktioniert der Mensch gut. In der linken Seite wird ferner die Sprache bearbeitet, die rechte Seite steuert die entsprechenden Bilder zu den Worten bei. Wussten Sie um diese Zusammenhänge? Wenn Sie das Wort Glück hören (damit ist die linke Gehirnhälfte aktiviert), entsteht vor Ihrem geistigen Auge Ihr persönliches Glücksbild (das hat die rechte Seite produziert) und gleichzeitig entwickelt sich in

Ihnen ein Glücksgefühl. Sicher können Sie sich die fatale Wirkung vorstellen, wenn die Verbindung zwischen beiden Gehirnhälften nicht klappt.

Rundherum wohl fühlen wir uns nur, wenn beide Seiten harmonisch zusammenarbeiten. Dann sehen wir nicht mehr nur Teilaspekte, sondern das Ganze. Wir können auch aus unserem gesamten Potenzial schöpfen und ganzheitliche Lösungen erarbeiten. Der Verstand arbeitet zusammen mit dem Gefühl – das ist perfekt. Die folgende Aufstellung macht deutlich, warum das Zusammenspiel der beiden Seiten so wichtig ist:

Die linke Gehirnhälfte ist zuständig für:

- ❏ Sprachzentrum
- ❏ Gedächtnis
- ❏ soziale Einstellung
- ❏ Fähigkeit, analytisch zu denken
- ❏ Fähigkeit, Dinge, Erlebnisse etc. richtig einzuordnen

Die rechte Gehirnhälfte ist zuständig für:

- ❏ räumlich-visuelles Denken
- ❏ bildhafte Wahrnehmung
- ❏ Intuition
- ❏ Gefühl für Farben
- ❏ künstlerische Empfindungen
- ❏ Mehrdimensionalität
- ❏ Chaos

In der linken Gehirnhälfte sitzt das, was wir Verstand (siehe Kapitel: Verstand gegen Gefühl) nennen, hier wird logisch gedacht und folglich auch Nein gesagt. Anders ist es auf der rechten Seite. Hier fühlen wir, hier können wir zustimmen und sagen Ja. Allerdings ist hier auch die Angst angesiedelt. Erst in den letzten Jahren wurde die Bedeutung der rechten Gehirnhälfte erkannte. Es ist auch noch gar nicht so lange her, dass sich alles um den Verstand drehte, die emotionale Seite aber kaum beachtet wurde. Leider gibt es auch heute immer noch viele Schulen, in denen wie früher gepaukt wird. Das Ergebnis können wir in der Pisa-Studie nachlesen. Wäre auch die rechte Gehirnhälfte „eingeschaltet", würden Kinder und Jugendliche viel besser und schneller lernen, wäre der Lehrstoff so aufbereitet, dass die Schüler mit Freude bei der Sache bleiben würden. So einfach funktioniert das – man muss nur das Wissen auch anwenden. Wären wir etwas „rechtslastiger", hätte das weitere Vorteile: Der Mensch fühlte sich insgesamt wohler, das soziale Empfinden wäre sensibilisiert, Toleranz und Verständnis würden das Zusammenleben bestimmen. Barrieren würden gar nicht erst aufgebaut. Das würde die Gewalt in den Schulen drastisch verringern – ohne große kostenintensive Maßnahmen. Unsere Gesellschaft würde sich nicht mehr über zunehmende Kälte beklagen müssen. Ich plädiere für einen stärken Einsatz der rechten Gehirnhälfte – und jeder Mensch könnte glücklicher sein. Eine ganzheitliche Erziehung bereitet für das Leben vor, und zwar für ein glückliches Leben im Privat- wie im Berufsleben. Pures Pauken bringt zwar viel Wissen, aber macht nicht gerade lebens- und liebesfähig. Wir aber brauchen Könner, keine Schlaumeier oder gar Besserwisser. Davon haben wir schon reichlich. Und für unser Glück brauchen wir Verstand *und* Gefühl, benötigen wir die rechte *und* linke Seite. Nur dann ist der Mensch vollständig und nur dann kann er glücklich sein.

Wie schätzen Sie sich selbst ein?

❏ Welche Gehirnhälfte ist bei Ihnen aktiver?
❏ Links oder rechts?
❏ Hat Wissen für Sie mehr Wert als Verständnis?
❏ Wie sieht es mit Ihrem Gefühlsleben aus?
❏ Haben Sie überhaupt noch eines oder haben Sie es schon verkümmern lassen?
❏ Was haben Sie im Kopf?
❏ Wie schätzen Sie Ihre Denkstruktur ein?
❏ Welche Vernetzungen haben Sie in Ihrem Oberstübchen angelegt und gepflegt?
❏ Wohin führen Ihre Datenautobahnen?

Nach allem, was Sie jetzt wissen, werden Sie mir sicher bei meinem zweiten Grundgesetz der Lebensentfaltung zustimmen:
    „Am Anfang jeder Tat steht die Idee. Nur was gedacht wurde, existiert."
Das führt uns zu einer anderen Frage, mit der wir uns auch im Kapitel *Fremd- oder Eigensuggestion* befassen, nämlich: Denken Sie selbst oder lassen Sie denken?

Wissen im Überfluss – das kollektive Unterbewusstsein

Ich behaupte, Sie wissen weit mehr als Sie glauben, ja als Sie sich überhaupt vorstellen können. Dafür brauchen Sie nicht einmal die Uni besucht zu haben.

Sie brauchen nur Ihre Fähigkeiten und Stärken zu kennen und einzusetzen. Der Mensch ist nämlich perfekt ausgestattet. Ihm steht nicht nur ein überaus leistungsfähiges Gehirn zur Verfügung. Die Natur hat ihm noch viel mehr mit gegeben.

Ich vergleiche den Menschen immer gern mit einem Eisberg, bei dem das obere Drittel das Bewusstsein ausmacht. Den mittleren Teil macht das Unterbewusstsein aus (siehe Seite 108: Fremd- oder Eigensuggestion). Hier wird alles – also auch das, was wir nicht bewusst aufnehmen – registriert und abgespeichert. Der untere Teil, die breite Basis, ist das kollektive Unterbewusstsein. In diesem Bereich sind alle Erfahrungen und Erkenntnisse der Menschheit vom Ursprung bis zum heutigen Tag gespeichert. Unser begrenzter Verstand kann dies gar nicht in vollem Ausmaß erfassen. Es erscheint ihm so unglaublich, dass er sich dieser Erkenntnis am liebsten verschließt – mit dem Resultat, dass wir uns selbst einer unendlichen Wissensquelle berauben.

Stellen Sie sich einmal vor, Sie würden über unbegrenztes Wissen verfügen. Das erscheint Ihnen äußerst unwahrscheinlich, oder? Nun, mit einem solchen Einwand sind Sie nicht allein. Und dennoch haben Sie selbst schon erlebt, dass Sie viel mehr wissen als Sie je in Ihrem Leben gelernt haben beziehungsweise sich zutrauen. Jeder kennt Situationen, in denen er urplötzlich – wie es scheint – eine „Eingebung" hatte. Sie sind in Urlaub, entspannt und gelöst versuchen Sie sich an einem Kreuzworträtsel. Nach ausgefallenen Begriffen und Namen wird gefragt. Erstaunlicherweise finden Sie sehr häufig die richtige Antwort – selbst bei Themen, mit denen Sie sich nie befasst haben. Sie sind über sich selbst verwundert. Mich erstaunt das nicht, denn ich weiß, dass jeder Mensch Zugang zum universellen Wissensspeicher hat. Schade nur, dass dies so wenig genutzt wird. Es gibt Menschen, die kennen zwar die Zusammenhänge nicht, trotzdem profitieren sie vom kollektiven Unterbewusstsein – und zwar dann, wenn sie entspannt sind. In diesem Zustand ist der Mensch durchlässig, das heißt, es besteht keine Trennung mehr zwischen den einzelnen Bewusstseinsstufen. Menschen, die stark unter Stress stehen, beispielsweise Manager, gehen nicht zufällig besonders gern in klassische Konzerte. Sie haben dieses Hobby nicht absichtlich gewählt oder weil sie absolute Klassikfans sind. Ihre Intuition führt sie in die Konzertsäle, weil sie sich dort so hervorragend entspannen können. Es dauert bei dieser Musik nämlich nur ein paar Minuten, bis die Anspannung abfällt, bis die unruhigen Gedanken zur Ruhe kommen und sie in eine angenehme Entspannung gelangen. In solchen Mußestunden entstehen – übrigens oft unbewusst – die besten Ideen, die kreativsten Vorschläge. Intuitiv zieht es überlastete Menschen in die Konzertsäle, weil sie dort das finden, was sie dringend benötigen: einen optimalen Entspannungszustand oder Alpha (siehe Seite 121 ff. – Alpha).

Im Alpha können wir aus der Tiefe unseres Seins schöpfen. Doch meist ist der moderne Mensch weit von einem solchen Entspannungszustand entfernt – schnell muss alles geschehen, ständig muss er in Aktion sein, zur Ruhe kommt er selten. So schiebt er im wahrsten Sinn des Wortes einen Riegel vor: Die Übergänge zwischen Bewusstsein, Unterbewusstsein und kollektivem Unterbewusstsein bleiben geschlossen. Der Hektiker lebt überwiegend im Bewusstsein, die Tür zum kollektiven Unterbewusstsein bleibt ihm versperrt, auch die Hilfe des Unterbewusstseins kann er nur begrenzt in Anspruch nehmen. Ein entspannter Mensch dagegen lebt einfacher, hat weniger Stress, mehr Zeit und ein glücklicheres Lebensgefühl. Er braucht nur auf den Schatz in seinem Inneren zu vertrauen, denn er weiß, alles liegt in ihm. Antworten fallen ihm ein, ohne dass er verbissen in seinem aktiven Wissen danach kramen muss. Ihm steht das Wissen des gesamten Universums zur Verfügung – und das ohne jahrelanges Studium. Geniale Menschen sind nicht etwa wandelnde Lexika, sondern Menschen die aus sich selbst schöpfen.

Stellen Sie sich das kollektive Unterbewusstsein wie einen Schatz vor, der hinter einer schweren verschlossenen Tür aufbewahrt wird. Jeder Mensch hat Anrecht auf diesen Schatz. Das Einzige was man benötigt, ist der richtige Schlüssel, um die Tür zu öffnen. Ja, viele wissen nicht einmal von dem unermesslichen Reichtum in Ihrem Inneren, weil er ihnen verborgen bleibt. Zu unserem Glück brauchen wir die Entspannung, denn sie öffnet uns das Tor.

Entspannung = mehr Alpha = mehr Glück

Verstand gegen Gefühl?

Nun haben Sie Basiskenntnisse über die Funktion von Gehirn und Unterbewusstsein. Um dieses Thema abzurunden, möchte ich noch einige Worte zum menschlichen Verstand sagen. Verstand steht vor allem in unserer westlichen Kultur hoch im Kurs. So sehr wir den Verstand natürlich brauchen, so hat er auch seine negativen Aspekte. Um mit dem Verstand richtig umgehen zu können, sollte man etwas über seine Funktionsweise wissen. Er ist – im Gegensatz zum Unterbewusstsein – ein Kontrollorgan. Seine Aufgabe besteht darin, alles zu überprüfen. Wir wollen den Job wechseln, einen Kredit aufnehmen oder ein exotisches Urlaubsziel buchen – alle Ideen, Pläne oder Vorhaben kommen beim Verstand sofort auf den Prüfstand. Gemessen wird am Erfahrungswert. Wo keine Erfahrung vorliegt, gibt es auch kein grünes Licht. Sagt der Verstand nein, so gehen wir kein Risiko ein. Das ist an und für sich nichts Schlechtes. Doch der Verstand ist machtgierig und zugleich ängstlich. So versucht er alles Neue von vornherein abzublocken.

Damit das auch gut funktioniert, steht ihm sein Gehilfe, die Angst, zur Seite. Unbekanntes verunsichert, verursacht somit schnell Angst. Mit dieser Methode hält uns der Verstand dort fest, wo wir sind – wir bleiben im bekannten Terrain, wagen keinen Schritt über die Grenzen, die der Verstand uns setzt. Sie kommen in Ihrem Job nicht mehr so gut weiter und wollen den Sprung in eine andere Branche wagen? Sie recherchieren, holen Informationen ein, lassen sich beraten und erstellen eine Pro und Kontra Liste? Obwohl die Argumente auf der Positivseite überwiegen, zögern Sie, denn Ihr Verstand findet die aberwitzigsten Argumente, Sie von Ihrem Vorhaben abzubringen. Obwohl die Fakten für den Wechsel sprechen, verspüren Sie bei dem Gedanken an den entscheidenden Schritt ein unangenehmes Gefühl in der Magengegend. Das wirkt sich nicht gerade förderlich auf Ihren Elan aus. Sie kommen immer mehr ins Grübeln und irgendwann lassen Sie frustriert von Ihrem Vorhaben ab und gehen demotiviert Ihrer alten Tätigkeit nach. Was ist geschehen?

Ihr Verstand, der ewige Blockierer und Bedenkenträger, der Sicherheitsbewusste, hat Sie mal wieder mürbe gemacht. So geht es vielen Menschen. Lieber bleiben sie in einer äußerst unbefriedigenden Situation, denn die ist ihnen ja zur Genüge bekannt – dabei ist es egal, ob das ein Arbeitsplatz ist, der unglücklich macht oder ein Partner, der destruktiv ist. Nur ja nichts Neues ausprobieren: Wer weiß, was dann passieren könnte. So haben wir wenigstens die Sicherheit, dass wir unglücklich sind und – da wir nichts ändern – es auch bleiben werden. Ist Ihnen das lieber, als für das Glück einen geringen Einsatz zu riskieren?

Viele Menschen scheitern an diesem Punkt. Sie befinden sich in einer Sackgasse. Der Verstand hat sie fest im Griff und sie haben zu wenig Vertrauen in die eigenen Fähigkeiten, schalten zu wenig die rechte Gehirnhälfte ein. So überlassen Sie das Feld der Angst und machen sich zum Sklaven Ihres übermächtigen Verstandes.

Ein Schritt ins Neuland, über die eigenen Grenzen hinaus – das lehnt der Verstand ab. Nur Mutige wagen es und werden belohnt. Wer dem Glück keine Chance gibt, erhält auch keine Chance. Wer nicht wagt, auch nicht gewinnt. Wer immer zu Hause sitzen bleibt, wird keinen Traumpartner finden. Wer sich nicht auf einen anderen Menschen einlässt, wird ihn nie kennen, geschweige denn, lieben lernen.

Ich bin nicht gegen den Verstand. Wir benötigen ihn, damit er uns vor Gefahren schützt. Das ist schließlich seine Aufgabe, aber er darf uns nicht vom Glück abhalten. Man muss um die Funktion des Verstandes wissen, damit man ihm den Raum in unserem Leben einräumen kann, der ihm gebührt. Der Verstand darf uns nicht behindern. Mit diesem Wissen können Sie Ihre Ängste vor dem Neuen, Unbekannten in den Griff bekommen. Der Verstand sitzt in der linken Gehirnhälfte – und die ist bei uns meist voll eingeschaltet. Aktvieren Sie als Gegenpol die rechte Seite, dann steht die Kreativität dem Verstand gegenüber, die Lust, etwas Neues zu entdecken. Wenn die rechte und die linke Gehirnhälfte harmonisch zusammenarbeiten, dann arbeitet nicht nur Ihr Oberstübchen auf Hochtouren, Sie sind zudem kreativ, Lösungen fallen Ihnen ein und Spitzenleistungen sind möglich.

Sie kennen jetzt die wesentlichen Instrumente, mit denen wir unser Trainingsprogramm absolvieren werden. Beim Training – egal ob wir glücklich werden oder beim Skirennen den ersten Platz machen wollen – brauchen wir eine Zielvorstellung. Ein Läufer, der nicht weiß, wo die Ziellinie ist, kann laufen so schnell er will – Sieger wird er nicht, wenn er am falschen Ort ankommt.

Grenzenloser Einfluss: Fremd- oder Eigensuggestion?

Das Unterbewusstsein eröffnet uns unbegrenzte Möglichkeiten. Wir können alles erreichen, wenn wir es wirklich wollen. Und wenn dieser Wunsch ganz tief in uns verankert ist, dann wird alles um uns herum darauf einwirken, dass er sich verwirklichen kann. Dazu brauchen wir nur das zu nutzen, was in uns ist. Hier greift mein viertes Grundgesetz der Lebensentfaltung:
„Das Unterbewusstsein – die Baustelle des Lebens und der Arbeitsraum der Seele – hat die Tendenz, jeden Gedanken zu realisieren."

Das zeigt uns, wie wichtig unsere Gedanken sind. Doch darüber machen die meisten Menschen sich leider keine Gedanken. Würden sie das tun, wäre vieles anders in der Welt. Sie sehen daran schon, welche Verantwortung wir tragen, oft ohne uns dessen überhaupt bewusst zu sein. Dieser Verantwortung können wir uns nicht entziehen – ob wir wollen oder nicht, ob uns das bewusst ist oder nicht. Was wir sehen oder hören, was wir riechen und fühlen – alles, was wir wahrnehmen – geht nicht etwa spurlos an uns vorbei. Vieles läuft unbewusst ab. Wir beachten oft nicht, was um uns herum geschieht, aber unserem Unterbewusstsein entgeht nichts. Bei der geschwätzigen Nachbarin hören wir gar nicht mehr zu, was sie sagt; das Radio läuft den ganzen Tag, ohne dass wir auf die Musik oder die Nachrichten hören; im Kaufhaus werden wir mit Musik berieselt, ohne diese richtig wahrzunehmen. Wir können noch so nachlässig mit solchen Eindrücken umgehen – jeder einzelne wird trotzdem registriert und im Unterbewusstsein festgehalten. Jede Wahrnehmung hinterlässt also einen Eindruck, und zwar im wahrsten Sinn des Wortes. Sie glauben das nicht? Machen Sie die Probe aufs Exempel: Manchmal tun Sie Dinge, die Sie selbst nicht verstehen oder zumindest nicht erklären können. Warum kaufen Sie eine ganz bestimmte Sorte Kaffee? Weil Ihnen dieser Kaffee gut schmeckt – werden Sie jetzt argumentieren. Weit gefehlt! Sie interessieren sich dafür, weil Sie im Radio oder Fernsehen die Werbung für diese Produkte besonders oft gehört beziehungsweise gesehen haben. Bewusst ist Ihnen das natürlich gar nicht. Aber Ihr Unterbewusstsein, das immer topfit ist, nie schläft, nie unkonzentriert ist, hat alles registriert. Nichts entgeht ihm. Ob Sie vor dem Fernseher schlafen, ob Sie die Werbeplakate übersehen, Ihr Unterbewusstsein registriert jeden flüchtigen Blick, jedes Wort, auch wenn Sie Ihr

Bewusstsein ausgeschaltet haben. Auch wenn das Radio nur im Hintergrund läuft und Sie voll auf Ihre Arbeit konzentriert sind, Ihr Unterbewusstsein nimmt alles auf. Stellen Sie sich das vor wie ein Radar, das unbeirrt seine Runden dreht und dem nichts entgeht. Das wäre vielleicht noch nicht einmal so schlimm. Dramatisch wird es erst, weil das Unterbewusstsein alles abspeichert. Je häufiger Sie bestimmte Informationen aufnehmen, desto fester prägen sie sich ein. Und früher oder später handeln Sie und wissen eigentlich gar nicht, warum Sie gewisse Dinge tun.

Machen Sie sich das einmal bewusst! Überlegen Sie, was alles auf Sie einstürmt, worauf Sie keinen Einfluss zu haben scheinen. So kommen Sie zu Lebenseinstellungen, die gar nicht Ihrem Wesen entsprechen. Aber Sie haben oft genug gehört, wie schwierig die Situation ist, wie schlecht die Menschen sind ... und eines Tages vertreten auch Sie diese Meinung. Nicht weil Sie das ursprünglich selbst geglaubt haben, sondern weil Ihr Umfeld Sie so lange damit traktiert hat, bis Sie danach handelten. Ohne dass Sie es merken, übernehmen andere Menschen die Kontrolle über Ihr Verhalten. Nach dem Motto: „Steter Tropfen höhlt den Stein" haben fremde Meinungen sich in Ihrem Unterbewusstsein eingenistet und beginnen nun zu wirken: Sie sind nicht mehr Herr Ihres Lebens – und merken es nicht einmal! Hier beginnt die Katastrophe oder das Glück. Hier nämlich beginnt Ihre Verantwortung.

Das Unterbewusstsein ist kein Kontrollorgan, sondern lediglich ein Speicher. Alles wird abgespeichert, ohne jede Bewertung. Aber: Je positiver der Speicher gefüllt ist, desto glücklicher sind Sie. Dem Unterbewusstsein ist es auch egal, wer es programmiert. Ob Sie das selbst sind, Ihr Fernseher oder ein Bekannter, der sich ständig bei Ihnen über Gott und die Welt beklagt. Das Unterbewusstsein arbeitet nach dem Motto: Nur alles rein damit – egal was, egal von wem. Wie ein trockener Schwamm jeden Tropfen Feuchtigkeit aufsaugt, ist das Unterbewusstsein gierig auf jede Information. Daraus entsteht dann die Programmierung, also ein Programm, nach dem wir funktionieren – auch wieder unbewusst. Je häufiger Sie sich mit Schönem befassen, desto voller wird Ihr positiver Speicher. Umgekehrt gilt das natürlich auch für das Negative. Sie sehen, wie wichtig es ist, nicht alles unkontrolliert aufzunehmen. Das beginnt bei den Menschen, mit denen Sie sich umgeben und geht weiter über die Medien, die Sie bewusst oder unbewusst auf sich einwirken lassen.

Überlegen Sie einmal, wie der Inhalt Ihres Unterbewusstseins aussehen mag? Womit ist es gefüttert? Mit hochwertigen Informationen, mit den schönen Erlebnissen, den positiven Aspekten oder mit Unrat und Schrott? Wie sind Ihre inneren Programmierungen? Welches Programm wirkt in Ihnen? Ihr Handeln basiert auf Ihrem inneren Programm. Ist es auf Glück oder auf Pech eingestellt, auf Erfolg oder Misserfolg, auf Gesundheit oder Krankheit, auf Harmonie oder Dissonanz? Wer hat Ihre Software programmiert? Ist es Ihr eigenes Programm oder vielleicht das Ihrer Eltern, Ihres Chefs oder des Fernsehdirektors? Vielleicht geht Ihnen jetzt ein Licht auf! Und Sie realisieren, dass Sie – so eigenständig Sie sich auch fühlen mögen – fremdbestimmt sind. Vielleicht merken Sie erst jetzt, dass Sie gar nicht nach Ihren eigenen Ideen und Vorstellungen leben, sich also von anderen Menschen beeinflussen oder gar bestimmen lassen. Und die kennen Sie möglicherweise noch nicht einmal!

Wie schon erwähnt, nimmt das Unterbewusstsein alles auf – absolut alles. Nicht ohne Grund wähle ich gern den Fernseher als Beispiel. Er ist es nämlich, der die meisten Menschen nachhaltig prägt beziehungsweise programmiert. So brauchen wir uns nicht über das zu wundern, was in unserem Leben, aber auch in der Welt passiert. In wie vielen Haushalten läuft der Fernseher den ganzen Tag. Während die Kinder ihre Hausaufgaben machen, während gegessen, geredet wird und sogar während wird wunderbar vor diesem Apparat schlummern, nehmen wir all den Schrott auf. Und nicht nur das Fernsehgerät läuft die ganze Zeit, auch unser Unterbewusstsein arbeitet auf Hochtouren, registriert wahllos deprimierende Prognosen, Horrorfilme, Schreckensnachrichten und speichert das ab. Davon wird dann unser Verhalten gesteuert! Unser Glück, unser Erfolg hängt in großem Maße vom Inhalt unseres Unterbewusstseins ab. Wer nur die Daily Soaps, brutale Filme und destruktive Talkshows anschaut, braucht sich nicht zu wundern, dass er aggressiv oder depressiv wird. Der Fernseher als Programmierer unseres Lebensprogramms? Ein Albtraum – aber leider Realität.

Glücklicherweise haben Sie aber einen breiten Handlungsspielraum und sind nicht etwa ein Opfer Ihres Unterbewusstseins – oder müssen es nicht sein. Natürlich können Sie niederschmetternde Nachrichten nicht einfach verbieten lassen. Aber Sie können darauf achten, dass Negatives nicht überhand nimmt. Schalten Sie Radio oder Fernseher aus, wenn Sie nicht konzentriert zuhören, reduzieren Sie den Kontakt zu Pessimisten, stoppen Sie Jammerlappen. Ganz kann niemand die äußere, unbewusste Beeinflussung abstellen. Aber wir können mit Autosuggestionen das Positive und Aufbauende verstärken. Damit wird negativen Einflüssen der Nährboden entzogen, sie können sich nicht mehr festsetzen beziehungsweise werden langsam ausgehungert. Ein Meister der Verwandlung macht aus Negativem Positives.

Außerdem können Sie die Funktion des Unterbewusstseins hervorragend für sich nutzen, um Ihre Wünsche zu realisieren, Ihre Ziele zu erreichen und Glücksmomente zu vermehren. Es ist der beste Freund und Helfer, der effektivste Angestellte, der treuste Diener, den Sie sich überhaupt vorstellen können. Das Unterbewusstsein führt jeden Ihrer Befehle aus. Sie brauchen ihm nur zu sagen, was Sie wollen und es wird alles tun. Ihr Wunsch ist ihm Befehl. Probieren Sie es doch einfach einmal aus: Geben Sie sich selbst einen posthypnotischen Befehl: Sprechen Sie am Abend mit lauter, suggestiver Stimme: „Ich wache morgen um sechs Uhr auf!" Sie brauchen bald keinen Wecker mehr!

Schieben Sie der Fremdprogrammierung durch Ihre Mitmenschen, aber auch durch den Fernseher, einen Riegel vor und programmieren Sie Ihr Unterbewusstsein selbst. Wenn Sie Ihrem Unterbewusstsein Ihre Herzenswünsche in der richtigen Art und Weise mitteilen – nämlich durch tiefenwirksame Autosuggestionen –, wird das Unterbewusstsein auf allen Ebenen für Sie tätig sein. Ist es Ihr Wunsch, Ihrer Traumfrau/Ihrem Traummann zu begegnen, wird das Unterbewusstsein Sie zu den richtigen Orten zur richtigen Zeit führen. Ihr Blick wird geschärft, Ihre Antennen sind ausgefahren. Durch Ihre Ausstrahlung ziehen Sie den idealen Partner an. Ohne die Hilfe des Unterbewusstseins mögen Sie sich noch so intensiv auf die Suche machen – der Erfolg wird kläglich sein, weil Sie mit dem Kopf durch die Wand wollen. Das schränkt das Blickfeld ziemlich ein. Der Traumtyp sitzt vielleicht gerade neben Ihnen, aber Sie nehmen ihn gar nicht wahr.

Spannen Sie Ihr Unterbewusstsein als Zugpferd vor Ihre Wünsche, dann ist alles in Ihnen auf Ihr Ziel gerichtet. Sie sind sensibilisiert, rechte und linke Gehirnhälfte arbeiten zusammen. Entsprechend Ihrer inneren Haltung, verändern sich Ihr Benehmen und Ihre Ausstrahlung. Ein Sieger tritt auf wie ein Sieger, hat eine Siegersprache und eine Siegerkörpersprache. Automatisch ziehen Sie das an, was Ihnen entspricht. Ihre äußere Lebenssituation ist Ausdruck Ihres Innenlebens – und umgekehrt. Je mehr Sie innerlich auf Ihre Ziele eingestellt sind, desto schneller werden sich Ihre äußeren Umstände ändern. Menschen, die sich um ihre Gesundheit kümmern, auf ausgewogene Nahrung achten, sich bewegen, sind gesünder als solche, die jeden Krankheitsbericht in sich aufsaugen und ständig Ihren Körper auf Krankheitssymptome überprüfen. Hygiene in allen Bereichen wird bei uns groß geschrieben, nur nicht, wenn es um die Gedankenwelt geht.

Vielleicht sind Sie entsetzt, vielleicht ist es ein heilsamer Schock für Sie zu erkennen, wie sehr Sie Ihr Unterbewusstsein bisher vernachlässigt haben. Vielleicht fällt es Ihnen jetzt wie Schuppen von den Augen und Sie wissen, warum Sie auf der Schattenseite des Lebens Ihr Dasein mehr fristen als es zu genießen. Vielleicht erkennen Sie jetzt, warum so vieles bisher schief gelaufen ist. Lieber eine späte Erkenntnis als den Rest Ihres Lebens im alten Trott weiterzumachen. Vielleicht ist es schon ziemlich spät für Sie. Doch für eine Wendung zum Positiven ist es nie zu spät. Denken Sie daran: Heute ist der erste Tag vom Rest Ihres Lebens!

Wie also können Sie falsche Programmierungen ändern? Es gibt verschiedene Möglichkeiten – angefangen bei einer Veränderung Ihrer Grundeinstellung sowie Ihrer Denkstruktur über zielgerichtete Visualisierung bis hin zu speziellen Suggestionen. Lassen Sie uns beginnen mit der

Gedankenkontrolle

Wie schon erwähnt, glauben ja viele Menschen, dass sie keinerlei Einfluss auf ihre Gedanken haben. Weit gefehlt – denken ist immer ein aktiver Prozess. Wir können es uns also nicht in der Opferrolle bequem machen, sondern müssen uns erst einmal darüber im Klaren sein, dass Gedanken uns nicht einfach wahllos heimsuchen. Was in unserem Kopf vor sich geht, darüber bestimmen wir. Möglicherweise haben Sie das Zepter aus der Hand gegeben und lassen sich zuschütten. Ich denke da nur an die permanente Berieselung aus Radio und Fernsehen, ohne die so viele Menschen glauben, nicht arbeiten zu können. Da wird dann unser innerer Speicher gefüllt mit dem Liebesleben von Sportlern, mit Horrormeldungen aus der Politik oder, wenn sonst nichts Brauchbares auf den Tischen der Redaktion landet, wird ausführlich über Unfälle aus der ganzen Welt berichtet. Hoch lebe verantwortungsvoller Journalismus, aber davon ist heute kaum noch etwas zu spüren. Es muss nicht wahr, es muss nicht sinnvoll sein, Hauptsache es ist sensationell. All das, was auf uns einstürmt, zeigt seine Wirkung. Wir lassen uns anstecken von dem Pessimismus und ohne es zu bemerken, übernehmen wir eine solche Denkstruktur. Wir überlassen dann nach und nach negativen Gedanken das ganze Terrain und laufen irgendwann mit vergrämter Miene herum und sehen nichts als Probleme, Probleme und nochmals Probleme. Meilenweit sind wir natürlich mit einer solchen Denkstruktur vom Glück entfernt.

So wie wir unseren Körper pflegen, müssen wir auch Hygiene in unserer Gedankenwelt betreiben. Manche Menschen kümmern sich mehr um ihren Hund, ja sogar um ihr Auto als um ihre Gedanken. Unkontrolliert nehmen sie alles auf und wundern sich dann, dass die Gedanken sich verselbstständigen. Sie sehen nur noch schwarz, erkennen keine Perspektive, lassen sich von destruktiven Ideen geradezu in masochistischer Weise quälen. Wird die Belastung zu groß, greifen sie zu Beruhigungsmitteln, zum Alkohol oder zur Zigarette und manche versuchen dieser inneren Qual durch Drogenkonsum zu entkommen. Das führt dann bestenfalls zum Ruin, aber nicht zum Glück.

Räumen Sie auf in Ihrem Oberstübchen! Misten Sie aus, werfen Sie all das heraus, was Ihnen nicht gut tut: Bedenken, Ängste, Probleme. Machen Sie sich nicht selbst fertig, machen Sie sich nicht nieder. Reden Sie sich nicht ein, was Sie nicht können, sondern reden Sie sich ein, was Sie können – in Form einer Autosuggestion beispielsweise. Gehen Sie freundlich und liebevoll mit sich um, sonst katapultieren Sie sich selbst ins Aus. Denken Sie viel an Misserfolg, dann können Sie bald nicht anders, als einen Fehler nach dem anderen zu machen. Denken Sie an Ihr Unterbewusstsein, das nichts anders im Sinn hat, als jeden Ihrer Gedanken so gut wie möglich zu realisieren. Gedanken entscheiden über den Erfolg, nicht Zeugnisse. Ein Beispiel:

Es bewerben sich zwei Männer um den Posten des Abteilungsleiters. Herr Pech ist nervös, fühlt sich unsicher und hat große Ängste vor dem Vorstellungsgespräch. Seine Gedanken kreisen um die Fragen, die man ihm stellen wird. Was soll er nur sagen, wenn nach der kleinen Lücke in seinem Lebenslauf gefragt wird oder er eine Probe seiner Japanisch-Kenntnisse abgeben soll. Sicher wird er blockiert sein, keinen Ton herausbringen. In dieser Fremdsprache fühlt er sich nicht mehr wohl, obwohl er einige Jahre erfolgreich im Reich der aufgehenden Sonne gearbeitet hat. Herr Pech wird von Tag zu Tag nervöser. Er rechnet von vornherein damit, dass er die Stelle nicht bekommt.

Herr Glück dagegen ist zuversichtlich. Er weiß, dass er für diesen Job beste Voraussetzungen mitbringt, obwohl seine Fremdsprachenkenntnisse besser sein könnten. Dennoch zählt er seine Vorteile und sieht sich in Gedanken bereits mit einer Zusage das Büro verlassen. Ja, er ist überzeugt davon, dass er der beste Mann ist. Den kleinen Schönheitsfehler in seinen Unterlagen misst er keine Bedeutung bei. Ruhig und gelassen geht er zum Termin.

Wer den Job bekommen hat, brauche ich wohl nicht zu erwähnen.

Destruktive Gedanken führen zu Misserfolg, eine positive Einstellung macht erfolgreich und glücklich. So einfach ist das in der Theorie und so schwer tun sich die meisten Menschen damit in der Praxis.

Sie denken positiv? Das freut mich. Dennoch bitte ich Sie, eine Woche lang Ihre Gedanken zu notieren. Vieles wird uns erst bewusst, wenn wir es aufschreiben. Notieren Sie, mit welchen Gedanken Sie aufwachen: Freuen Sie sich auf den kommenden Tag, sind Sie motiviert und stellen sich mit Zuversicht den Herausforderungen, die auf Sie warten? Oder drehen Sie sich lieber noch einmal im Bett um, verdrängen, dass Sie sich Aufgaben stellen müssen, denen Sie sich nicht gewachsen fühlen? Haben Sie Angst vor Situationen oder Menschen? Schreiben Sie alles auf, was Ihnen durch den Kopf geht – unterteilen Sie in positiv und negativ. Bewerten Sie jeden Tag. Wie sieht Ihre Aufstellung aus? Was überwiegt?

Glück oder Unzufriedenheit, Erfolg oder Misserfolg, ja sogar Gesundheit oder Krankheit können Sie an Ihrer Aufstellung ablesen. Nicht das Schicksal ist verantwortlich, was bei Ihnen abläuft. Viele Menschen schätzen sich als zuversichtliche und konstruktiv denkende Zeitgenossen ein. Entsetzt sind sie dann, wenn sie bemerken, wie viel Negatives sich in ihrem Leben eingenistet hat, ohne dass es ihnen bewusst ist. Hier haben sie es schwarz auf weiß!

Gedanken sind Bausteine des Lebens.

Anhand Ihrer Aufstellung können Sie sehen, was mit Ihnen los ist. Hier finden Sie auch die Erklärung, warum so einiges in Ihrem Leben eine

Schieflage hat. Jetzt können Sie das korrigieren: Gefahr erkannt – Gefahr gebannt!

Schauen Sie sich Ihre Aufstellung an – Punkt für Punkt. Die Augen werden Ihnen aufgehen.

Freund oder Feind?

Wer aus Ihrem Umfeld macht Sie klein, kritisiert ständig und vermittelt Ihnen das Gefühl, Sie könnten nichts? Schreiben Sie die Namen Ihrer Freunde, Bekannten und Kollegen auf und versehen Sie jeden Namen mit einem Zeichen: Ein Plus für Menschen, die an Sie glauben, Sie aufbauen und stärken. Ein Minus für die, die Sie klein machen, ständig etwas an Ihnen zu nörgeln haben.

An dieser Aufstellung sehen Sie, wer ein Freund ist und wer nicht. Systematisch machen uns unsere Feinde fertig. Sie lächeln freundlich und schießen im gleichen Augenblick einen Pfeil direkt in unser Herz. Oft merken wir es gar nicht, weil wir uns daran gewöhnt haben. Auch hier sollten Sie eine klare Linie ziehen. Freunde bauen uns auf, stärken uns, machen Mut und stützen uns, wenn wir mal straucheln. Feinde machen uns systematisch nieder. Wir sind zu schnell oder langsam, lassen uns zu viel gefallen oder sind zu aggressiv. Nie können wir etwas richtig machen. Wir versuchen ihre „guten" Ratschläge zu befolgen, aber nie schaffen wir es, von ihnen anerkannt oder gar gelobt zu werden. Sätze, wie „Du machst das gut, **aber** …" entlarven die Feinde. Erschreckenderweise merken viele Eltern gar nicht, was sie durch Kritik und immer höhere Anforderungen in ihren Kindern kaputtmachen: Selbstvertrauen und Selbstbewusstsein können sich nicht entwickeln. Wie soll denn in einer solchen Atmosphäre ein positives Lebensgefühl entstehen?

Ein überzeugendes Beispiel haben wir an Arnold Schwarzenegger. Seine Mutter hat ihn von klein auf mit dem Bewusstsein erzogen, dass er alles schaffen kann. Sie sagte immer zu ihm: „Junge, Du schaffst das!" Das war sein Erfolgselixier. Das Resultat kennen wir alle. Jetzt stellen Sie sich Ihren armen Jungen vor. Was bekommt er täglich zu hören: „Eine Eins wäre besser gewesen; dieses Studium schaffst Du nicht, lass die Finger vom Basketball – dazu bist Du zu klein, zu schmächtig … Dieses Mädchen ist nichts für Dich, …" Auf diese Art und Weise wurden die meisten von uns „erzogen" und die alten

Programme wirken sogar im hohen Alter noch, wenn Sie keine Kurskorrektur vornehmen.

Eine Änderung ist möglich: Stellen Sie den Hebel von negativ auf positiv. Lassen Sie auch die nächste Generation von Ihren Erkenntnissen profitieren und bauen Sie Ihre Kinder auf: „Du schaffst das, Du kannst das, Du bist super, Du bist toll". Was glauben Sie, wie gut sich die lieben Kleinen entwickeln. So macht Erziehung Vergnügen – für beide Seiten! Nicht anders verhält es sich bei der Arbeit. Mitarbeiter, die gelobt werden, bringen immer bessere Leistungen.

Wenn Sie das tun, dann tragen Sie dazu bei, dass sich unsere Welt ändert – denn die Welt, die sind wir. Und jeder ist gefordert, seinen Beitrag zu leisten. Verändern Sie Ihre Gedanken und Ihr Leben wird sich verändern. So funktioniert es:

- ❏ Prüfen Sie jeden Gedanken, der Ihnen in den Kopf „kommt".
- ❏ Stoppen Sie sofort negative Gedanken!
- ❏ Bringen Sie das Gedankenkarussell zum Stehen.
- ❏ Übernehmen Sie ab sofort die Kontrolle über Ihre Gedanken.
- ❏ Suchen Sie in jeder Situation den positiven Aspekt.

Das ist manchmal nicht ganz einfach. Haben Sie Geduld mit sich selbst, Sie haben schon viel gewonnen, wenn Sie destruktive Gedanken nicht mehr ernst nehmen, ihnen keine Beachtung schenken: Beachtung bringt Verstärkung (elftes Grundgesetz der Lebensentfaltung).

Machen Sie doch einmal jeden Tag ein kleines Spiel, für das Sie sich 15 Minuten Zeit nehmen:

Wenn Sie die Tageszeitung, den Geschäftsbericht, den Brief Ihrer Tochter lesen: Betrachten Sie jede Information aus unterschiedlichen Perspektiven und entdecken Sie mindestens zwei positive Aspekte.

Denken Sie positiv

Obige Übung trägt dazu bei, dass Sie Ihre Denkstruktur langsam von negativ auf positiv umstellen. Es fällt Ihnen immer leichter, positive Aspekte zu erkennen, dabei verlieren die negativen Elemente an Bedeutung. Je mehr Sie sich auf das Positive, auf Lösungen konzentrieren, desto glücklicher werden Sie. Immer leichter wird Ihnen die Arbeit von der Hand gehen, Sie haben Erfolg, können stolz auf sich sein. Ihr Selbstbewusstsein wird gestärkt und Sie spüren, wie Sie von positiver Energie angetrieben werden. Das verleiht Ihnen Flügel. Ihre Ausstrahlung verändert sich und damit Ihr Umfeld und folglich Ihr Leben. Das ist die Basis, auf der Glück entstehen kann. Niemand anderer als Sie ist für Ihre Glücksgefühle zuständig.

Selbsthilfe-Programm – Suggestion und Autosuggestion

Unsere alten Programme können wir nicht einfach dadurch loswerden, dass wir sie über Bord werfen und neue installieren. Aber wir können negative Programme mit positiven Suggestionen überspielen. Das funktioniert wie bei einem Tonband, bei dem wir ein altes Musikstück mit einem neuen überspielen. Ein paar Regeln müssen dabei eingehalten werden:

Wir sind ständig Suggestionen, also Beeinflussungen, ausgesetzt. Ich komme hier wieder auf das Beispiel Werbung zurück: Schöne Bilder mit einprägsamen Sätzen und entspannender Musik versuchen uns einzureden, dass wir ein bestimmtes Produkt kaufen sollen. Der Verkäufer in der Elektroabteilung suggeriert uns die Vorzüge des teuersten Geräts, die Prospekte der Reiseveranstalter suggerieren uns glückliche Ferien am Strand bei strahlendem Sonnenschein … Wohin wir auch blicken, jeder will uns beeinflussen. Die Freundin versucht uns weiszumachen, dass ihre Lieblingskneipe „the hottest spot in town" ist, weil sie dort nicht allein hingehen möchte. Auch in der Politik versucht jede Partei uns einzureden, dass sie das beste Konzept hat … Jeder versucht den anderen davon zu überzeugen, das zu tun, was er selbst möchte. Genau diese Methode nutzen auch wir, um unsere inneren Programmierungen gezielt so zu verändern, dass unsere Glücksbereitschaft sich erhöht. Stellen wir nämlich unser inneres Programm um, können wir wahre Wunder erleben.

Dazu brauchen Sie nur Ihr Unterbewusstsein zu besprechen – jeden Tag mit den gleichen Worten. Diese prägen sich immer tiefer ein und beginnen zu wirken. Eine solche Autosuggestion sollten Sie regelmäßig anwenden – am besten mindestens zwei Mal täglich, und zwar morgens nach dem Aufstehen und abends vor dem Schlafengehen. Ich habe im Laufe meiner über 30-jährigen Praxis zu vielen Themen spezielle Suggestionen ausgearbeitet, die sich hervorragend bewährt haben, alte Programmierungen gezielt zu überspielen. Ob es sich um eine negative Grundeinstellung handelt oder um Schlaflosigkeit, Angstzustände etc. – ausgefeilte Sätze, auf die das Unterbewusstsein schnell anspricht, bewirken eine Veränderung in relativ kurzer Zeit. Konsequenz und tägliche Anwendung sind Voraussetzung für diesen Wandel, aber das ist ein vergleichsweise niedriger Einsatz für einen großen Erfolg. Das Unterbewusstsein muss man im wahrsten Sinne des Wortes be-sprechen, nicht be-denken. Ich will damit sagen, dass das gesprochene Wort eine viel stärkere Wirkung hat als der reine Gedanke.

Meditation ist eine hilfreiche Methode der Entspannung. Um eine tief greifende Veränderung zu bewirken, erscheint sie mir nicht geeignet. Gedanken allein haben im Vergleich zur Suggestion eine geringe Wirksamkeit; bis diese eintritt dauert es eine Ewigkeit. Und so lange wollen wir nicht warten. Auf das mit Nachdruck gesprochene Wort dagegen reagiert das Unterbewusstsein sehr schnell. Verstärken können Sie die Wirkung noch, wenn Sie all Ihre Gefühle in Ihre Worte legen und an den Erfolg glauben. Dann ist Ihr Veränderungsprozess nicht mehr zu stoppen!

> **Autosuggestion ist die konzentrierteste Methode der Selbstbeeinflussung**

Sie können Autosuggestionen laut lesen. Eine noch stärkere Wirkung hat allerdings eine besprochene Kassette. Sie können sie morgens noch im Bett hören, können sich sogar von ihr wecken lassen. Dann gleiten Sie mit aufbauenden Gedanken ins Tagesbewusstsein. Gehen Sie fremd: Gehen Sie mit meinen Kassetten jeden Abend ins Bett. Sie dürfen dabei sogar ruhig einschlafen. Das macht nichts. Ihr Unterbewusstsein ist immer wach; auch wenn Sie schlafen. In diesem Zustand ist es sogar noch aufnahmefähiger. Hören Sie Ihre Autosuggestion mindestens drei Monate täglich zwei Mal an. Erst dann sollten Sie sich einem neuen Thema zuwenden. Wenn Sie besprochene Kassetten kaufen, muss Ihnen die Stimme des Sprechers sympathisch sein, sonst kommen die Worte nicht an. Wenn Sie einen eigenen Text für Ihre Autosuggestion erarbeiten wollen, sollten Sie Folgendes beachten:

- ❏ Formulieren Sie in der Ich-Form.
- ❏ Arbeiten Sie ausschließlich mit positiven Worten, keine Verneinungen. Beispiel: Ich esse wenig und nicht: ich esse nicht viel.
- ❏ Die Sätze sollten in der Gegenwartsform abgefasst sein.
- ❏ Sie müssen kurz und einprägsam sein.
- ❏ Legen Sie Ihre Emotionen in die Suggestion.

❏ Wenden Sie Ihre Formel mindestens drei Monate an, bevor Sie sich anderen Themen zuwenden.

Sorgen Sie für Entspannung. Sie wissen, dass dann die Grenzen zwischen Bewusstsein und Unterbewusstsein durchlässig sind. Ihre Worte erreichen das Unterbewusstsein direkt und fangen an zu wirken. Je prägnanter Ihre Befehle für das Unterbewusstsein sind, desto besser kann es für Sie tätig werden. Natürlich kann man nicht in ein paar Tagen alte Programme überspielen, die sich in Jahren entwickelt und sich tief in Ihnen festgesetzt haben. Ein wenig Geduld müssen Sie schon mitbringen. Aber ich verspreche Ihnen, dass die Wirkung nicht ausbleibt, wenn Sie konsequent mit den richtigen Suggestionen an sich arbeiten.

Auch Sie können gezielt auf andere Menschen Einfluss nehmen, indem Sie Ihre Wünsche in einen posthypnotischen Befehl (siehe Seite 193 f.) kleiden. Solche „magischen Sätze" wirken auf der unterbewussten Ebene. Auf diese Weise können Sie anderen Menschen helfen, Fehler zu verbessern. Verabschieden Sie sich beispielsweise von Ihrer unpünktlichen Sekretärin jeden Tag mit folgenden Worten: Bis morgen pünktlich um neun Uhr! Sie werden sehen, es funktioniert.

„Gedanken entwickeln sich im Unterbewusstsein, aus dem Menschen selbst oder durch äußere Einflüsse."
– drittes Grundgesetz der Lebensentfaltung. Die Wirkung der Suggestionen können Sie verstärken durch:

Bilder im Kopf – die Visualisierung

Sonnenuntergang am Sandstrand in der Karibik, barfuß über eine blühende Sommerwiese laufen, das verloren geglaubte Lieblingsbuch wieder finden, den geliebten Menschen im Arm halten … Wie sieht Ihre Vorstellung vom Glück aus?

Stellen Sie sich vor, Sie sollten Ihr Glück in Form eines Bildes darstellen. Wie sähe das aus? Malen Sie sich Ihre Glücksvorstellung in den schönsten Bildern aus. Fühlen Sie sich hinein die Situation, spüren Sie das Glück. Stellen Sie sich beispielsweise vor: Ihre Hochzeit – schönes Wetter, gelöste und friedliche Stimmung in der Familie, fröhliche Hochzeitsgäste, eine stimmungsvolle Kapelle und anschließend eine Feier in traumhaftem Ambiente. Sie spüren Ihr Herz schneller schlagen bei der entscheidenden Frage und sehen in die strahlenden Augen Ihre Partners ... Glück in höchster Form. Sie sehen, hören, spüren, schmecken und fühlen Glück in seiner ganzen Fülle. Lassen Sie sich von diesem Gefühl davontragen.

Solche Bilder können Sie jederzeit in Ihrem Kopf entstehen lassen. Malen Sie sich aus, was Sie gern haben möchten: ein harmonisches Familienleben, einen sensiblen Partner, Erfolg und Ansehen im Beruf, Erfüllung finden in Ihren Lebensaufgaben ... Setzen Sie sich keine Grenzen – alles ist erlaubt. Die bildhafte Vorstellung verstärkt die Kraft der Suggestion. Gefühle wirken wie Verstärker. Aber Achtung: Das gilt für positive wie für negative Emotionen.

Die Visualisierung macht es für unser Unterbewusstsein noch einfacher, denn wir geben ihm ein Bild. Zielklarheit ist Voraussetzung für die Erreichung des Ziels. Das gilt für den Scharfschützen, der Meister werden will, wie für uns, die wir Schützenmeister in der Lebenskunst werden möchten.

Haben Sie Mut und stellen Sie sich Ihre schönsten Träume vor, lassen Sie sich nicht schon wieder vom Verstand alles verbieten. Ihr Bild darf ruhig unrealistisch sein, denn auch Ihre Fantasie enthält einen realen Kern. Wachsen Sie über Ihren Verstand hinaus – Ihnen steht viel mehr zu als Sie denken (und der Verstand Ihnen gestattet). Sie brauchen es sich nur vorzustellen. Verwenden Sie die schönsten Farben für Ihr geistiges Bild, die tiefsten Gefühle und die höchsten Ziele. Ihr Unterbewusstsein tut nichts lieber als Ihnen zu helfen, klare Ziele zu erreichen.

Training im Kopf – Mentaltraining

Im Spitzensport geht nichts ohne Mentaltraining, kurz MT genannt. Ein Spitzensportler hält sich nicht nur körperlich topfit, trainiert so oft er kann auf der Rennstrecke, sondern bereitet sich lange mental auf das entscheidende Ereignis vor. Gewissermaßen ist das MT eine Kombination von Autosuggestion und Visualisierung. Dass der Sportler eine positive Grundeinstellung hat, von sich und seinen Fähigkeiten überzeugt ist, brauche ich wohl kam zu erwähnen. Ohne das geht nichts – weder im Sport, noch im Job oder im Privatleben. Wenn der Abfahrtsläufer in Kitzbühl am Start steht, dann ist für ihn das Rennen schon fast gelaufen – mental wenigstens. Monatelang hat er sich geistig darauf vorbereitet, hat dieses Rennen in Gedanken durchgespielt – bei Sonne, bei Schneefall, bei harter Piste, bei weichem Schnee. Er hat sich am Start gesehen, hat die Unebenheit der Piste in den Knien und den eisigen Fahrtwind im Gesicht gespürt, den Applaus der Zuschauer gehört. Er spürt die nervliche Anspannung. Tag für Tag fährt er sein Rennen – im Kopf. Er ist eingerichtet auf alles – nichts kann ihn aus der Bahn werfen. Er verliert einen Augenblick das Gleichgewicht – aber das macht ihm nichts aus. Im Kopf hat er alle nur möglichen Fehler korrigiert, hat alle Eventualitäten durchgespielt. Er weiß, dass ihn nichts aus der Ruhe bringen kann. Er weiß, dass er auf sich bauen kann, dass er es schafft, dass er siegt. Und so geschieht es.

Auch Sie können das MT nutzen: Werden Sie zum Regisseur in Ihrem Leben. Der Titel des Films lautet: „Mein erfolgreiches und glückliches Leben". Alles, was Sie wollen, dürfen Sie sich vorstellen. Sie sind Drehbuchautor, Regisseur und Hauptdarsteller in einem oder anders ausgedrückt: Sie sind Verursacher Ihres Schicksals.

Besuchen Sie jeden Tag Ihr Kopfkino, schauen Sie sich Ihren Glücksfilm an. Spielen Sie ihn immer wieder – es kann nicht oft genug sein. Das MT ist eine Powerspritze für Ihr Unterbewusstsein. Ohne MT kann man keine großen Ziele erreichen. Aber das ist noch lange nicht alles.

MT hilft Ihnen

- ❑ zu innerer Ruhe zu finden,
- ❑ besser mit den Alltagsproblemen fertig zu werden,
- ❑ Ihre Konzentrationsfähigkeit zu stärken,
- ❑ das Vertrauen in die eigenen Fähigkeiten zu vertiefen,
- ❑ zu mehr Glück und Zufriedenheit zu finden,
- ❑ Ihre Persönlichkeit zu entfalten.

Für alle Methoden der Selbstbeeinflussung – ob Autosuggestion, Visualisierung oder Mentaltraining gilt: Je entspannter Sie sind, desto tiefenwirksamer ist das Training. Wie aber kommen Sie in eine tiefe Entspannung? Die Antwort kann nur lauten:

Alpha – was sonst?

Der Rhythmus der Hirnströme wird mit dem EEG gemessen und nach einer Skala von 0 bis 35 Hertz in Delta bis Beta eingeteilt. Erschreckende Ergebnisse treten bei Menschen in den Industriestaaten zu Tage: Die meisten befinden sich fast ständig in einem Beta-Zustand.

Dazu muss man wissen, dass sich der Mensch im Bereich von 0 bis 4 Hertz in einer Tiefenentspannung befindet, wie wir das vom traumlosen Tiefschlaf kennen. Dieser Zustand wird als Delta bezeichnet. Das ist der optimale Zustand für geistige und körperliche Regeneration. Befinden wir uns zwischen 4 bis 7 Hertz Wellenlänge, dann sind wir immer noch in einer tiefen Entspannung, dem Theta-Zustand, doch ganz so tief wie in Delta schlafen wir nicht mehr. Wer viel meditiert, kennt diesen Zustand.

Bei einer Wellenlänge von 7 bis 14 Hertz befindet sich der Mensch im Alpha. Das ist ein Zustand, in dem wir engen Kontakt zu unserem Unterbewusstsein haben, das Wesentliche erfassen, Entscheidungen richtig fällen. Wollen Sie aus Ihrem Unterbewusstsein oder gar dem kollektiven Unterbewusstsein schöpfen, dann ist Alpha der Idealzustand. Der Geist ist wach und fit, den Alltagsballast haben Sie beiseite gelegt. Ein freier Geist entwickelt Superideen, hat geniale Einfälle, kann das Wesentliche erkennen – ist einfach unschlagbar. Sie suchen nach Konzepten für neue Unternehmen, wollen die Ursachen für die Spannungen im Privatleben herausfinden? Im Alpha finden Sie die richtige Antwort auf Ihre Fragen. Ein entspannter Mensch strahlt Ruhe und Sicherheit aus, ist überzeugend und kann andere Menschen beeinflussen.

Alpha bewirkt wahre Wunder:

- Im Alphazustand kann man am leichtesten alte Programme überspielen. Das ist wichtig für Sie, wenn Sie mit Ihren Suggestionen arbeiten. Sind Sie in Alpha, wirkt die Suggestion schneller.
- In Alpha ist das Gehirn am aufnahmefähigsten; Studenten, Schüler können in diesem Zustand viel leichter lernen.
- In Alpha reagiert der Mensch besser und richtiger.
- Alpha löst selbst gesetzte Grenzen auf, stärkt die Energie und verringert Ängste.
- Alpha ermöglicht den Zugang zum Unterbewusstsein, der Mensch kann aus seinem vollen Potenzial schöpfen.
- Alpha verstärkt die Konzentrationsfähigkeit und den Glauben an sich selbst.

- Alpha erweitert das Blickfeld und ermöglicht mehr Verständnis und Toleranz.
- In Alpha ist Ihre rechte Gehirnhälfte aktiviert und arbeitet mit der linken Seite zusammen, Sie haben Zugang zum kollektiven Unterbewusstsein, kreative Gedanken, richtige Lösungen „fallen Ihnen von selbst ein".
- In Alpha kennt das Glück keine Grenzen.

Leider ist vielen dieser Zustand unbekannt. Sie befinden sich überwiegend im Beta-Zustand. Solche Menschen sind leicht zu erkennen: Sie wippen nervös mit den Fußspitzen, knabbern an den Fingernägeln, trommeln auf der Tischplatte, lassen andere nicht ausreden, sind ständig außer Atem, können sich nicht konzentrieren ... Das Leben ist für sie eine Ansammlung von Katastrophen, Chaos ist ihr ständiger Begleiter und Glück haben sie natürlich auch nicht. Was machen sie falsch?

Sie laufen ständig auf Hochtouren; sie bewegen sich im Frequenzbereich von 15 – 35 Hertz. Trotzdem gestatten sie sich keine Erholungsphasen. Das hält niemand auf Dauer aus. Irgendwann macht das System nicht mehr mit und bricht zusammen. Abgesehen von dieser deprimierenden Perspektive bleibt diesen Menschen der Zugang zum Unterbewusstsein verwehrt. Ihr Leben spielt sich nicht gerade auf der Sonnenseite ab, Glück kennen solche Hektiker nur vom Hörensagen. Wer in Beta ist, ist in Kampfstimmung, ist aggressiv und zu Lösungen nicht bereit und auch nicht fähig. Autofahrer, die sich beschimpfen, Paare, die sich anschreien anstatt in Ruhe zu reden, Mütter, denen die Hand ausrutscht – alles eindeutige Beweise für Beta. In Beta gibt es kein Verständnis, keinen Kompromiss, keine friedliche Lösung. Ein Hektiker verbreitet Unruhe, sorgt für Missstimmung – das Glück ergreift die Flucht. Aber ich habe gute Nachrichten für Hektiker:

Alpha kann man lernen und jederzeit einschalten, wenn man es benötigt. Sogar ohne eigenes Dazutun können Sie in diesen Entspannungszustand gleiten, wenn Sie beispielsweise Ihre Lieblingsmusik hören, ohne nebenbei noch zu telefonieren oder Ihre Akten zu ordnen. Genießen Sie einfach nur die Musik und schon sind Sie in Alpha.

Wenden Sie Ihre Autosuggestion in Alpha an, verstärkt sich die Wirkung der Worte und sie gelangen direkt ins Unterbewusstsein. Wenn Sie in Alpha sind, bleibt das nicht ohne Auswirkungen auf Ihr Umfeld. Ihre Ausstrahlung löst Spannungsfelder auf. Sie haben eine positive Wirkung auf verärgerte Kunden oder gereizte Mitarbeiter. Gespräche verlaufen angenehmer und erfolgreicher, die Beteiligten sind auf Verständnis und nicht auf Kampf eingestellt.

> **Alpha ist für uns das,
> was für den Alchimisten der Schmelztiegel war.**

In welchem Zustand befinden Sie sich? Sind Sie schnell gereizt, fahren gleich aus der Haut, steuern bei jedem Gespräch auf Konfrontation?

Kommen Sie zur Ruhe, kommen Sie zu sich und Sie kommen in Alpha.

Das ist leichter als Sie denken. Nehmen Sie sich jeden Tag nur zehn Minuten für diese kleine Übung:

Sie hören Ihre Lieblingsmusik, vergessen die Probleme, Sie kommen in einen angenehmen Entspannungszustand, die Gedanken fließen ruhig und Sie fühlen sich wohl. So angenehm ist Alpha und so leicht ist es zu erreichen.

Probieren Sie dies einmal mit meiner CD „Melodien zum Entspannen und Träumen", dann möchten Sie wahrscheinlich gar nicht mehr aufhören.

Gezielte Atemübungen führen Sie ebenso in diesen Zustand wie auch Meditation, Autogenes Training oder Muskelentspannungsübungen. Wählen Sie die Methode, die Sie am meisten anspricht. Meine Suggestionskassetten versetzen Sie durch die Musik in einen angenehmen Entspannungszustand; die tiefenwirksamen Worte sind erprobt und leiten eine Veränderung ein.

Ich möchte Ihnen hier eine Suggestion zur Stärkung Ihrer Konzentrationskraft geben:

Als erstes fixieren Sie mit Ihren Augen einen Punkt und erst dann fangen Sie an, den Text mit ruhiger Stimme laut und deutlich zu sprechen. Wenn Sie Ihre Augen ruhig stellen, wirkt sich das beruhigend auf Ihre Gedanken aus. Sie finden so schnell zu Alpha.

> *Werde der, der du in Wirklichkeit bist.*
> *Höre auf, dich wie ein Wirbelwind umhertreiben zu lassen.*
> *Festige die Ruhe, verankere dich in dir selbst.*
> *Die Arbeit an dir ist Freude und Pflicht.*
> *Lass dich durch nichts und niemanden aus dem Gleichgewicht, aus Deinem Mittelpunkt werfen.*
> *Ruhe und Geduld sind dir Wegweiser zum Glück und zum Erfolg.*
> *Zur Meisterung des Schicksals gehört Konzentration.*
> *Konzentration – und immer wieder – Konzentration.*

Atem = Lebensenergie

Will man Erfolg haben, dann braucht man einen langen Atmen – so heißt es nicht nur in China. Auch wir brauchen Ausdauer und Kraft, um unser Leben erfolgreich zu meistern. In der Ruhe liegt die Kraft, aus der wir schöpfen. Atmen ist die einfachste Art und Weise, Körper, Geist und Seele zu beruhigen. Sie merken selbst, dass Sie ganz anders atmen, wenn Sie sich gut fühlen, wenn Sie ruhig und gelassen sind. Das ändert sich ganz schnell bei Belastung, Stress oder Ärger. Und erst recht, wenn die Angst Besitz von uns ergreift. Dann scheint die Luft auszugehen; man atmet kurz und schnell. Die Luft reicht kaum, um einen Satz zu Ende zu sprechen. Dafür gibt es eine einfache Erklärung: Anspannung bewirkt Kurzatmigkeit, bei der zu wenig Sauerstoff aufgenommen wird. Dieses Defizit hat eine weitreichende Auswirkung: Sie werden noch hektischer, können sich noch weniger konzentrieren und werden noch ängstlicher oder wütender. Damit hat man sich in einen Teufelskreis katapultiert. Wird dieser nicht bald gestoppt, steuert man auf die Katastrophe zu. Dabei ist es gar nicht so schwer, in einer solchen Situation die Notbremse zu ziehen.

Im Allgemeinen steht es um die Atmung des modernen Menschen sowieso nicht allzu gut: Er nimmt meist nur einen halben Liter Sauerstoff pro Atemzug auf – selbst dann, wenn er sich gut fühlt und entspannt ist. Würden wir aber ordentlicher, also tiefer atmen, ginge es uns rundum viel besser. Ein Liter Sauerstoff pro Atemzug wäre das Minimum, das wir unserem Körper gönnen sollten – nach oben sind (fast) keine Grenzen gesetzt. Menschen, die eine Ganzkörperatmung praktizieren, können sogar bis zu vier (!) Liter Sauerstoff aufnehmen. Was geschieht bei einer tieferen Atmung? Die bessere Versorgung des Gehirns steigert die Gehirnleistung, die Konzentrationsfähigkeit verbessert sich und das Nervenkostüm wird stabiler. Sie sehen, wie gut uns eine bessere Atmung tut. Davon profitieren Körper, Geist und Seele. Mit schwierigen Situationen können wir besser umgehen, sind geistig fit und belastbar und unsere kreative Quelle sprudelt.

Wie sieht es mit Ihrer Atmung aus? Machen wir die Probe aufs Exempel: Legen Sie sich einmal auf den Rücken, legen die Hände auf den Bauch und dann atmen Sie. Hebt sich beim Einatmen die Bauchdecke oder atmen Sie nur aus dem Brustbereich? Wollen Sie mehr aus sich machen? Dann brauchen Sie mehr von dem Lebenselixier Sauerstoff.

Weniger ist mehr – jedenfalls was die Anzahl der Atemzüge betrifft. Versuchen Sie, das Optimum von sechs oder sieben Atemzügen pro Minute zu erreichen. Atmen Sie in den Bauch hinein. Ihre Bauchdecke muss sich beim Einatmen wölben, beim Ausatmen soll sie flach werden. Sie können das jederzeit unauffällig überprüfen, indem Sie Ihre Hände auf den Bauch legen. So wie wir unsere Gedanken kontrollieren können, nehmen wir auch Einfluss auf unsere Atmung. Sogar die Herzfrequenz können wir durch Atmen beeinflussen. Atmen wir nämlich ruhig und gleichmäßig, wird auch unser Herzschlag langsamer und ruhiger. Allein das ist doch schon einen Versuch wert, oder?

Da die meisten von uns der Atmung gar keine Beachtung schenken, müssen wir erst einmal lernen, ein Gefühl für unseren Atem zu entwickeln. Nehmen Sie sich also Zeit für sich, suchen Sie sich einen ruhigen Ort, an dem Sie niemand stört.

Power-Atmung

Legen Sie sich bequem hin, lockern Sie Gürtel, Krawatte, BH – alles, was Sie einengt. Sie sollten sich wirklich ganz frei fühlen. Vielleicht möchten Sie gern Entspannungsmusik hören. Meine CD *Harmonieklänge – Melodien zum Entspannen und Träumen* macht Ihnen den Einstieg leicht. Oder Sie zünden Kerzen oder Räucherstäbchen an. Alles, was dazu beiträgt, dass Sie sich wohlfühlen, ist nicht nur erlaubt, sondern geradezu erwünscht. Entspannen Sie sich, lassen Sie quälende

Gedanken ziehen und fühlen Sie sich einfach wohl. Atmen Sie ruhig und tief. Jetzt legen Sie Ihre Hände auf die Bauchdecke. Spüren Sie nun bewusst, wie sich Ihr Bauch hebt und senkt. Versuchen Sie, nur Ihren Atem und Ihren Körper zu spüren. Achten Sie immer wieder darauf, dass die Bauchdecke sich beim Einatmen richtig wölbt, sich beim Ausatmen senkt. Fühlen Sie sich wohl. Wenn Sie Ihre Gedanken nicht verjagen können, dann schenken Sie ihnen wenigstens keine Beachtung. Lassen Sie sie kommen und weiterziehen. Ihre Aufmerksamkeit ist nur auf Ihren Atem gerichtet.

Beim Ausatmen stellen Sie sich vor, wie mit jedem Atemzug nicht nur verbrauchte Luft, sondern auch aller Ärger, aller Frust, ja sogar Schmerzen entweichen. Beim Einatmen spüren Sie jetzt bewusst, wie Sie zusammen mit dem Sauerstoff Energie, Freude, positive Kraft aufnehmen. Die Anspannung in der Muskulatur lässt nach, Ihr Geist wird frei, Sie werden mit Energie aufgeladen, fühlen Sie sich immer wohler und sind froh und glücklich. Bleiben Sie in diesem angenehmen Zustand, solange es Ihre Zeit erlaubt. Sie sind jetzt wieder topfit, könnten Bäume ausreißen und Gipfel stürmen.

Eine solche Übung wirkt stärker als jede Vitaminpille und ist praktisch überall anzuwenden. Ziehen Sie sich einfach ab und zu einmal kurz zum Aufladen Ihrer Batterien zurück. Es gibt nichts Besseres als Alpha, um das Glück willkommen zu heißen, und es gibt keine schneller wirksame Methode als die bewusste Power-Atmung.

Sobald Sie merken, dass Sie unruhig oder nervös werden – ein paar Minuten bewusstes Atmen vertreibt Hektik und Angst, verstärkt Ruhe und Zuversicht.

In verkürzter Form ist diese Übung die beste Vorbereitung, bevorstehende unangenehme Situationen gut zu meistern. Ob Familientreffen, Gespräche mit Vorgesetzen oder kritische Themen in der Partnerschaft ... Ein paar Minuten bewussten Atmens und nichts mehr macht Sie fertig. Bewusstes Atmen bringt Sie schnell ins Alpha – in den wunderbaren Zustand, in dem Ihr Geist frei, Ihr Unterbewusstsein geöffnet ist. Sie strahlen Ruhe und Sicherheit aus, Sie sind überzeugend, denn Sie sprechen nicht nur den Verstand, sondern auch das Gefühl an. Und wissen ja, wenn rechte und linke Gehirnhälfte zusammenarbeiten, sind Sie unschlagbar.

Kontrolliertes Atmen kann sogar Schmerzen lindern. Lenken Sie Ihren Atem bewusst an die schmerzende Stelle. Mit dem Ausatmen wird auch der Schmerz ausgeatmet; mit dem Einatmen werden heilende Energien an die entsprechende Stelle geschickt. Einen Arztbesuch ersetzt das konzentrierte Atmen aber natürlich nicht.

Prana – oder die Energie der Sonne

Nur kurz möchte ich hier die universelle Lebensenergie erwähnen, eine Quelle, an die wir jederzeit andocken können. Wer Indien bereist hat, der ist auch mit Prana vertraut, der universellen Lebensenergie. Wir müssen erst langsam wieder lernen, verschüttetes, altes Wissen in unser Leben zu integrieren. Lernen müssen wir auch, uns wieder auf unsere inneren Gefühle, unsere Intuition zu verlassen und nicht alles nur aus der Sicht des Verstandes zu betrachten. Dafür ist nicht einmal eine Reise nach Indien nötig. Mit Prana können wir uns an jedem Ort der Erde und zu jeder Zeit aufladen. Für uns kopfgesteuerte Europäer habe ich nach langer Suche sogar ein Symbol gefunden, das wir eher als Ausdruck universeller Kraft annehmen können: Die Sonne. In den meisten Kulturen spielt die Sonne eine wichtige Rolle. Sie steht als Symbol für Reinigung, Erneuerung, auch für einen Neubeginn.

Möchten Sie die Kraft der Sonne spüren?
Stellen Sie sich vor, Sie laden sich auf mit Sonnenenergie, universeller Lebensenergie. Sprechen Sie laut:
„Ich atme Sonnenkraft und strahle wie die Sonne."
Tief einatmen, die Arme ausbreiten, so als wollten Sie die ganze Welt umarmen. Dabei spüren Sie, wie das Sonnenlicht durch Ihren Körper strömt. Alle Verspannungen und Blockaden werden durch die Wärme der Sonne aufgelöst. Sie fühlen sich wohl in Ihrer Haut. Spüren Sie, wie die Sonnenstrahlen in Ihren Körper dringen und wie Ihr Geist hell und klar wird. Ein tiefes Wohlgefühl kommt aus der Tiefe Ihrer Seele und Sie strahlen selbst wie die Sonne. Die Sonne reinigt und heilt, beruhigt und entspannt, erfüllt Sie mit Frieden und Glück.

Hier noch eine Kurzübung zum Aufladen Ihrer Batterien:
Schließen Sie die Augen, atmen Sie aus und dann langsam und tief ein. Jetzt halten Sie die Luft an, ballen die Hände zu Fäusten und spannen alle Muskeln in Ihrem Körper an. Halten Sie die Spannung zirka 20 Sekunden. Atmen Sie jetzt wieder aus.
Spüren Sie die Energie? Sind Sie fit für den Tag, bereit für das Glück, gerüstet für den Erfolg?

Autogenes Training à la Enkelmann

Bei Professor Schulz, dem Vater des Autogenen Trainings (AT), habe ich diese Entspannungsmethode gelernt. Im Lauf der Jahre habe ich aber bemerkt, dass wir nicht schwere Arme und Beine dazu benötigen, sondern eher das Gegenteil, um uns das Leben leichter und glücklicher zu machen. Deshalb verwundert es auch nicht, dass Sportler intuitiv das Autogene Training ablehnen. Wie sollte ein Skispringer mehr als 200 Meter durch die Luft fliegen, wenn er schwere Beine hat? Um leicht wie ein Vogel durch die Lüft zu schweben, benötigt ein Springer leichte Beine! Ich habe deshalb eine eigene Methode zur Entspannung entwickelt, die auf dem AT basiert.

Sind Sie ein Anhänger des klassischen AT, dann arbeiten Sie mit dieser Formel: „Meine Arme und Beine werden leicht und warm", denn Sie wollen ja glücklich werden – das heißt die Leichtigkeit des Seins genießen und nicht fest am Boden haften bleiben. Hier möchte ich Ihnen meinen Weg zur Tiefenentspannung via AT vorstellen:

Sie suchen sich einen Ort, an dem Sie niemand stört, machen es sich bequem, legen alles ab, was Sie einengt. Es spielt keine Rolle, ob sie liegen oder sitzen. Schließen Sie die Augen, atmen Sie ruhig und tief. Gehen Sie jetzt mit mir Stufe für Stufe tiefer in eine wunderbare Entspannung.

Stellen Sie sich eine Treppe vor. Das kann eine weiße Marmortreppe sein, ein schöne alte Holztreppe etc. Ihrer Fantasie sind keine Grenzen gesetzt. Wichtig ist, dass Sie die Treppe ganz genau vor sich sehen und dieses Bild in sich verankern. Immer wenn Sie diese Übung machen, sollten Sie sofort das Bild „Ihrer" Treppe vor sich haben.

Sie stehen oben auf dieser Treppe. Langsam gehen Sie hinunter. Machen Sie bewusst einen Schritt nach dem anderen, schreiten Sie wie ein König beziehungsweise eine Königin und zählen Sie dabei rückwärts von zehn bis null – und schon sind Sie im Alpha. Sie spüren eine tiefe Ruhe in sich, fühlen sich wohl und frei.

Nun gehen Sie noch weiter. Mit jedem Ausatmen kommen Sie noch ein bisschen tiefer in die Entspannung. Schritt für Schritt gehen Sie weiter. Nichts kann Sie mehr stören, keine quälenden Gedanken, keine Nervosität, keine Angst. Alles lassen Sie los. Ihr Körper kann kein Adrenalin in einer solchen Entspannung produzieren. Sie finden immer mehr zu sich, zu Ihrem tiefsten Inneren. Sie haben Zugang zu Ihrem eigenen Unterbewusstsein und zum kollektiven Unterbewusstsein. Alles Wissen steht Ihnen jetzt zur Verfügung. Ihr Unterbewusstsein ist bereit, jeden Ihrer Wünsche zu erfüllen – Sie brauchen es nur auszusprechen. Es ist der optimale Zeitpunkt für Sie, Ihre Autosuggestion zu sprechen. Ihre Worte fallen auf fruchtbaren Boden.

Bleiben Sie in dieser angenehmen Entspannung solange Sie wollen oder können. Füllen Sie Ihre Batterien mit Energie.

Langsam kommen Sie danach wieder zurück ins Tagesbewusstsein. Dafür gehen Sie die Treppe nun nach oben. Zählen Sie dabei langsam von null bis zehn, dann haben Sie die oberste Stufe erreicht. Jetzt können Sie sich richtig dehnen und strecken. Sie sind jetzt wieder ganz im Hier und Jetzt. Mitgebracht haben Sie die Gewissheit, dass alles, was Sie anpacken, gelingen, dass Ihr Traum von Glück und Erfolg in Erfüllung gehen wird. Sie sind erfüllt von einem tiefen Glücksgefühl, von Frieden und Zufriedenheit.

Natürlich brauchen Sie ein wenig Übung. Aber Sie werden feststellen, dass Sie mit jedem Mal schneller in die Tiefenentspannung gelangen. Sind Sie zum Profi geworden, dann können Sie mit folgender Kurzformel schnell eine Entspannung „einlegen" – zwischen zwei Terminen, vor einer unangenehmen Situation:

- Machen Sie es sich bequem,
- schalten Sie Gedanken ab,
- atmen Sie tief und gleichmäßig.
- Sehen Sie Ihre Treppe klar und deutlich vor sich.
- Zählen Sie von zehn bis null,
- gehen Sie dabei die Treppe nach unten.
- Bleiben Sie dort solange Sie Zeit haben.
- Gehen Sie nach oben und
- zählen Sie dabei von null bis zehn.

Gelingt Ihnen auch diese Übung sehr gut, dann können Sie den Turbo einlegen: Zählen Sie rückwärts von zehn bis null.

Blitzschnell sind Sie jetzt im Alpha, können alles loslassen, was Ihr Glücksgefühl beeinträchtigt. Sie tanken Kraft und finden Ruhe, schöpfen aus Ihrem Innersten und stehen in enger Verbindung mit dem Unterbewusstsein. Das macht Sie unschlagbar.

Meditation - ein Weg zu sich

In vielen Ländern ein alltägliches Ritual, bei uns weniger praktiziert: Meditation – eine Rückbesinnung auf sich selbst. Es muss dabei nicht das monotone Murmeln von Mantras oder eintöniges Trommeln sein, ebenso wenig der betörende Duft von Räucherstäbchen, wie wir es von Asien her kennen. Um zu meditieren, brauchen wir nur zwei Dinge: Zeit und Ruhe.

Und das ist der Knackpunkt bei uns hektischen westlichen Menschen. Wir lassen uns unter Druck setzen oder tun das sogar selbst. So laufen wir zwar auf Hochtouren, laufen regelrecht heiß, sind aber weder produktiv noch kreativ. Und wir laufen vor uns selbst davon, vor der Leere in uns, vor dem Unbehagen. Dabei möchten wir nichts lieber, als glücklich sein und suchen das Glück überall, nur nicht da, wo wir es finden könnten: in uns selbst.

Die Meditation ist ein wunderbarer Weg zu sich selbst zu finden, neue Erkenntnisse zu gewinnen, Ruhe und Gelassenheit zu fühlen und ein tiefes Glücksgefühl zu entwickeln. Alles ist in Ihnen, auch das Glück. Machen Sie sich mit mir auf den Weg zum Glück:

Ziehen Sie sich an einen Ort zurück, an dem Sie sich wohlfühlen und Sie nicht gestört werden. Legen Sie alles ab, was Sie ein- und beengt und machen Sie es sich bequem. Sie können Entspannungsmusik auflegen, können den Raum verdunkeln, Kerzen aufstellen – wenn Sie es mögen, dürfen es ruhig auch Räucherstäbchen sein. Genießen Sie das angenehme Umfeld und entspannen Sie sich. Lösen Sie sich von störenden Gedanken, lassen Sie Ihre Gedanken ziehen – so wie die Wolken am Himmel vorbeiziehen, kommen und gehen auch Ihre Gedanken. Halten Sie keinen fest, sondern akzeptieren Sie Ihre Gedanken. Konzentrieren Sie sich auf Ihren Atem. Atmen Sie gleichmäßig, tief und ruhig ein und aus. Spüren Sie, wie Sie ruhig werden, wie Ihre Gedanken unwichtiger werden und wie Sie sich wohlfühlen. Erlauben Sie sich, dieses Gefühl mit allen Sinnen zu genießen.

Stellen Sie sich einen dieser Bilderbuch-Sommertage vor: Die Sonne scheint, der Himmel ist hellblau, malerische weiße Wolken ziehen vorbei. Vor Ihnen liegt eine bunte Sommerwiese. Sie riechen den Duft der Blumen, hören das Summen der Bienen und das Zwitschern der Vögel. Die Luft ist rein und angenehm warm. Sie spüren die Strahlen der Sonne auf Ihrer Haut; es ist ein angenehmes Gefühl. Langsam gehen Sie über die Wiese, spüren das Gras unter Ihren nackten Füßen. Sie fühlen sich mit der Natur verbunden, genießen in vollen Zügen diesen Augenblick. Mit jedem Schritt fühlen Sie sich wohler. Sie stehen in Verbindung mit dem Universum – ein Gefühl, das Sie als tiefes Glück erleben. Sie möchten alles in sich aufnehmen, möchten diese Empfindung tief in Ihrer Seele verankern.

Sie gehen über die Wiese und steuern direkt einen großen Baum an. Dieser Baum zieht Sie magisch an. Er ist sehr groß, mit einem dicken Stamm und gesunden kräftigen Ästen, die nach oben gerichtet sind. Der Baum hat ein dichtes, dunkelgrünes Blattwerk. Er ist gesund und mit starken Wurzeln fest im Boden verankert. Sie sehen, dass dieser Baum sehr alt ist. Er hat schon viele Stürme überstanden. Vielleicht hat er sich im Lauf der Jahre mal nach der einen, mal nach der anderen Seite gebogen. Vielleicht war der Stamm schon einmal geknickt von einem Orkan. Aber der Baum hat sich selbst wieder in die richtige Lage gebracht. Sie spüren ein starkes Verlangen, den Baum zu berühren. Sie lehnen sich an den Baumstamm, spüren wie die Lebenskraft des Baumes auf Sie übergeht. Sie sollten überrascht sein, doch Sie sind es nicht. Es erscheint Ihnen selbstverständlich, dass Sie eine tiefe Verbundenheit zu diesem Baum fühlen. Der Baum und Sie sind eins. Der Baum ist das Symbol für Ihre Persönlichkeit. Auch Sie haben starke Wurzeln, die tief im Boden verankert sind. Sie wissen, dass der Sturm des Lebens Sie vielleicht einmal schwanken lässt, aber Sie wissen auch, dass Sie sich wieder aufrichten können, wieder aufrecht und gerade stehen können. Sie sind elastisch und beweglich und kommen immer wieder in Ihre aufrechte Ausgangsstellung zurück. Sie spüren die starke Verbindung zum Universum, aus dem Sie alle Kraft und alles Wissen schöpfen können. Sie fühlen Ihre Wurzeln, spüren Ihre Mitte und sind ganz eins mit sich selbst. Ein tiefes Glücksgefühl durchströmt Ihren Körper. Sie möchten die ganze Welt umarmen, möchten sie mit Ihrer Liebe überschütten. Sie lächeln und Ihre Augen strahlen mit der Sonne um die Wette. Kraft und Ruhe, Wissen und Gefühl – alles ist in Ihnen. Glück durchströmt Sie. Bleiben Sie in diesem Zustand, solange Sie möchten.

Langsam lösen Sie sich von dem Baum, denn es wird Zeit nach Hause zu gehen. Sie fühlen die Kraft und Ruhe des Baumes in sich, Sie fühlen sich sicher und geborgen, sind glücklich. Alles, was Sie bisher in äußeren Dingen gesucht haben, entdecken Sie in sich selbst. Diese Erkenntnis verändert Ihr Leben. Sie wissen jetzt, dass Sie sich nur zurückziehen brauchen. Sie müssen nicht andere Kontinente bereisen, Sie brauchen keinen Lottogewinn; Ihr Glück ist nicht an bestimmte Voraussetzungen gekoppelt. Ihr Glück liegt in Ihnen und darin, welchen Sinn und Wert Sie Ihrem Leben geben. Sie erkennen klar Ihre Ziele und Sie wissen, dass Sie diese Ziele erreichen können.

Sie tragen in sich die Gewissheit, dass dieses tiefe Glück Sie nie verlassen wird. Das macht Sie unendlich frei. Beschwingt gehen Sie zurück über die schöne Sommerwiese, atmen tief durch. Ihr Schritt ist leicht und federnd und es scheint Ihnen als leuchte in Ihrem Inneren ein helles Licht. Aber vielleicht ist das nur das Sonnenlicht, denken Sie. Was in Ihnen aber brennt, ist das Licht der Liebe und des Glücks. Sie wissen jetzt, dass Sie dieses Gefühl jederzeit aktivieren können, dass Sie das Licht jederzeit zum Strahlen bringen können – wann immer Sie es wollen.

Drehen Sie sich noch einmal um, werfen Sie einen letzten liebevollen Blick auf Ihren Baum. Sie können ihn jederzeit besuchen, wenn das Glücksgefühl nachlässt oder Sie Kraft und Ruhe benötigen.

Atmen Sie ruhig und gleichmäßig, verweilen Sie noch in Ihrem Glücksgefühl. Sie haben die Kraft, Ihre Ziele zu erreichen und Ihre Lebensaufgaben zu erfüllen. Das macht Ihr Leben wertvoll und einmalig. Sie entfalten Ihre Persönlichkeit immer mehr, das innere Strahlen wird stärker und Sie entwickeln sich zu einer strahlenden Persönlichkeit.
Kommen Sie langsam zurück ins Tagesbewusstsein. Strecken und recken Sie sich, ballen Sie die Fäuste und lassen wieder los. Mit Freude und Energie packen Sie Ihre Aufgaben an.

Meditieren Sie möglichst regelmäßig. Die Veränderungen durch die Meditation sind zwar langsam, aber tiefgreifend. Nicht nur Ihr Unterbewusstsein, Ihr Geist und Ihre Seele verschmelzen immer mehr mit dem Universum, auch jede Zelle in Ihrem Körper wird mit Glücksenergie angereichert. Und Sie wissen: Wenn Sie sich verändern, verändert sich Ihr Umfeld, verändert sich die Welt.

Träume sind keine Schäume

Früher wurde man ausgelacht oder nicht für voll genommen, wenn man über Träume sprach. Heute ist das anders. Es gibt eine Vielzahl von Büchern, die sich nur mit Träumen und deren Bedeutung beschäftigen. Sie können zu Traumseminaren gehen oder sich Traumfänger über's Bett hängen, die schlechte Träume abhalten sollen. Sie sehen, Träume stehen hoch im Kurs und das kommt nicht von ungefähr. Dabei meine ich nicht nur die Träume im Schlaf, sondern auch die Tagträume, die Gedanken an geheime oder große Ziele.

In den Träumen der Nacht verarbeitet der Mensch das Tagesgeschehen, aber auch traumatische Erlebnisse kommen in Form von Albträumen ins Bewusstsein. Tief sitzende Probleme und Ängste spiegeln sich in Träumen wieder, aber auch Lösungen werden aufgezeigt. Im Traum lebt der Mensch seine tiefen Wünsche und Bedürfnisse aus. Träume geben Aufschluss über das eigene Wesen.

Träume beeinflussen unser Leben mehr als wir oft annehmen. Was glauben Sie, wie viel wirklich großen Taten zuerst einmal geträumt wurden. Der Traum kommt nicht von ungefähr, sondern offenbart Talente und Fähigkeiten, die wir oft noch gar nicht entdeckt haben. Träume führen uns in die Tiefe unserer Seele und weisen uns den Weg zu diesen oft unerkannten Fähigkeiten. Deshalb sollte man nie seine Träume aufgeben.

So mancher Erfinder hat sich in seinen Kinderträumen im Labor herumexperimentieren sehen, von erfolgreichen Sängerinnen weiß man, dass sie schon im Kindesalter auf der Bühne standen – in ihren Träumen. Weltweit bekannt sind Martin Luther King mit seinem weltberühmten „I have a dream …" und Robert Schuller, der von seinem Motivationsmuseum träumte. Inzwischen ist es fertig gestellt.

Abb. Motivationsmusem von Robert Schuller

Abb. Claudia Enkelmann mit Familie Schuller

Was treibt Sie an? Welche Träume haben Sie?

Vielleicht können Sie sich nicht an Ihre nächtlichen Träume erinnern. Das können Sie ändern, indem Sie Papier und Bleistift neben das Bett legen und sofort Ihre Erinnerung aufschreiben, wenn Sie aufwachen.

Nehmen Sie ein Blatt Papier und schreiben Sie all Ihre Träume auf. Die Überschrift lautet:

> **Was der Mensch sich vorstellen kann –
> das kann er auch verwirklichen**

Schreiben Sie Ihre Tag- und Nacht-Träume auf. Ich hoffe und wünsche Ihnen, dass es eine sehr lange Liste wird. Träume sind nämlich Bilder aus den tiefsten Schichten des Unterbewusstseins. Träume zeigen Ihnen Ihr wahres Wesen. Geheime Wünsche werden sichtbar, können aber auch wieder in den Tiefen der Seele verschwinden, wenn Sie sie nicht festhalten. Glücklich ist, wer seine Träume verwirklichen kann, denn glückliche Menschen lieben das, was Sie tun. Und was kann man mehr lieben als seine Wünsche und Träume in die Tat umzusetzen? Diese inneren Bilder führen uns heraus aus dem Alltag, lassen uns ausbrechen aus der Routine. In ihnen können wir aufleben und uns ausleben, hier finden wir Halt, Trost und Bestätigung. Und sie zeigen uns einen Weg – unseren Weg. Deshalb dürfen wir unsere Träume nicht einfach auf die Seite schieben, sondern sollten uns intensiv mit ihnen befassen.

It is dreamtime now

Machen Sie es sich bequem und gehen Sie auf eine Traumreise. Alles ist möglich, alles ist erlaubt. Schreiben Sie Ihre Träume auf.

- Was würde geschehen, wenn all Ihre Träume sich realisieren ließen?
- Stellen Sie sich vor, Sie könnten Ihre großen Ziele erreichen. Wie glücklich wären Sie, würden Sie Ihr Leben nach Ihren Vorstellungen leben?
- Notieren Sie die Träume aus Ihrer Jugend:
  - Wie viele davon haben Sie realisiert?
  - Wie viele haben Sie nicht realisiert und warum nicht?

Werfen Sie einen Blick auf Seite 83 (Kapitel 2/Analyse) und prüfen Sie, wieweit Ihre Fähigkeiten zu Ihren Wünschen passen. Wenn Sie ein Gespür für künstlerische Trends haben, sehr kreativ sind, dann sollten Sie Ihren Traumberuf als Controller vielleicht doch überdenken. Oder aber Sie haben gewisse Fähigkeiten unter Umständen noch nicht entfaltet.

Wenn Sie Ihren Blick über Ihre Traum-Liste gleiten lassen, dann hören Sie auf Ihre innere Stimme, folgen Sie Ihrer Intuition. Welche Punkte sprechen Sie ganz besonders an? Folgen Sie Ihrem Herzen, es weiß genau, was Sie glücklich macht.

Vom Willen zum Wunsch

„Unsere Wünsche sind Vorgefühle der Fähigkeiten, die in uns liegen. Vorboten desjenigen, was wir zu leisten imstande sein werden. Was wir können und möchten, stellt sich unsere Einbildungskraft außer uns und in der Zukunft dar. Wir fühlen eine Sehnsucht nach dem, was wir im Stillen schon besitzen", – so drückt es Johann Wolfgang von Goethe in *Dichtung und Wahrheit* aus.

Und deshalb fordere ich Sie immer wieder auf, sich über Ihre Vorstellungen, Ziele und Wünsche klar zu werden. Man kann alles, man muss nur wollen, sagen wir so leicht dahin. Das stimmt und stimmt auch wieder nicht. Sicher müssen Sie wollen – den begehrten Posten, die attraktive Frau/den Traummann finden. Ist unser Antriebsmotor der starke Wille, dann besteht leicht die Gefahr, dass wir mit dem Kopf gegen die Wand rennen. Der Wille entspringt nämlich der linken Gehirnhälfte, ist also verstandesgeprägt. Wenn wir etwas nur wollen, benötigen wir sehr viel Energie, denn dem Willen fehlt etwas ganz Entscheidendes: Die Freude und die Begeisterung. Auf die sanfte Tour kommen wir leichter zum Ziel:

> **Wünschen Sie sich Ihr Glück, lieben Sie Ihre Ziele.**

Schreiben Sie all Ihre Wünsche auf. Je länger Ihre Liste wird, desto besser ist das. Wünsche spiegeln unseren inneren Besitz wieder: Ein innerlich reicher Mensch hat viele Wünsche. Befassen Sie sich ruhig intensiv mit Ihren Wünschen, denn dies ist ein hervorragender Weg, sich selbst richtig kennen zu lernen. Wünsche und Ziele sollten übereinstimmen, dann haben sie so viel Kraft in sich, dass nichts ihre Erfüllung verhindern kann. Wünsche weisen uns den Weg in die Zukunft, denn:

> **Mit unseren Wünschen leben wir heute schon im Morgen**

Notieren Sie hier fünf große Wünsche oder Ziele:

- Beruf
- Familie
- Gesundheit
- Hobby
- Persönliches Umfeld

Neben jeden Wunsch schreiben Sie den Termin auf, bis wann Sie diesen Wunsch realisiert haben wollen. Zu jedem Wunschziel legen Sie jetzt ein Blatt an, auf dem Sie folgende Fragen beantworten:

- Wo stehe ich heute (im Beruf, gesundheitlich …)?
- Wer könnte mir weiterhelfen?
- Welches Wissen, welche Fähigkeiten benötige ich?
- Welche finanziellen Voraussetzungen muss ich schaffen?
- Was bin ich bereit für die Erfüllung dieses innigen Wunsches zu tun?

Jedes Ziel, das Sie nur mit dem Kopf anstreben, ist schwer zu erreichen. Der Weg wird hart und steinig, weil Ihnen die Freude und die Begeisterung für das fehlen, was Sie tun und was Sie wollen. Der Verstand hat seinen Sitz in der linken Gehirnhälfte (und wir wissen, dass er uns ziemlich blockieren kann). Gefühle sitzen in der rechten Gehirnhälfte. Sie sind der Motor, der uns antreibt. Alles, was Sie mit Freude tun, fällt Ihnen viel leichter als die Pflichten, die Sie erfüllen müssen oder glauben erfüllen zu müssen. Hören Sie auf Ihr Herz, wenn Sie Ihre Glücksziele festlegen. Dadurch wird nicht nur der Weg zum Ziel angenehmer, Sie haben auch viel mehr Energie. Das ist ungefähr so, wie wenn ein Ackergaul und ein Rennpferd um die Wette laufen sollen. Der Ackergaul, also unser Verstand, tut, was er muss, aber es fehlt ihm das Feuer, die Motivation, die aus der Seele kommt. Das Rennpferd dagegen tut nichts lieber als laufen. Es ist in seinem Element, hat Freude an der Bewegung und dem Wettkampf mit der

Konkurrenz. Das sind Siegereigenschaften, ohne die niemand gewinnen kann. Optimale Leistung erreichen wir immer nur, wenn wir all unsere Mittel ausschöpfen – und das ist in diesem Fall der Wunsch, der erst durch das Gefühl lebendig und stark wird. Unsere Wünsche, beseelt mit Leidenschaft, haben die Kraft sich zu verwirklichen.

Wünsche und Visionen realisieren, große Ziele erreichen – sind die Bausteine, aus denen unser Glück besteht. Besonders große Wünsche stellen uns oft vor eine schwierige Aufgabe; sie erscheinen uns unerreichbar. Doch wenn wir uns an das Motto von Cäsar halten, können wir auch das größte Ziel erreichen. Cäsar hat es uns vorgelebt: Teile und herrsche!

Teilen Sie Ihren großen Wunsch auf in viele kleine Wünsche. Sie erkennen sofort, dass diese viel einfacher zu verwirklichen sind. So kommen Sie in kleinen Schritten Ihrem großen Ziel immer näher. Jeder Bergsteiger weiß, dass er den schwierigsten Gipfel in kleinen Etappen weitaus besser schaffen kann als in einem Anlauf. Er kann mit seinen Kräften richtig haushalten, aber was mindestens ebenso wichtig ist: Er erfährt ein kleines Erfolgserlebnis nach dem anderen. So motiviert, hat er genügend Kraft für den nächsten Schritt:

> **Auch das Schwerste wird durch Teilung leicht"**

Das Feuer der Begeisterung muss brennen

Entzünden Sie in sich das Feuer der Begeisterung!

Begeistern Sie sich für alles, was Sie tun. Was glauben Sie, welchen Energieschub Ihnen die Begeisterung geben wird.

Heute ist es „in" cool zu sein, da äußert man doch keine Gefühle – lese ich bei meinen Seminaren in vielen Gesichtern. Und weil wir so cool sind, tun wir uns auch so schwer, sind am Abend todmüde, sind erschöpft und brechen irgendwann mal zusammen. Diagnose: Burnout-Syndrom. Arbeiten wir aber mit Begeisterung, kann uns dies nicht passieren, denn wir lieben, was wir tun und das führt nie zum Zusammenbruch.

Solche Begeisterung entwickelt sich aus der Überzeugung für eine Sache. Das Geheimnis des Glücks liegt darin, das zu lieben, was man hat. Sind wir davon begeistert, gehen wir die schwierigsten Aufgaben mit Freude und Elan an. Begeisterung ist mitreißend! Ein begeisterter Mensch fällt überall auf: Er hat eine gerade Haltung, einen dynamischen Gang und die Augen strahlen. Seine Sprache ist lebendig, seine Stimme eindringlich und mitreißend. Man hört ihm aufmerksam zu, seine Begeisterung ist wie ein Virus – hochansteckend. Leicht findet er so Unterstützung für seine Idee. Wir brauchen begeisterte Menschen, die uns aus der Lethargie erlösen; wir brauchen Ziele und große Aufgaben. Begeisterung macht munter, aktiviert die Lebensgeister! Die Arbeit geht leichter von der Hand, Probleme werden als Herausforderung empfunden. Was hingegen ohne Begeisterung getan wird, artet zu Schwerstarbeit aus. Begeisterung dagegen verleiht Flügel; mit Leichtigkeit werden Schwierigkeiten gemeistert. Das Leben macht viel mehr Spaß und der Glückspegel steigt.

Lieben Sie Ihre Aufgaben?

Das ist eine berechtigte Frage, denn mit der Liebe kommt die Begeisterung. Ich denke da gerne an einen alten Freund, schon weit in den 80ern, wie er begeistert von seiner Frau, der großen Liebe seines Lebens, erzählte. Er musste gar nicht von Liebe sprechen. Die Begeisterung, die in seinen Worten, in seiner Stimme mitschwang, ja sogar in seinen Augen funkelte, ließ in so manchem Zuhörer den Wunsch entstehen: „möge doch mein Partner auch so voller Begeisterung von mir erzählen…"
    Wann waren Sie das letzte Mal begeistert?
    Und wovon?
    Wann haben Sie andere Menschen zuletzt begeistert?
    Ein Chef, der nicht fähig ist, seine Mitarbeiter zu begeistern, kann gleich einpacken. Er tut es natürlich nicht, denn sonst sähe unsere Wirtschaft ein wenig anders aus. Ein Lehrer, der in seinen Schülern keine Begeisterung für sein Unterrichtsfach erwecken kann, muss Schwerstarbeit leisten, um letztendlich mittelmäßige Noten verteilen zu können. Nicht zu reden von Schülern, die nur widerwillig lernen und ihre Begabung gar nicht nutzen – mangels Begeisterung.
    Sprechen Sie folgenden Satz einmal laut aus: „In mir brennt das Feuer der Begeisterung!"
    Flüstern Sie dabei, nuscheln Sie den Satz verlegen oder legen Sie wirklich Ihre Begeisterung in diese Worte? Lassen Sie sich von Ihren eigenen Worten mitreißen? Könnte jemand Sie begeistern, der diesen Satz so spricht wie Sie gerade?

Wenn Ihre Begeisterung nur auf Sparflamme geschaltet ist, können Sie kein Feuer in anderen Menschen entzünden. Das funktioniert nur, wenn Sie das Feuer der Begeisterung wirklich in sich tragen. Dann können Sie andere begeistern und mitreißen. Dann haben Sie gewonnen!

Die drei Ks: Konsequenzen, Kontinuität, Konzentration

Die meisten Menschen machen alle vier Jahre etwas anderes. Der Ehepartner wird gewechselt, ein neuer Job muss her, das Studium wird abgebrochen und ein neues wird begonnen etc. Damit stagnieren wir jedoch, treten auf der Stelle. Letztlich bleiben wir auf diese Weise in der Kunst des Lebens immer im Lehrlingsstadium. Wir wollen nicht aus den Erfahrungen lernen. Lieber machen wir neue Erfahrungen in anderen Bereichen anstatt bei einer Sache zu bleiben oder konsequent ein Ziel zu verfolgen. Wir werfen den Partner raus, suchen uns lieber einen neuen, um mit ihm die gleichen Fehler wieder zu machen. Wir beginnen eine Ausbildung. Bei der ersten Schwierigkeit werfen wir alles hin und suchen wieder das vermeintlich Einfachere oder Bessere. Aber dort geht es uns nicht besser, denn wir haben unsere Lektion nicht gelernt. Sehen Sie mich dagegen an: Am besten kann ich reden. Also habe ich mich entschlossen, in diesem Bereich ein Profi zu werden, Spitze zu werden, die Nummer Eins zu werden. Daran habe ich gearbeitet und der Erfolg bestätigt, dass ich das Richtige getan habe. Warum also sollte ich etwas anderes – und sei es auch nur ein wenig – probieren? Ich überlasse andere Tätigkeitsbereiche denjenigen, die in diesen Bereichen Spitze sind. So bleibt für jeden genügend Raum, sich und seine Fähigkeiten optimal zu entfalten. Erfolg ist vorprogrammiert.

In der Frage „Warum" liegt der Lösungsansatz. **Warum** ist unsere Partnerschaft gescheitert? **Warum** fehlt uns die Begeisterung für unser Studium? Anstatt von einer Fehlentscheidung in die nächste zu stolpern, sollten Sie sich Zeit für eine Situationsanalyse nehmen: Welche Gründe haben uns zu unseren Entscheidungen bewogen? Haben wir diese Entscheidung überhaupt selbst getroffen, haben wir uns einfach treiben lassen oder hat gar ein anderer für uns entschieden? Ist Ihr Beruf für Sie Be-rufung, haben Sie Ihren Partner mit dem Herzen gewählt oder wollten Sie ihn nur der Konkurrenz abspenstig machen?

Haben Sie etwas bewusst entschieden oder einfach nur irgendwas gemacht? Die Rechnung dafür erhalten Sie auf jeden Fall. Leider lernen nur wenige Menschen aus ihren Erfahrungen, weil sie nicht bereit sind, die Zusammenhänge zwischen Ursache und Wirkung zu sehen. Die Ursachen haben wir – wie immer – selbst gelegt. Das ist zuweilen eine bittere Erkenntnis. Zugleich aber auch der Hoffnungsstrahl, denn wir können alles ändern, wenn wir andere Ursachen setzen. Sie brauchen sich nicht selbst etwas vorzumachen, es reicht schon, wenn man sich diese Mühe für andere gibt:

- Warum stecken Sie in der Misere?
- Warum haben Sie keinen Erfolg?
- Warum sind Sie nicht glücklich?
- Was haben Sie bisher aus Ihren Erfahrungen gelernt? Haben Sie Konsequenzen gezogen aus den Misserfolgen und aus den Erfolgen? Was haben Sie verändert, und was hat sich dadurch geändert?
- Waren Sie wirklich konsequent in Ihren Bemühungen, haben Sie durchgehalten oder aufgegeben?
- Haben Sie gezielt und tatsächlich an einer Veränderung gearbeitet? Oder haben Sie nur an Konsequenzen gedacht, sich vorgestellt, was wäre, wenn …?
- Haben Sie sich auf Ihr Ziel konzentriert?
- Haben Sie Ihre gesamte Aufmerksamkeit auf Ihr Lebensglück gerichtet?
- Waren Sie auch mit Herz und Seele dabei?

Zielpunkt Glück

Ihren Glückszustand (Kapitel II, Analyse) kennen Sie. Nun geht es darum, die Bereiche in Ihrem Leben zu verändern, die Sie als nicht zufrieden stellend empfinden. Fragen Sie sich konkret, wie es mit dem Glück in den einzelnen Lebensbereichen aussieht. Hier ein paar Denkanstöße:

Im seelischen Bereich:
Sehen Sie einen Sinn in Ihrem Leben?
Haben Sie Probleme im Umgang mit anderen Menschen?
Fühlen Sie sich oft einsam, unverstanden oder allein?
Leiden Sie an Depressionen, Stimmungsschwankungen?

Fehlt Ihnen Lebensfreude, Energie?
Können Sie herzlich lachen?
Können Sie sich richtig entspannen?
Genießen Sie schöne Momente?
Sind Sie nervös, finden nicht zur Ruhe?
Können Sie auch mal allein sein, ohne sich einsam zu fühlen?
Sind Sie zufrieden mit sich selbst, mögen Sie sich?

Im Privatleben:
Haben Sie echte Freunde?
Sind Sie mit Ihrer Liebesbeziehung glücklich?
Haben Sie ein gutes Verhältnis zu Ihren Kindern?
Kommen Sie mit Ihrer Familie gut aus?
Wissen Sie etwas Sinnvolles mit Ihrer Freizeit anzufangen?
Haben Sie genügend Zeit für Mußestunden eingeplant?
Ist das Verhältnis zwischen Arbeit und Freizeit ausgewogen?
Sind Sie zufrieden mit Ihrem Privatleben?

Im Berufsleben:
Sind Sie mit Ihrer Arbeit zufrieden, entspricht sie Ihrer Berufung?
Kommen Sie gut mit Kollegen, Vorgesetzten und Kunden aus?
Haben Sie Erfolg bei Ihrer Arbeit?
Stehen Sie karrieremäßig da, wo Sie sein wollten?
Fühlen Sie sich wohl an Ihrem Arbeitsplatz?
Sind Sie motiviert?
Arbeiten Sie zu viel, verdienen Sie zu wenig?
Wird Ihre Leistung anerkannt?
Loben Sie Ihre Mitarbeiter?
Sind Sie zufrieden mit Ihrem Berufsleben?

Im gesundheitlichen Bereich:
Fühlen Sie sich fit oder sind Sie oft schlapp und müde?
Sind Sie oft beim Arzt?
Sind Sie akut krank oder leiden Sie an chronischen Kankheiten?
Sprechen Sie gern von Krankheiten?
Fühlen Sie sich wohl, wenn andere Sie wegen Krankheit bemitleiden?
Treiben Sie Sport?
Machen Sie regelmäßig Urlaub?
Fühlen Sie sich wohl in Ihrer Haut?

Leiden Sie an Übergewicht, trinken oder rauchen Sie zu viel?
Sind Sie zufrieden mit Ihrer Gesundheit?
Oben genannte Punkte sollten Anregungen sein, wie Ihr persönliches Glücksprofil aussehen könnte und aufzeigen, wo eventuell Glücksdefizite bestehen. Ergänzen Sie also die Fragen. Es wird sich herauskristallisieren, was in Ihrem Leben nicht in Glücksbahnen verläuft. Sie sehen deutlich, was verbesserungswürdig ist. Konzentrieren Sie sich nun auf das, was Sie erreichen möchten.

Jetzt haben Sie nochmals Gelegenheit, Ihre Ziele zu überprüfen. Vielleicht sehen Sie, dass Sie eine kleine Kurskorrektur vornehmen müssen, vielleicht sehen Sie sich total in Ihren Zielen bestätigt. Stimmen Ihre Wertvorstellungen und Ihre Neigungen überein? Und: Sind Sie damit glücklich?

Wir befassen uns nun schon eine Weile mit dem schönsten Zustand im Leben – mit dem Glück. Deshalb sollten Sie keine Mühe scheuen, das Umfeld für dieses kostbare Gut entsprechend schön zu gestalten. Nehmen Sie also nicht einfach irgend ein Blatt Papier, auf dem Sie Ihre Ziele notieren. Suchen Sie sich bewusst ein besonderes Glücksblatt aus. Vielleicht möchten Sie Ihrem Glück etwas Farbe verleihen? Wie wäre es mit einer Pastellfarbe, oder sind Sie eher der Typ, bei dem das Glück in poppiger Farbe ins Auge springen muss? Schreiben Sie auch nicht mit einem Allerweltskugelschreiber, mit dem Sie sonst Ihre Telefonnotizen machen. Ein Füller sollte es schon sein. Besser noch: Sie kaufen sich für Ihr Glück etwas Besonderes, einen richtigen Glücksstift. Vielleicht ein goldener Stift, den Sie ausschließlich für Ihre Glücksnotizen benutzen. Sie können Sterne, Sonnen, Blumen auf Ihr Blatt malen, es mit Fotos bekleben ... – Ihrer Fantasie sind keine Grenzen gesetzt.

So wie Sie ein einfaches Blatt Papier in ein Glücksblatt verwandeln können, so können Sie auch Ihren Alltag in Glückstage verwandeln. Wenn Ihnen Ihr Glück diese kleine Mühe nicht wert ist – wie wollen Sie dann Glück in Ihr Leben holen?

Dieses Blatt ist Ihr Glücksblatt, es bedeutet den ersten Schritt zu einer Veränderung in Ihrem Leben. Stellen Sie sich den Alchimisten vor, der alles für sein erstes Experiment vorbereitet. Auch er wird hier nicht nachlässig sein, sondern alles mit der größten Sorgfalt bereitlegen. Er ist in freudiger Erwartung, ganz auf sein Ziel – die Verwandlung – konzentriert. So sollten Sie sich jetzt auch fühlen.

Ihr ganz persönliches Glücksblatt ist Ausdruck Ihrer Einstellung zum Glück. An diesem Blatt kann jeder sehen, wie wichtig Ihnen Glück ist, welchen Stellenwert es in Ihrem Leben hat. Verknitterte Blätter mit Eselsohren oder gar Flecken zeigen nicht nur Nachlässigkeit, sondern lassen tief blicken: Wer so achtlos mit dem Glück umgeht, erwartet es nicht wirklich.

Entfalten Sie sich – verwandeln Sie all das in Glück, was Sie heute (noch) nicht glücklich macht. Wenn Sie sich so mit dem Umfeld des Glücks befassen, wenn Sie Ihre Gefühle dort hineinlegen, werden Sie merken, dass allein die liebevolle Beschäftigung mit dem Thema Glück Sie schon glücklicher werden lässt. Auch bei meinen Seminaren stelle ich immer wieder fest, dass allein schon die gedankliche Beschäftigung mit Glück ein Glücksgefühl verursacht – sichtbar am Gesichtsausdruck der Teilnehmer, spürbar in der Atmosphäre. An solchen Kleinigkeiten sehen Sie, dass es nicht allzu viel braucht, um Glück in unser Leben zu holen.

Auf Ihr Glücksblatt notieren Sie nun Ihre persönlichen Glücksziele – daneben schreiben Sie das heutige Datum.

> **Heute ist ein wichtiger Tag in meinem Leben,**
> **heute ist der Beginn meiner Glückszeit.**

Machen Sie sich bewusst, dass Sie Ziele nur erreichen können, wenn Sie sie auch ganz klar festlegen, denn sonst verlieren Sie die Richtung. So könnten Ihre Glücksziele aussehen:

❏ Den Sinn des Lebens finden
❏ Zufriedenheit und Gelassenheit
❏ Probleme lösen können
❏ Erfolg im Beruf
❏ Harmonie im Privatleben

Mit solchen Worten erreichen Sie Ihre Glücksziele:

Das tägliche Leben verlangt von mir ein großes Maß an Mut und Tatkraft. Ich bin mir darüber im Klaren, dass durch diese Erfolgseigenschaften Erfolge im Leben möglich werden. Nur dadurch kann ich Chancen des Lebens ausnutzen und große Ziele erreichen.

Wer große Ziele erreichen will, muss felsenfest an sich glauben und sich höchste Leistungen zutrauen. Alles ist möglich, wenn ich nur will, denn Gedanken sind Kräfte.

Mut – Willenskraft – Tatkraft – Konzentration – Ausdauer sind Früchte des Vertrauens zur eigenen Kraft. Ich weiß, dass ich mich auf mich verlassen kann. Ich erreiche, was ich will, denn mein Vertrauen ist felsenfest, felsenfest.

Konzentration auf das Ziel = Zielstrebigkeit

Vielleicht sind Sie jetzt ganz zufrieden, wenn Sie auf eine lange Liste von Glückszielen blicken können. Vermutlich werden Sie aber ein wenig enttäuscht sein, wenn ich Ihnen sage, dass es nicht um die Quantität, sondern um die Qualität Ihrer Ziele geht. Weniger ist mehr. Haben Sie sich zuviel vorgenommen, ist die Gefahr, dass Sie auf der Strecke bleiben und unter Umständen nicht einmal ein einziges Ziel erreichen, recht groß. Anstatt Ihre ganz Aufmerksamkeit und Kraft auf maximal drei Ziele zu lenken, müssen Sie vielleicht zehn oder mehr Ziele im Auge behalten und sollen zugleich auf diesen vielen Gebieten etwas leisten. Ohne Fleiß kein Preis – das gilt auch für unser Glückstraining. Mit einer einzigen Kugel können Sie einen kapitalen Hirschen erlegen, wenn Sie richtig zielen. Mit einer Ladung Schrot wird Ihnen das nicht gelingen. Dieses Prinzip gilt nicht nur in der Jagd, auch das tägliche Leben funktioniert danach. Mit einem einzigen Auto können Sie auch nicht gleichzeitig drei verschiedene Städte anfahren. Obwohl wir das wissen, glauben wir trotzdem mit unserer Energie alles gleichzeitig tun zu können. Mit zielgerichteter Energie aber können wir große Ziele erreichen, wobei wir den Weg in Etappen aufteilen sollten. Wir wollen mit dem Glück nicht kleckern, sondern lieber klotzen. Bedenken Sie auch, dass oftmals eine einzige gravierende Veränderung eine ganze Reihe von Veränderungen nach sich zieht – das geschieht dann ohne Ihr aktives Dazutun. Beispiel:

❏ Ihr Ziel ist es, Geschäftsführer in der neuen, großen Filiale zu werden. Das hat Folgen:
❏ Sie haben am Ende etwas erreicht, fühlen sich bestätigt, die Anerkennung Ihrer Leistung und das in Sie gesetzte Vertrauen spornen Sie an, Ihr Bestes zu geben. Ihre Leistung wird noch besser.
❏ Sie erhalten ein höheres Gehalt, folglich

❏ können Sie sich mehr leisten und sich Ihren größten Wunsch erfüllen
❏ und beispielsweise Ihr Traumhaus kaufen.
❏ Ihre Frau kann jetzt aufhören zu arbeiten und
❏ Sie können konkrete Pläne für den Nachwuchs machen.

Sie sehen an diesem Beispiel, dass eine einzige Veränderung an der richtigen Stelle einen Schneeballeffekt haben kann: Ein kleiner Ball kann eine große Lawine ins Rollen bringen. Wollten Sie aber Geschäftsführer werden, sich im Golf verbessern, einen Sprachkurs in Japanisch belegen und Ihr Haus renovieren – alles mit hoher Priorität und zwar gleichzeitig, dann erreichen Sie in keinem Bereichen etwas. Überprüfen Sie deshalb noch einmal Ihre Glücksziele.

„Bewusste oder unbewusste Konzentration ist Verdichtung von Lebensenergie"
– so lautet mein siebtes Grundgesetz der Lebensentfaltung.

Viele Menschen wissen gar nicht, wie wichtig die Konzentration auf das Wesentliche ist. Seit langem bin ich ein Verfechter der Spezialisierung, der Konzentration auf eine Sache. Doch das entsprach lange nicht dem Zeitgeist, der da hieß: Immer mehr und jeden Tag etwas Neues. Das Resultat sehen wir überall. Langsam erst findet ein Umdenken statt und Begriffe wie Spezialisierung und Konzentration auf das Wesentliche hören wir wieder öfter. Konzentrieren wir uns auf das Wichtige, dann lenken wir unsere gesamte Aufmerksamkeit auf einen einzigen Punkt. Das Wort „Kon-zentrieren" macht es deutlich. Alle Kraft wird auf etwas zentriert, gebündelt. Unsere Konzentration wirkt wie ein Laserstrahl – messerscharf und haargenau. Solche Gedanken haben enorme Kraft. Nun kommt es nur darauf an, in welche Richtung wir unsere Gedanken lenken – auf Glück oder Unglück. Die Kraft bleibt die gleiche.

Worauf richten Sie Ihre Konzentration, Ihre lasergesteuerten Gedanken? Verstreuen Sie sie in tausend unterschiedliche Richtungen, weil Sie nicht genau wissen, was Sie wollen?

Jeder kann lernen sich zu konzentrieren, wenn er das will. Dazu brauchen Sie nicht extra nach Indien oder Tibet zu fahren. Es gibt einfache, aber wirkungsvolle Methoden. Sie wirken allerdings nur, wenn man sie anwendet. Wie viele Menschen erzählen nur, was Sie alles tun möchten – abnehmen, Fremdsprachen lernen, nicht mehr lügen … –, aber die wenigsten machen den Schritt vom Reden zum

Handeln, vom Wort zur Tat. Jedes Jahr erleben wir das gleiche Drama beim Jahreswechsel. Vielleicht können Sie ja auch ein Lied davon singen. Wenn Sie glücklich werden wollen, genügt es nicht, davon zu sprechen. Deshalb habe ich dieses Buch auch Glückstraining genannt, sonst wäre der Titel anders ausgefallen, beispielsweise: Reden vom Glück.

Wer seinen Gedanken unkontrolliert freien Lauf lässt, der richtet großen Schaden an. In erster Linie in seinem eigenen Leben, aber auch das Umfeld bleibt von den Folgen unkontrollierter Gedanken nicht verschont. Für Waffenbesitzer ist ein Waffenschein vorgeschrieben. Warum nicht für jeden verantwortungsvollen Mitbürger eine Ausbildung zum kontrollierten Denken zur Pflicht machen.

> **Konzentration ist gebündelte Energie,**
> **Konzentration ist Einpunktigkeit.**

Aller Fortschritt entstand durch Gedanken, aber auch alle Zerstörung – je nachdem worauf sich die Konzentration richtete. Auch Sie entscheiden jetzt, was in Ihrem Leben wachsen soll und wovon Sie sich besser trennen sollten. Darauf richten Sie Ihre Konzentration.

Klare Worte – klare Ziele

Verschwommene Ideen, undeutliche Zielvorstellungen, Unsicherheit, sich nicht festlegen wollen – all das äußert sich in unserer Sprache. All das ist Ausdruck eines unsteten Lebens, das ohne Ziel und Sinn verstreicht. Wir sind das schon so gewohnt, dass es uns gar nicht mehr auffällt. Achten Sie einmal genau auf die Worte der Politiker: Wer nimmt schon konkret Stellung? Da müsste man ja jeden Tag die Meinung des Vortages revidieren. So mogeln sich alle durch, reden viel ohne etwas zu sagen. Heute wird diese Änderung angekündigt, morgen eine andere – realisiert wird dann etwas ganz anderes. Ohne klare Ziele gibt es natürlich auch keine klaren Worte.

Das gilt im Kleinen wie im Großen: Wer es vermeidet, sich verbal festzulegen, wer sich als Meister leerer Worte entpuppt, hat keine klare Linie, strebt in Wirklichkeit keine Ziele an. Er hat sein Leben nicht im Griff, weil er sich jeden Tag von etwas anderem beeinflussen lässt. Sein Leben gleicht dem Zickzack-Kurs eines Hasen, der vor dem Fuchs davonläuft. Dass ein Mensch so niemals sein Ziel erreicht, ist klar: Er hatte ja nie eines beziehungsweise jeden Tag ein anderes.

Wie drücken Sie sich aus? Ist Ihre Sprache Ausdruck klarer, zielgerichteter Gedanken? Oder halten Sie sich alle Optionen offen, legen sich nicht fest – auch sich selbst gegenüber nicht? Spielen Sätze wie „ich kann nicht ..." oder Worte, wie „eigentlich", „ja, aber" eine große Rolle in Ihrer Ausdrucksweise? Reden Sie lieber im Konjunktiv, wenn Sie Ihre Meinung, Ihre Ziele darlegen sollen?

Wer sich mit Worten nicht festlegt, hat sich auch in Gedanken nicht festgelegt. Misten Sie Ihre Sprache aus! Werfen Sie Worthülsen und Blockadeworte über Bord. Beziehen Sie Stellung. Wer keinen Standpunkt hat, den weht schon ein leichter Windhauch weg.

Nicht können – oder nicht wollen?

Oft höre ich Sätze wie „ich kann mich nicht konzentrieren", „ich kann mich nicht entscheiden". „Ich kann nicht" heißt in Wirklichkeit oft „ich will nicht". Wecken Sie den Alchimisten ins sich, wandeln Sie konsequent um und dann heißt es: „ich kann, wenn ich will". Ein tiefer Wunsch gibt zugleich die Fähigkeit, ihn in die Tat umzusetzen. Wie oft am Tag aber sagen Sie „ich kann nicht ... den Termin wahrnehmen, abnehmen, früh ins Bett gehen, pünktlich sein ...". All das stimmt nicht. Denn Sie könnten sehr wohl, wenn Sie wollten. Ich wette mit Ihnen, Sie könnten es. Nichts in unserem Leben geschieht, ohne unsere Entscheidung. Wenn wir sagen „wir können nicht", meinen wir „wir wollen nicht". Anderen Menschen können wir vielleicht ab und zu vormachen, dass wir nicht können, aber uns selbst brauchen wir dieses Theater nicht vorzuspielen.

Jeden Tag treffen wir eine Vielzahl von Entscheidungen. Wir entscheiden, dass ein Besuch bei der Erbtante wichtiger beziehungsweise lukrativer für uns ist als ein Essen mit einem armen Onkel. Ihm sagen wir mit der Begründung ab, dass wir nicht kommen können. Wir entscheiden uns für große Essensportionen und das Wohlgefühl, am Abend noch eine Tafel Schokolade zu naschen; wir entscheiden uns dafür, unserem Phlegma nachzugeben und vor dem Fernseher sitzen zu bleiben anstatt an den nächsten Morgen zu denken, an dem wir wieder früh aufstehen und topfit sein sollten. Wir entscheiden uns auch dafür, dass wir immer noch schnell ein paar Tätigkeiten ausführen, bevor wir uns auf den Weg zu einer Verabredung machen und kommen deshalb zu spät. Wer sich selbst einredet, dass Übergewicht Veranlagung sei oder man ab 50 nicht mehr abnimmt, der belügt sich selbst. Eine Entscheidung für eine Sache ist meist auch eine Entscheidung gegen etwas anderes, beinhaltet also zugleich einen Verzicht. Die wenigsten können im Überfluss essen und sich dabei eine schlanke Figur erhalten. Wenn wir also sagen, wir können nicht, meinen wir, wir wollen nicht.

Was wir tun oder auch nicht tun ist: wir setzen die Prioritäten. Alles hat einen Preis. Schlank sein kostet den Verzicht auf Lieblingsspeisen, große Essensportionen oder leckere Snacks mitten in der Nacht.

Der viel beschäftigte Manager kann sich den Hochzeitstag merken, weil ihm seine Frau wichtig ist. Was wir wollen – und, wenn unser Herz beteiligt ist – dann können wir das. Dann können wir sogar Berge versetzen.

Viele Menschen haben den Konjunktiv zum Lieblingswort erkoren: „Ich würde gern ins Ausland gehen, aber meine Eltern, das noch nicht bezahlte Haus, die Kinder ..." Wenn Ihnen der Auslandsaufenthalt ein Herzensbedürfnis ist, dann nehmen Sie Probleme mit Eltern, Haus, Kindern in Kauf. Sie arbeiten lieber an einer Lösung, als zu sagen „ich kann nicht". Oft fühlen uns aber viel wohler in unserem Selbstbetrug. So können wir uns immer ein wenig bedauern, schieben die Schuld an unserer Untätigkeit den Umständen zu und müssen uns nicht eingestehen, dass wir die Konsequenzen aus unseren Wünschen nicht bereit sind zu akzeptieren. Jeder kann das, was er will, aber er muss den Preis dafür zahlen. Phrasen wie „Wenn ..., dann ..." oder „Wenn ..., aber ...", „das ist nicht möglich", zeugen nur davon, dass jemand nicht die Verantwortung für sein Leben übernimmt.

„Was ist Ihnen in Ihrem Leben am wichtigsten" fragte ich einen überaus erfolgreichen und wohlhabenden Unternehmer. „Meine Frau" gab er zur Antwort. „Wie viel Zeit verbringen Sie mit Ihrer Frau?" „Leider viel zu wenig, nur ein paar Stunden in der Woche", lautete die Antwort. Die Antwort spricht für sich – dazu braucht es wohl keinen Kommentar.

Wie sieht das mit Ihnen aus?

Wie viel Zeit verbringen Sie mit diesem Menschen, der Ihnen am wichtigsten ist? Auch nur ein paar Stunden in der Woche? Ein Diamantring mit einem großen Stein erster Qualität kostet wesentlich mehr als ein Diamantsplitter. Hier wundert sich niemand über Preisunterschiede. Dass auch wir „Preisunterschiede" machen – das wollen wir nicht wahrhaben.

Wenn ich Sie jetzt noch einmal frage, wollen Sie wirklich glücklich sein, dann überdenken Sie Ihre Antwort genau, denn auch Ihr Glück hat einen Preis. Sind Sie bereit, diesen Preis zu bezahlen? Aufgabe von lieben Gewohnheiten, Arbeiten an sich selbst (das ist schwieriger als anderen zu sagen, wo es lang geht), ...

- ❏ Wie viel ist Ihnen Ihr Glück wert, wie viel sind Sie bereit, für Ihr Glück zu tun?
- ❏ Was sind Sie bereit, für Ihr Glück, für Ihren Erfolg zu investieren?
- ❏ Was sind Sie bereit, dafür zu tun?
- ❏ Wie viel Zeit wollen Sie investieren?
- ❏ Welche Mühe sind Sie bereit, dafür auf sich nehmen?

Sich für das Glück entscheiden

Sie habe Ihre Ziele festgelegt und kennen den Preis für Ihr Glück. Jetzt könnten wir eigentlich starten – denken Sie. Doch etwas fehlt noch: Die feste Entschlossenheit, diese Ziele anzustreben. Sie müssen sich entscheiden, ob Sie dieses Glückstraining machen wollen oder ob Sie lieber so weitermachen wie bisher. Die Entscheidung für das Glück ist in diesem Moment das Entscheidende. Sie müssen wissen, dass Sie an sich arbeiten und dass Sie Probleme lösen müssen. Dabei wird sich Ihre Persönlichkeit verändern und damit wiederum Ihr Leben. Das heißt jetzt nicht, dass Sie ein völlig anderer Mensch werden. Sie werden lediglich der, der Sie in Wirklichkeit sind. Sie sind ein Mensch, der das Glück nicht in den Sternen sucht, denn dort kann es niemand finden.

> **Alles, was Sie suchen, finden Sie in sich selbst.**

Ich kann Ihnen nicht das Paradies auf Erden versprechen, denn das gibt es nicht. Ich kann mit Ihnen ein Glückstraining absolvieren, bei dem Sie lernen, das Beste aus jeder Situation zu machen, sich weiterzuentwickeln, Zufriedenheit und Glück in sich selbst zu finden. Das ist ein Glück, das Sie – sofern Sie es pflegen – immer begleitet, denn es ist unabhängig von äußeren Umständen. Die Entscheidung treffen Sie, und Sie sollten sie bewusst treffen – nicht weniger als Ihr Glück hängt davon ab.

Die Glücksformel

Und damit das Glück in Ihrem Leben wächst und sich mehr und mehr ausbreitet, gebe ich Ihnen jetzt die Glücksformel, die Sie jeden Tag mit lauter Stimme mehrmals sprechen sollten. Diese Formel gehört zum täglichen Glückstraining.

> „Ich fühle mich von Tag zu Tag in jedem Bereich immer glücklicher und glücklicher".

Bevor Sie die Glücksformel sprechen, atmen Sie tief aus und stellen sich dabei vor, wie alles, was Ihnen nicht gut tut, mit dem Atem aus Ihrem Leben verschwindet. Atmen Sie ein, sprechen Sie die Formel und stellen Sie sich dabei vor, dass Sie pures Glück – Glücksenergie in Form von Sonnenstrahlen, Goldpartikeln oder Ähnlichem – einatmen. Erst spüren Sie, wie die Last leichter, die Sorgen kleiner werden und dann fühlen Sie dieses wunderbare Glücksgefühl ... In Ihnen breitet sich Gewissheit aus, Sie können, was Sie wollen, Sie erreichen Ihre Ziele und machen Ihr Glück. Sie lieben, was Sie tun. Sie sind dankbar für alles, was Sie haben. Sie sind zufrieden in der Tiefe Ihrer Seele. Sie fühlen das Glück in sich.

Der erste Schritt ist der schwerste

„So kann es nicht weitergehen" – dieser Schlüsselsatz ist für viele Menschen der Beginn einer Reihe von Versuchen, sich zu ändern, alte Gewohnheiten abzulegen, gute Vorsätze zu realisieren. Einfach ist das nicht. Nach 15 Wochen hat bereits ein Viertel der Änderungswilligen die guten Vorsätze wieder aufgegeben, ist zurückgefallen in den alten Trott. Laut Statistik sind etwa sechs Anläufe nötig, bis der innere Schweinehund überwunden ist. Falsche Vorstellungen sind maßgeblich dafür verantwortlich, dass sich Frust anstelle von Erfolg einstellt. Janet Polivy und C. Peter Herman von der University of Toronto sehen die Ursache in dem Falsche-Hoffnung-Syndrom (false-hope-syndrome). Als Beispiel wurden übergewichtige Frauen angeführt, die nur einen Gewichtverlust von 25 kg als akzeptabel ansahen. Ein überaus unrealistisches Ziel, das dazu führte, dass ein tatsächlich erzielter Gewichtsverlust von „nur" 16 kg als Versagen betrachtet wurde. Auch falsche

Erwartungen in Bezug auf mögliche Folgen einer erfolgreichen Veränderung wirken sich negativ auf den Veränderungswunsch aus. Wiederum schlägt hier das Falsche-Hoffnung-Syndrom zu, wenn jemand glaubt, durch eine Gewichtsreduzierung beispielsweise würde sich sein ganzes Leben verändern oder alle Probleme würden dadurch auf einen Schlag gelöst. Unrealistische Vorstellungen hat auch, wer glaubt, auf einen einzigen Schlag das ganze Leben verändern zu können.

Trotz dieser relativ negativen Erkenntnisse, kamen die Professoren James O. Prochaska, John Norcross und Carlo DiClemente nach Tausenden von Untersuchungen zu dem Schluss, dass Veränderungen zwar möglich, aber schwierig sind. Wem es gelingt, einen Selbstveränderungsprozess erfolgreich abzuschließen, durchläuft nach ihren Erkenntnissen sechs Stufen:

Stufe 1: Die Abwehr
Das Umfeld sieht schon längst die Notwendigkeit einer Änderung, die der Betroffene aber vehement ablehnt. Die Gründe dafür sind unterschiedlich. Das Problem wird verdrängt, es fehlt das Wissen, um Situation und Folgen richtig einzuschätzen. Eine übergewichtige Frau will nichts wissen von der gesundheitlichen Gefährdung, ihre dicke Mutter hatte ja schließlich auch keine gesundheitlichen Probleme. Warum also sollte es bei ihr anders sein? Der Trinker beruhigt sich mit dem Gedanken, dass auch der Vater Alkoholiker war. Der Rat wohlmeinender Freunde wird abgeschmettert oder kann sogar Druck erzeugen, auf den eine kindliche Trotzreaktion erfolgt. Vielleicht hat der Betroffene schon früher vergeblich versucht, das Problem zu lösen und glaubt nicht mehr an sich. Frauen sind übrigens offener für eine Selbstveränderung.

Stufe 2: Langsam dämmert es ...
Ob jemand abnehmen, nicht mehr Rauchen, nicht mehr lügen will – irgendwann ist jeder so weit, dass ihm klar wird, zur Problemlösung muss er selbst aktiv beitragen. Dieses Wissen allein führt aber nur dazu, dass lange Überlegungen angestellt, Bücher gelesen, Freunde befragt werden über die Vor- und Nachteile einer Veränderung. „Wenn ich faste, kann ich nicht in den Biergarten gehen, keine Einladungen annehmen, sinkt mein Blutdruck, fühle ich mich schwach ..." Viel Zeit wird mit solchen Überlegungen verbracht, ohne dass man sich zu Taten

aufraffen kann. Man fühlt sich zwar schlecht, aber (noch) nicht schlecht genug. Die Zeit ist noch nicht reif für Aktivität.

Stufe 3: Die Aufwärmphase
Ein kleiner Schritt nach vorn ist gemacht, wenn die Vorteile der Veränderung anfangen zu überwiegen, wenn man sich auf eine konkrete Diät festlegen kann und mehr nach vorn als zurück blickt. Eine positive Vision wird entwickelt, die Kraft gibt. Aber erst wenn diese Vision an erster Stelle der Wünsche und Ziele steht, hat sie gute Überlebenschancen. Das Einbeziehen von Freunden ist die nächste Stufe. Man kann dann nicht mehr so einfach einen Rückzieher machen. Positive Gefühle entwickeln sich schon beim Gedanken an die Veränderung und das führt zu einer Hochstimmung. Die Lösung des Problems scheint greifbar nahe – und dann vergessen manche Leute, zur Tat zu schreiten, denn sie fühlen sich ja wohl!

Stufe 4: Taten folgen lassen
Je konkreter die Veränderungsvorstellung ist, desto besser stehen die Chancen für eine erfolgreiche Durchführung. Eine Diät mit genauem Zeit- und Essensplan hilft durchzuhalten. Sogar Aktivitäten vor der eigentlichen Diät, wie beispielsweise alle verführerischen Vorräte, wie Schokolade oder Kekse zu verschenken, gibt keine Erfolgsgarantie.

Stufe 5: Rückfallrisiken
Selbstüberschätzung, aber auch Bemerkungen im Freundeskreis (Du kannst doch einmal eine Ausnahme machen) sowie äußerer Stress (Erkrankung von Familienangehörigen, Angst um den Arbeitsplatz) führen dazu, dass man schwach wird. Hinfallen ist keine Schande – nur liegen bleiben ist eine Schande. Nur wenige schaffen den ganzen Weg beim ersten Anlauf. Rückfälle, Stagnation – alles ist nicht so schlimm, solange man nicht ganz aufgibt.

Stufe 6: Die Arbeit an sich selbst hört nie auf
Endlich ist das Ziel geschafft, aber dann darf man sich nicht zur Ruhe setzen, denn sonst gewinnen alte Gewohnheiten wieder die Oberhand. Wer abgenommen hat, darf nicht wieder die großen Portionen verzehren. Ständige Disziplin ist notwendig.

Veränderung ist verbunden mit Trennung: Trennung von Menschen und Dingen, Loslassen alter Gewohnheiten. Wir wollen etwas anderes, besseres – wir wollen Glück und Erfolg in unserem Leben. Das heißt aber auch, dass wir Altes loslassen müssen. Es kann sein, dass wir Freunde verlieren – Freunde, die uns heute nicht mehr gut tun, die nicht mehr zu uns passen, aber ein Stück unseres Lebenswegs mit uns gegangen sind. Wir müssen lernen, Gewohntes loszulassen. Ähnlich der Häutung einer Schlange – die alte Haut bleibt zurück, die neue Haut entspricht unserem neuen Bewusstsein.

Intuition oder mit dem Herzen denken

Mein achtes Grundgesetz der Lebensentfaltung heißt:
„Im Streit zwischen Gefühl und Intellekt siegt immer das Gefühl".
Wir jedoch glauben, dass wir alles mit dem Kopf machen können. Manche gehen mit dem Kopf durch die Wand, andere schlagen sich nur den Kopf blutig. Wir wollen weder das eine noch das andere, wir wollen auch nicht Recht haben. Was wir wollen, ist glücklich sein, Erfolg haben, unsere Ziele erreichen. Glück kommt aus dem Herzen. Wir verlassen uns aber lieber auf unseren Kopf, glauben unserem Verstand anstatt unserer inneren Stimme zu folgen. Unsere innere Stimme weiß alles, unser Verstand will nur alles kontrollieren. Trotzdem folgen wir lieber dem Verstand.

Wann fangen Sie an und lassen sich von Ihrem Herzen leiten? Antoine de Saint-Exupéry sagt es mit diesen Worten: „Man sieht nur mit dem Herzen gut. Das Wesentliche bleibt für die Augen verborgen."

Alles Wissen tragen wir in uns, in unserem Herzen beziehungsweise dem Unterbewusstsein. Unser Herz kennt alles, deshalb lässt es sich nicht täuschen von dem äußeren Schein. Es kann die noch so perfekt getarnte Lüge durchschauen, sieht hinter jede Fassade und erkennt die wahre Absicht hinter unwahren Argumenten. Die Sprache des Herzens ist die innere Stimme. Diese Stimme kennen wir, aber wir machen sie gern mundtot. Wir vertrauen ihr nicht, wir schieben sie auf die Seite, hören ihr oft nicht einmal zu. Die innere Stimme kommt aus dem Unterbewusstsein. Wir könnten uns also voll und ganz ihrer Führung anvertrauen. Aber wer wagt das schon? Stellen Sie sich mal den Manager eines internationalen Konzerns vor, der bei der Aufsichtsratssitzung auf die Frage, warum er gerade dieses Automodell oder jenes Konzept vorschlägt, antwortet: „Ich folge meiner inneren Stimme."

Vermutlich würde man ihn schnellstens in eine Anstalt abtransportieren lassen oder als gemeingefährlich einstufen und auf der Stelle feuern! Es gehört auch in weniger dünner Luft schon ein wenig Mut dazu, sich zu seinem Herz beziehungsweise zur inneren Stimme zu bekennen. Sie brauchen dies ja auch nicht überall publik zu machen. Hauptsache Sie haben Zugang zu Ihrem Inneren, können Ihre innere Stimme von Fremdstimmen unterscheiden.

Vertrauen fällt nicht vom Himmel – nicht einmal dann, wenn es darum geht, sich selbst zu vertrauen. Lernen Sie Ihre eigene innere Stimme kennen, damit Sie sie unterscheiden können von anderen Stimmen, die recht gesprächig und oft lautstark in Ihnen aktiv sind. Manchmal geht es in uns zu wie auf einem orientalischen Markt. Wir hören die unterschiedlichsten Stimmen – die Stimme der Vernunft ist meist sehr deutlich, aber auch die Stimmen unserer lieben Mitmenschen in Form von Forderungen oder Vorwürfen mit Androhung des schlechten Gewissens. Wie sollen wir da die eigene Stimme heraushören?

Ihre eigene Stimme schreit nicht laut, sie ist leise, aber eindringlich. Es mag für Sie am Anfang nicht leicht sein, Ihre innere Stimme zu erkennen, aber mit jedem Tag, den Sie auf sie hören, werden Sie mehr Sicherheit erlangen. Ihre innere Stimme weiß genau, was gut und richtig ist. Stehen Sie in Kontakt mit Ihrer Seele, finden Sie zu Ihrem Unterbewusstsein, dann haben Sie den besten Verbündeten aller Zeiten an Ihrer Seite. Dann brauchen Sie sich keine Sorgen mehr zu machen. Sie finden in sich alles, was Sie bisher an ganz anderen Orten gesucht haben – auch Ihr Lebensglück. Denn: Wenn es nicht in Ihnen ist, wo sollte es dann sein?

Dann fragen Sie nicht mehr andere um Rat, sondern Sie fragen zuerst einmal Ihr Herz. Für viele Menschen ist dies fast wie eine Neugeburt. Endlich erfahren Sie sich selbst, können aufhören in ihrem Umfeld nach Antworten und Hilfe zu suchen. Das macht frei von Verpflichtungen, von Abhängigkeiten. Sie ruhen in sich, leben aus Ihrer Mitte.

So lernen Sie die Stimme Ihres Herzens besser kennen:

Machen Sie sich Ihre Gefühle bewusst. Lachen und freuen Sie sich aus vollem Herzen, lassen Sie Trauer und Schmerz zu, lassen Sie den Tränen freien Lauf, genießen Sie intensiv die schönen Momente ... Leben Sie Ihre Gefühle aus. Dazu gehört beispielsweise auch die Aggression: Joggen Sie, gehen Sie ins Fitness-Studio, arbeiten Sie Wut körperlich kontrolliert ab. Das ist auch Balsam für Ihre Seele und stärkt Ihre emotionale Intelligenz.

Gehen Sie Konflikten nicht aus dem Weg, sondern lösen Sie sie. Konzentrieren Sie sich dabei auf das Verbindende und nicht auf die Differenzen. Sie werden erfolgreich verhandeln und vermitteln können. Ihre innere Stimme warnt Sie vor Gefahren, verleiht Ihnen die Fähigkeit die richtigen Worte zu finden, zeigt Ihnen den richtigen Weg.

Lernen Sie auch andere Menschen besser kennen. Denken Sie nicht immer nur an sich. Versetzen Sie sich in Ihre Mitmenschen. Wie mag sich Ihre Sekretärin wohl fühlen, wenn Sie so unfreundlich mit ihr umgehen, was mag Ihre Tochter wohl denken, wenn Sie den versprochenen Besuch im Tierpark immer wieder verschieben ... Sensibilisieren Sie Ihre Wahrnehmung für die Gefühle anderer Menschen, hören Sie genau auf die Stimme, achten Sie auf die Körpersprache.

Der Weg zum Glück ist ein Weg nach innen, zum Kern der Persönlichkeit. Machen Sie Ihr Herz zum Kompass Ihres Lebens. Es zeigt Ihnen die richtige Richtung, denn es weiß, was Sie in diesem Moment brauchen.

4. Kapitel:

Den Alltag vergolden

Die junge PR-Managerin sitzt allein in ihrem Büro, sie muss sich konzentrieren, um eine schwierige Konzeption noch einmal zu berarbeiten. Langsam wird es ruhiger, denn am nächsten Tag beginnt eine Feiertags-Serie, viele Kollegen fahren weg und haben schon früher aufgehört zu arbeiten. Sie sitzt in ihrem kleinen Raum, kühl und zweckmäßig ausgestattet wie man es heute so gerne hat. Von ihrem Schreibtisch aus hat sie einen traumhaften Blick über die Silhouette der Großstadt. Aber sie hat selten Zeit, sich die modernen Gebäude in Ruhe zu betrachten und die architektonische Schönheit zu bewundern. Irgendwie wollen die Gedanken nicht so fließen. Unkonzentriert wippt sie auf ihrem Stuhl hin und her, als sie plötzlich in den Augenwinkeln ein goldenes Licht sieht. Sie wendet den Kopf und sieht, dass die ganze Stadt aussieht als wäre sie in Gold getaucht. Ihr Herz stockt – so schön ist dieser Anblick. Sie genießt diesen Blick in vollen Zügen – so lange bis die Sonne ihre goldene Kraft verliert und farblos wird. Die junge Frau hat sich entspannt, hängt ihren Träumen nach und hat für einen Augenblick ihr Problem vergessen. Und plötzlich macht es „klick" und sie hat eine grandiose Idee für ihr Konzept.

Ist das nicht Glück?
    Augenblicke der Muße gestatten wir uns leider viel zu selten. Dabei sind es gerade solche Momente, in denen wir zu uns zurückfinden. In solchen Momenten spüren wir das Glück in uns. Sorgen und Probleme verlieren an Bedeutung, scheinen keinen Einfluss auf uns zu haben. Dennoch fallen uns gerade in diesen Minuten, in denen wir den Alltag loslassen, optimale Lösungen ein. Wir schöpfen aus uns selbst, obwohl uns das oft gar nicht so bewusst ist. Was wir spüren ist ein tiefes Gefühl des Wohlbefindens, wir sind eins mit dem Universum. Das gibt uns die Gewissheit, dass uns nie etwas passieren kann. Warum nicht solche Minuten bewusst in unseren Tagesablauf einplanen? So können Sie den Alltag vergolden, Glücksgefühle entwickeln und Glück immer mehr in Ihr Leben integrieren.

Solche Augenblicke sind die Highlights in unserem Alltag, der uns oft grau und eintönig erscheint. Der tägliche Trott, die Routine – so haben wir uns das Leben eigentlich nicht vorgestellt. Wir fühlen uns in die Pflicht genommen, unter Druck gesetzt und machen Zeitmangel dafür verantwortlich, dass wir unglücklich sind und das Gefühl haben, das Leben gehe an uns vorbei. Die Unzufriedenheit liegt wie ein bleiernes Tuch über uns.

Die Zeit frisst uns auf – so scheint es uns. Haben wir die beruflichen Aufgaben erledigt, dann sausen wir im Eiltempo nach Hause und dort geht es dann weiter: Wasserhahn reparieren, Kinder versorgen, den Rasen mähen, einkaufen … Wir haben ein Pensum zu absolvieren, für das man eigentlich die Nacht zum Tage machen müsste. Und manchmal erscheint es uns auch so, kommen am Abend noch gesellschaftliche Verpflichtungen auf uns zu.

Wie können wir das Positive in unserem Leben verstärken, wie können wir unsere Lebensqualität verbessern? Wie können wir mehr Glanz in unser Leben bringen, wie den Alltag vergolden? Wie aus Chancen Erfolge, aus Problemen Glück machen?

Wir könnten jetzt die Ärmel hochkrempeln und nach dem Stein der Weisen suchen. Doch viele suchen lieber die Schuld an der augenblicklichen Situation, schimpfen auf die schlechte Welt oder hoffen auf eine bessere Wiedergeburt. Wohin sie damit kommen, sehen wir in unserem Umfeld. Ich persönlich glaube lieber an mich selbst und daran, dass in mir alles ist, was ich brauche, um glücklich zu sein. Manch einer muss allerdings erst mal tief graben, muss eine Menge „Unrat" im Unterbewusstsein abbauen und einige neue Verbindungen im Kopf schaffen. Das funktioniert wie bei einer Wasserpumpe.

Wird ein Brunnen längere Zeit nicht benutzt, kommt zuerst brackiges Wasser. Doch wer nicht aufgibt und weiterpumpt, erhält nach und nach immer besseres Wasser. Und nach einer Weile ist es geschafft: Wir erhalten klares, reines Wasser.

So geschieht es auch beim Menschen: Wir müssen uns durcharbeiten – zum Kern unserer Persönlichkeit. Dabei stoßen wir auf eine Menge negativer Programmierungen. Diese können wir nicht einfach durch den Druck auf eine Taste löschen. Aber wir können alte Erinnerungen mit neuer Erfahrung überspielen. Das beste Mittel dafür ist die Suggestion. Auf Wunder dürfen Sie allerdings nicht gleich hoffen – auch die beste Suggestion benötigt etwas Zeit. Sie wirkt wie ein homöopathisches

Medikament. Bei einer chronischen Krankheit dauert der Heilungsprozess länger als bei einer frischen kleinen Wunde. Je intensiver negative Programme in der Vergangenheit auf Sie einwirkten, desto mehr Geduld brauchen Sie. Wenn Sie wirklich konsequent Ihre Suggestionen oder Autosuggestionen anwenden, dann vollzieht sich der Veränderungsprozess fast unmerklich, aber konstant. Von Tag zu Tag fühlen Sie sich ein wenig besser, immer mehr erkennen Sie die positiven Aspekte und Ihr Wohlgefühl steigt.

Die Persönlichkeit entfalten

Eine gute, wenngleich für mich keine neue Nachricht kommt von der Wissenschaft: Psychologen aus Kalifornien bestätigen anhand einer Untersuchung, dass die fünf wichtigsten Persönlichkeitsmerkmale eines Menschen keineswegs bis zum 30. Lebensjahr fertig entwickelt sind, wie bislang gern behauptet wurde. Vielmehr kann sich jeder permanent weiter entwickeln und gezielt an seiner Persönlichkeit arbeiten – so wie ich das schon seit Jahrzehnten lehre. Persönlichkeit liegt nicht nur in den Genen, sondern wird auch von der Umwelt beeinflusst und natürlich von jedem Einzelnen selbst. An ihm liegt es, seine Eigenschaften und Talente zu fördern oder verkommen zu lassen.

Immer wieder fragen wir uns: Warum ziehen uns manche Menschen geradezu magisch an, warum fühlen wir uns in ihrer Nähe so wohl und warum gibt es andere Zeitgenossen, die wir nicht einmal wahrnehmen, obwohl wir ihnen schon öfters begegnet sind? Nicht die Äußerlichkeiten fesseln uns. Es ist die Persönlichkeit, die uns tief in unserem Inneren anspricht. Ein Mensch mit Ausstrahlung, eine strahlende Persönlichkeit steht ganz von selbst im Mittelpunkt der Aufmerksamkeit. Er muss nicht um Gehör bitten, ihm wird zugehört. Er muss nicht mit allerlei Schnickschnack überzeugen, er **ist** überzeugend. Er braucht keine Inszenierungen, er fällt auf – allein durch die Kraft seiner Persönlichkeit.

Solche Menschen benötigen wir: Menschen, die an die Kraft ihrer Wünsche glauben! Persönlichkeiten, die wieder Visionen entwickeln können, damit wir diese Negativspirale der Lethargie, des Selbstmitleids und der Schuldzuweisung verlassen können. In Schloss Salem werden junge Leute aus allen Schichten und inzwischen auch aus vielen fernen Ländern mit dem Motto „Plus est en vous!" (In Euch steckt mehr!) erzogen. Dort ist man bemüht eine Verantwortungs-Elite heranzubilden, keine Herkommens-Elite: Mehr aus sich selbst, aus seinen Talenten zu machen, sich privat zu engagieren und nicht immer auf den Staat beziehungsweise staatliche Sicherheit zu bauen. Das wiegt mehr als ein bekannter Name. In einem solchen Klima kann sich die Persönlichkeit entfalten. Um diesen Schatz in uns ans Tageslicht zu bringen, muss man nicht unbedingt nach Schloss Salem gehen.

Aus welchen Komponenten besteht diese faszinierende Persönlichkeit?

Jeder Mensch hat seine individuellen Fähigkeiten und Talente, aber auch seine Schwachstellen. Im selben Maß, in dem Sie Ihre Stärken beachten und verstärken, bauen Sie die Schwächen ab, weil Sie sie nicht mehr beachten. Wer glücklich und erfolgreich sein will, muss sich von der Masse unterscheiden. Das gelingt dem am besten, der sich auf seine persönlichen Stärken konzentriert. Jeder Mensch ist einzigartig durch die individuelle Kombination seiner Fähigkeiten, Erfahrungen, Vorlieben und seines Wissens. Dazu gehört auch die Fähigkeit, dem Leben einen Sinn zu geben, Visionen, Träume zu verwirklichen, große Ziele anzustreben und eigenverantwortlich zu handeln. Wo Sonne ist, gibt es Schatten. Wo Stärken sind, gibt es Schwächen. Das entspricht den Gesetzen der Natur. Glücklich wird, wer die Stärken beachtet, unglücklich, wer sich mit den Schwächen befasst.

Eine strahlende Persönlichkeit lebt aus ihren Stärken. Deshalb kann sie andere Menschen faszinieren, begeistern und motivieren. Sie hat Vorbildfunktion und beherrscht die Kunst, mit Menschen richtig umzugehen, verfügt über eine ausgeprägte Beziehungsintelligenz. Dazu gehören Einfühlungsvermögen, Kommunikationsstärke und Überzeugungskraft. Ausstrahlung kommt aus der Tiefe und wirkt in der Tiefe, nämlich von Unterbewusstsein zu Unterbewusstsein. Deshalb können wir uns der Ausstrahlung einer charismatischen Persönlichkeit gar nicht entziehen. Sie ergreift Besitz von uns – ob wir das wollen oder nicht.

Ich vergleiche die Persönlichkeit gern mit einem Diamanten. Erst der gekonnte Schliff macht aus einem Brillanten einen strahlenden Diamanten. Bearbeiten Sie Ihr Potenzial und bringen Sie Ihre Stärken zum Strahlen. Dann geht es Ihnen gut, dann können Sie Gutes tun.

Investieren Sie in sich selbst.
Das ist die beste Investition, die Sie machen können!

Wie können Sie Ihre Persönlichkeit entfalten?

Die meisten Menschen behaupten, sie würden aus ihren Fehlern lernen. Auf die konkrete Frage, was sie aus ihren Fehlern gelernt und anders gemacht haben, konnte jedoch kaum jemand eine überzeugende Antwort geben. Natürlich kann man aus eigenen Fehlern lernen, aber dies ist ein langwieriger und oft schmerzhafter Weg, den wenige Menschen durchhalten. Einfacher und schneller lernen wir von glücklichen und erfolgreichen Menschen – von Vorbildern. Nicht zufällig werden Kinder von Künstlern ebenfalls Künstler; Arztpraxen werden an die nächste Generation weitergegeben und das nicht allein aus praktischen oder finanziellen Gründen. Kinder aus glücklichen Ehen haben bessere Chancen, ebenfalls glückliche Beziehungen aufzubauen. Umgekehrt funktioniert das Vorbild-Prinzip natürlich auch: Alkoholiker kommen nicht selten aus Trinkerfamilien; Scheidungskinder haben häufig Probleme in Partnerschaften.

Betrachten Sie Ihre Probleme: Was haben Sie von anderen Menschen übernommen? Vielleicht geht Ihnen jetzt ein Licht auf! Entdecken Sie Ihre Vorbilder? Waren es Versager oder Sieger?

Unter Berücksichtigung des soeben Gelesenen sollten Sie jetzt bewusst entscheiden, wen Sie als Vorbild möchten.

Notieren Sie Ihre fünf großen Vorbilder:

1. ....
2. ....
3. ....
4. ....
5. ....

Hinter jedem Namen schreiben Sie auf, was Sie von dieser Person lernen können. Welches Ihrer Vorbilder verkörpert Ihre Vorstellung vom Glück?

Unbewusst ahmt der Mensch sein Vorbild nach. Am Aussehen junger Mädchen kann man sehen, wer gerade total „in" ist. Sie kleiden sich wie ihre Vorbilder, üben deren Bewegungen vor dem Spiegel, um ihnen so ähnlich wie möglich zu sein. Gute Redner haben von exzellenten Rednern gelernt, haben die Ansprachen, Wortwahl, Satzwendungen analysiert, die Körpersprache studiert, den Tonfall und die

Stimme nachgemacht. Von Vorbildern lernen wir am einfachsten – und zudem macht es noch Spaß.

> **Wer tut, was er liebt, wird Spitze!**

Wer selbst keine Vorbilder hat, kann natürlich auch für andere kein Vorbild sein. Betrachten Sie sich mit den Augen Ihrer Kinder, Ihrer Partner, Mitarbeiter, Freunde …
- ❑ Für wen sind Sie Vorbild?
- ❑ In welcher Eigenschaft?
- ❑ Welche Eigenschaften wollen Sie weitergeben?

Menschen, die es in ihrem Leben zu etwas gebracht haben, hatten große Ziele, Visionen und Träume, gesunden Ehrgeiz, Durchhaltevermögen und die Fähigkeit, ihre Erfolg zu genießen. Lesen Sie Biografien erfolgreicher Menschen. Auf angenehme Art und Weise können Sie dabei lernen, aus welchen Zutaten Erfolg und Glück gemixt sind. Bill Gates, einer der reichsten Männer, begann vor zirka 30 Jahren in einer kleinen Scheune – heute ist Microsoft ein Weltkonzern. Richard Branson, äußerst erfolgreicher Geschäftsmann und Unternehmer (Virgin-Konzern) war schon als Jugendlicher von seinen Ideen besessen. Er vergaß Zeit und Raum, wenn er seine Vorstellungen realisieren wollte. Seine Hobbys sind seine Ziele – je schwieriger zu erreichen, desto lieber ist es ihm. Das stellte er mit seiner Ballonfahrt über den Pazifik unter Beweis. Er berichtet, dass er nicht weniger Angst hat als jeder andere auch. Doch er stellt sich diesen Ängsten, kontrolliert sie. In aussichtsloser Lage ergreift er jede noch so geringe Chance und nutzt sie. Seine Freude an der Arbeit gibt ihm Zufriedenheit und er ist stolz auf seine Leistung. Alle das zusammen ergibt Glück. Branson bezeichnet sich selbst als glücklich, weil er 99 Prozent seiner Zeit genießt.

Solche Menschen brauchen wir. Persönlichkeiten, die angetrieben werden von Visionen und die die Kraft haben, diese zu realisieren, die mit Leidenschaft bei der Sache sind, die Ziele und Wege aufzeigen für die es sich zu leben lohnt. Solche Menschen sind glücklich.

Glück und Erfüllung auf einer ganz anderen Ebene repräsentiert der Dalai Lama: Ein großer Mensch, der mit seiner Ausstrahlung und dank seiner Persönlichkeit Vorbild ist für Millionen von Menschen der unterschiedlichsten Glaubensrichtungen. Die immensen Probleme, mit denen er konfrontiert ist, können nicht seinen Gemüt trüben oder sein inneres Glück schmälern. Was können Sie von ihm lernen?

Eines meiner größten Vorbilder ist Victor Frankl, der im Konzentrationslager seine Philosophie „Trotzdem Ja sagen zum Leben" entwickelt hat und von dem ich so viel gelernt habe. Ich bin ihm zutiefst dankbar. Und wem sind Sie dankbar?

Stärken Sie Ihre Persönlichkeit, sprechen Sie täglich laut und überzeugend – zwei Wochen:

❏ Ich sehe erfolgreich aus, ich lächle, ich denke, spreche, gehe, handle und reagiere, als wäre ich schon die Persönlichkeit, die ich gern sein möchte.

❏ Ich behandle jeden Menschen als sei er der wichtigste Mensch auf der Welt.

❏ Ich vergeude keine Zeit und Energie, indem ich mir über unnütze Dinge Gedanken mache. 40 Prozent davon werden sowieso nie eintreten, 30 Prozent haben sich bereits ereignet und können nicht mehr geändert werden. 12 Prozent sind vollkommen unwichtige Sorgen. Nur sechs Prozent sind wahre Probleme. Ich werde die wirklichen Sorgen von den unnötigen Sorgen trennen und mich auf die konzentrieren, die ich im Rahmen meiner Möglichkeiten zur Zeit lösen kann.

❏ Ich versuche nicht, mich von negativen Gedanken zu befreien, sondern ich transformiere sofort jeden negativen Gedanken in einen positiven.

❏ Ich betrachte jeden Tag als eine Einheit, als eine Etappe, die am Abend abgeschlossen ist. Ich mache mir keine Sorgen um den kommenden Tag. Ich konzentriere mich immer nur auf diesen einen Tag. Ich gehe ihn mit Freude an, mit dem Wissen, dass ich ihn erfolgreiche beenden werde.

❏ Ich beachte die kleinen Aufmerksamkeiten in meinem Umfeld besser und führe ein Glückstagebuch.

❏ Ich habe meine Ziele schriftlich formuliert. Täglich betrachte ich diese Planung. Das stärkt meine Selbstmotivation.

❏ Was ich mir schon lange vorgenommen habe, beginne ich in diesen zwei Wochen.

Selbstbewusstsein = Selbsterkenntnis + Selbstliebe

Die Entwicklung von der Person zur Persönlichkeit geht Hand in Hand mit der Entwicklung des Selbstbewusstseins. Daran mangelt es den meisten Menschen, auch wenn das auf den ersten Blick nicht so aussieht. Viele geben sich nach außen hin stark und sicher. Aber bohre ich ein wenig nach, dann kommt Erschreckendes ans Tageslicht: Zweifel an sich selbst, Ängste, Unsicherheiten ... Wir sehen nur die negative Seite an uns. Wir sehen nur, was wir nicht können. Anstatt uns auf unsere Schokoladenseite zu konzentrieren, quälen wir uns durch Selbstzweifel. Unser Blick ist getrübt, eigene Leistung sehen wir gar nicht mehr oder wir werten sie ab. Stolz sein auf sich? Das ist ein Gefühl, das wir uns kaum gestatten. Deshalb schauen Sie sich jetzt Ihr Persönlichkeitsprofil an und schreiben die besten Eigenschaften, die Sie haben, auf ein extra Blatt. Notieren Sie:

Ich kann besonders gut ...

Meine Stärken sind ...

Dieses Blatt hängen Sie sich ins Badezimmer oder über den Computer, so dass Sie Ihre Stärken jeden Tag schwarz auf weiß vor sich sehen können. Damit verbannen Sie die bösen inneren Stimmen.

Wie sprechen Sie mit sich?

Auch die Art und Weise, wie Sie mit sich selbst sprechen, bleibt nicht ohne Wirkung. Wer sich dauernd selbst als dumm schimpft, permanent die Fehler bei sich sucht, unterminiert sein Selbstbewusstsein. Anstatt wie bisher zu sagen: „Bin ich blöd/ein Trottel", wenn Ihnen ein Fehler unterlaufen ist, sagen Sie: „Das nächste Mal klappt es besser". Ersetzen Sie destruktive Bemerkungen, wie „das schaffe ich nicht, ich komme zu spät ..." durch „ich schaffe es, ich habe Erfolg ...".

Muster aus Kindertagen

Nicht nur unser innerer Dialog mit uns selbst macht uns klein und fertig. Wir haben es auch noch mit anderen Saboteuren zu tun, die unser Selbstvertrauen schwächen. Alte Kindheitsmuster machen uns oft einen Strich durch die Planung:

Immer nett sein –

Angst vor Liebesentzug verursacht angepasstes Verhalten. Nur ja niemanden verärgern, lieber nachgeben als eine konträre Meinung äußern. Im späteren Leben bringt man sich damit ins Abseits. Wenn Sie nur gemocht werden, weil Sie sich ständig anpassen und Ihr eigenes Wesen, ja Ihre Identitiät aufgeben, dann mag man auch nicht Sie, sondern nur einen bequemen Menschen. Sie müssen nicht von jedem geliebt werden – man muss Sie respektieren.

Der Perfektionist

Sie sollten immer der Beste, der Schnellste, der Klügste sein. Glücklicherweise gibt es den perfekten Menschen nicht; er wäre auch eine grauenvolle Vorstellung. Werfen Sie dieses alte Programm über Bord und gestehen Sie sich Fehler zu.

Harte Schale – weicher Kern

Ein Indianer kennt keinen Schmerz – das haben Ihnen Ihre Eltern eingetrichtert. Schwäche zeigen, das war verboten. Kamen Sie weinend nach Hause, weil sie verprügelt wurden, gab es daheim gleich noch eine Ohrfeige. Ihre Gefühle haben Sie gut im Griff; Sie wirken kühl und unnahbar. Lernen Sie, Gefühle zuzulassen und zu zeigen. Beginnen Sie in vertrauter Umgebung damit – beim Partner, in der Familie, bei Freunden und Kollegen.

Schnell, schneller, am schnellsten

Die Mutter war immer im Stress, der Vater hatte keine Zeit. Immer wurden Sie zur Eile ermahnt. Sie haben nie gelernt, Wichtiges und Eiliges von einander zu unterscheiden. Heute gelten Sie als Chaot. Machen Sie sich einen rigorosen Zeitplan und halten Sie sich daran.

So sehen mich die anderen

Sie wollen sich selbst besser kennen lernen? Dann sollten Sie sich auch einmal aus den Augen Ihrer Umwelt betrachten.

- Wie sehen Sie ihre Mitarbeiter, Chefs, Kunden, Ihre Partner/innen, Familie und Freunde?
- Wie erklären Sie sich eventuelle Diskrepanzen?
- Vielleicht stimmt Ihr Selbstbild doch nicht so ganz?
- Vielleicht ist Ihnen Ihre Wirkung auf andere nicht bewusst?
- Was sollten Sie verändern?

Wie sieht es aus mit Ihrer Selbstliebe?

Sprechen Sie einmal den Satz „ich liebe mich selbst" laut aus. Fällt es Ihnen leicht oder lehnen Sie mein Ansinnen sogar empört ab? Geprägt von Schule und Elternhaus sind wir oft auch heute noch: „Bescheidenheit ist eine Zier" – hieß es früher. Eher sollten die lieben Kleinen hungrig bleiben und ein zweites Stück Kuchen ablehnen, um Bescheidenheit zu demonstrieren. Verpönt war es erst recht, die eigenen Fähigkeiten und Leistungen zu preisen. Sagte die Nachbarin zu Klein-Hänschens Mutter: „Ihr Junge ist sehr höflich" – so lautete die Antwort meist: „Ach, das ist doch gar nichts". Bekam er in der Schule ein Zwei in Mathe, wurde er nicht etwa gelobt. Es hieß dann: „Eine Eins wäre besser gewesen". Wer mit solchen Verhaltensmustern aufwächst, tut sich schwer, später die eigene Leistung als Spitze zu bezeichnen. Nicht umsonst wurde obiger Satz ergänzt mit „... aber weiter kommt man ohne ihr." „Eigenlob stinkt" wird heute richtigerweise umgewandelt ins „Eigenlob stimmt". Dass jede Firma Werbung für ihr Produkt macht und es als das beste, tollste, innovativste hinstellt, ist ganz normal. Aber wenn wir unsere Vorzüge erwähnen sollen, fühlen wir nicht wohl. Wie soll jemand wissen, was Sie können, was Sie planen, was Sie auf dem Kasten haben, wenn Sie es nicht sagen. Geliebte Menschen loben wir in den höchsten Tönen. Nur bei uns wagen wir das nicht. Vielleicht weil wir uns doch nicht so lieben ...?

Viele Programme wirken ins uns, manche sind sogar so alt wie wir selbst. Vielleicht erkennen Sie jetzt, wie wichtig eine Programmänderung ist.

Lieben Sie sich selbst? Gehören Sie zu den wenigen Menschen, die diese Frage ohne zu zögern mit „Ja" beantworten können? Dann gratuliere ich Ihnen! Sich selbst lieben – das klingt provokativ. Doch so steht es in der Bibel: „Du sollst Gott lieben wie Dich selbst". Wer Liebe nicht in sich selbst fühlt, findet sie nirgends. Und gerade daran krankt unsere heutige Welt – an einem Mangel an Liebe:

> **Nur wer sich selbst liebt, kann auch andere lieben.**

Auf der Suche nach der Liebe, setzen wir am falschen Punkt an. Das Defizit an Liebe versuchen wir wettzumachen, indem wir überall nach Zeichen von Zuneigung suchen. Das ist jedoch gefährlich, weil wir uns leicht in emotionale Abhängigkeit begeben. Wer sich nicht liebt, tut sich auch schwer, seine Aufgaben zu lieben. Das hat Folgen: Im Job sind wir auf der Standspur geparkt, während die Kollegen auf der Überholspur an uns vorbeiziehen und Karriere machen. Im Privatleben finden wir keinen Partner oder halten es mit keinem länger aus.

> **Liebe ist positives Denken in seiner stärksten Form.**

Lieben Sie sich, lieben Sie Ihre Lebensaufgaben. Seien Sie sich bewusst, dass Sie eine einmalige Persönlichkeit sind, die es wert ist, geliebt zu werden. Dann haben Sie keine Minderwertigkeitskomplexe mehr, sondern sind sich Ihrer selbst bewusst. Dabei hilft Ihnen mein zehntes Grundgesetz der Lebensentfaltung:

„Durch eine gezielte Entscheidung kann die Aufmerksamkeit auf jeden ausgewählten Punkt gelenkt werden."

Wer sind Sie?
Was mögen Sie an sich?
Schreiben Sie spontan Ihre zehn besten Eigenschaften auf. Arbeiten Sie dabei mit dieser Suggestion:

> *Ich lebe – ich denke – ich freue mich,*
> *dass ich lebe und heiter, ausgeglichen und belastbar bin.*
> *Mein Selbstbewusstsein wächst und ist mein ständiger Begleiter.*
> *Ich bin glücklich, dass ich an der Entfaltung meiner Persönlichkeit arbeiten kann.*
> *Ich bin ein freier Mensch und löse mich von allen Fesseln der Vergangenheit.*
> *Ich bin ein freier Mensch.*
> *Mein Selbstbewusstsein wächst und ist mein ständiger Begleiter.*
> *Mein Selbstbewusstsein führt mich weiter aufwärts.*
> *Positives Denken ist für mich eine wunderbare Gewohnheit.*
> *Darum bin ich den ganzen Tag über heiter, ausgeglichen und belastbar.*

Vom Problemverursacher zum Problemlöser

Das Schloss – frei nach Kafka

Das Schloss als Symbol des Himmels, des Nirwanas, des Satoris. Alle Menschen wollen in dieses Schloss, suchen den Weg zum Glück.

Eines Tages begab sich ein Wanderer auf den Weg zum Schloss. Er erreichte es am späten Abend, als das Tor schon geschlossen war. Um die Öffnung des Schlosses nur ja nicht zu versäumen, stand er am nächsten Morgen früh auf – doch der Wärter ließ ihn nicht herein.

Die Sehnsucht des Wanderers war groß und so klopfte er jeden Morgen an das Tor. Doch der Wärter öffnete niemals das Tor. So verging die Zeit – fünf Jahre, zehn Jahre und mehr. Der Wanderer wurde älter und als er nicht mehr gut gehen konnte, blieb er vor dem Tor sitzen, so dass er jeden Morgen anklopfen konnte.

Doch der Wärter ließ ihn nicht herein. Eines Tages fühlte der Wanderer sein Ende nahen. Er nahm all seine Kraft zusammen, klopfte an das Tor und der Wärter erschien. In den vielen Jahren hatte man sich kennen gelernt und duzte sich. Der Wanderer fragte: „Es wollen doch alle Menschen in das Schloss, oder?" „Ja", antwortete der Wärter, „alle

Menschen wollen in das Schloss." Darauf bemerkte der Wanderer: „Ich sitze seit über 20 Jahren hier, aber ich habe niemals einen anderen gesehen." „Ja", sagte der Wärter, „dieses Tor war nur für Dich"

Betrachten Sie einmal unter diesem Aspekt Ihr Leben. Was wollen Ihnen Ihre Probleme sagen? Wo herrscht ein Defizit bei Ihnen? In welchen Bereichen müssen Sie Ihren Blickwinkel verändern, Ihre Gedanken auf andere Ziele lenken? Der Glücksforscher David Myers definiert das Glück als „anhaltende Wahrnehmung des eigenen Lebens als erfüllt, sinnvoll und angenehm." Glück ist somit keine Glückssache, sondern eine Frage der Perspektive oder wie Novalis sagt:

> **Glück ist das Talent für das Schicksal.**

Der Glückliche nutzt die Gunst der Stunde, ergreift das Schicksal beim Schopf, übernimmt die Verantwortung für sein Handeln und liebt seine Tätigkeit. Läuft ein Projekt schief, ist das für ihn kein Grund zur Verzweiflung, sondern lediglich ein Indikator dafür, dass er einen Fehler gemacht hat. Deshalb kann er seinen Erfolg, seine Glücksmomente aus vollem Herzen genießen, weil er sie selbst verursacht. Es ist ja inzwischen bewiesen, dass äußere Glücksfälle, wie beispielsweise ein großer Lottogewinn, nur kurzfristig ein Glücksgefühl aufkommen lassen. Schon nach einigen Wochen, spätestens nach einem Jahr, ist der gesamte Glückseffekt verpufft. Das Glück, verursacht von äußeren Umständen, ist eine Eintagsfliege.

Glückliche Menschen zeichnen sich dadurch aus, dass sie das wollen, was sie haben oder was für sie erreichbar ist. Dies ist keineswegs eine neue Erkenntnis:

Glückliche Menschen haben den Mut, das zu ändern, was sie ändern können, die Gelassenheit, das zu akzeptieren, was sie nicht ändern können und die Weisheit, das eine vom anderen zu unterscheiden. Betrachten Sie einmal unter diesem Aspekt all das, was Ihnen Probleme bereitet. Ein Leben ohne Schwierigkeiten gibt es nirgends. Deshalb ist es besser, gleich nach einer Lösung zu suchen. Alles ist in uns – wir brauchen es nur zu nutzen.

Stufe 1: Probleme erkennen und filtern
Schreiben Sie Ihre Probleme auf, dadurch werden sie sichtbar. Außerdem aktiviert das Schreiben beide Gehirnhälften. Sie können Spreu vom Weizen trennen.

Stufe 2: Standort verändern
Betrachten Sie Ihr Problem einmal mit den Augen anderer Menschen. Stellen Sie sich vor, Ihre Freundin wäre in Ihrer Situation: Was würden Sie ihr raten?

Stufe 3: Gedanken konzentrieren
Sie haben ein Problem und Sie denken an nichts anderes. Und was bekommen Sie? Probleme über Probleme. So sagt der Sufi-Meister Izrat Khan: „Das Leben ist eine kontinuierliche Folge von Problemen". Ich sage: „Nutze Dein Potenzial und konzentriere Deine Gedanken auf Lösungen."

Stufe 4: Suggestion & Co
Arbeiten Sie mit der passenden Suggestion und verstärken Sie diese durch mentale Bilder. Sehen Sie die Lösungen als bereits gegeben an.

Stufe 5: Glück verstärken
Installieren Sie Glücks-Inseln in Ihren Tagesablauf. Nehmen Sie sich jeden Tag ein paar Minuten Zeit, sich an Glücksmomente zu erinnern. Schließen Sie die Augen und fühlen Sie, wie sich das Glück anfühlt.

Tipp:
Sagen Sie „Stopp", wenn problembeladene Zeitgenossen Sie als Müllschlucker für ihre Sorgen benutzen wollen. Denken Sie daran: Ihr Unterbewusstsein hört immer mit!

Sich vom Pessimisten in einen Optimisten verwandeln

Den tollen Job hat Ihnen ein anderer vor der Nase weggeschnappt, der Flieger ist überbucht. Wer nicht mitkommt, das sind Sie! Anstatt den Rotwein ins Glas zu gießen, schüttet der Ober ihn auf Ihr helles sündhaft teueres Seidenkleid, Sie sind in Eile und das Fahrrad hat einen Platten ... Das Missgeschick ist Ihr täglicher Begleiter. Wie kann man da ein Optimist sein? Lieber sehen Sie von vornherein schwarz, dann kann Sie wenigstens nichts mehr aus der Fassung bringen. Ist das wirklich so?

Betrachten wir doch einmal Ihr Leben von einer anderen Seite:
Der tolle Job ist inzwischen nicht mehr existent, denn die Firma hat Pleite gemacht. Sie konnten zwar erst vier Stunden später zurückfliegen, doch ohne diese unfreiwillige Verzögerung hätten Sie nie die Zeit gefunden, eine einmalige Ausstellung zu besuchen. Das Seidenkleid konnte nicht mehr gerettet werden, aber die Versicherung erwies sich als kulant und Sie konnten sich ein topmodisches Outfit gönnen. Ist Ihre Situation wirklich so schlimm?

Der Glückliche empfindet Missgeschicke als weniger tragisch, weil er ihnen kaum Aufmerksamkeit schenkt. Er orientiert sich an Erfolgen, erinnert sich an die glücklichen Umstände. Das gibt ihm Power und motiviert ihn, das Glück weiter zu verstärken. Natürlich hat er nicht weniger Probleme als der Pessimist. Die Lösung aber macht ihm Spaß, er sieht dies nicht als Belastung, sondern als Herausforderung. Setzen Sie den Glückskreislauf in Gang:

> **Wer heut einen Gedanken sät, erntet morgen die Tat, übermorgen die Gewohnheit, danach den Charakter und endlich sein Schicksal.**

Wenn Sie glauben, Sie haben Pech, sind unglücklich, dann stellen Sie sich doch einmal das Allerschlimmste überhaupt vor, was Ihnen in dieser Situation passieren könnte.

Sie haben mit dem neuen Auto einen Unfall gebaut. Totalschaden – aber hätten nicht auch noch Menschen verletzt werden können? Ihr Hund hat etwas Falsches gefressen und hat Magenprobleme. Hätte er nicht auch vergiftet werden können? Sie sind in der Stadt schwer gestürzt, haben sich den Arm gebrochen. Hätten Sie nicht auch so unglücklich fallen können, dass Sie auf die Straße gefallen wären?

Sehen Sie jetzt, dass Sie trotz allen Pechs immer noch reichlich Grund haben, glücklich zu sein?

Glück und negative Erwartungen oder negatives Denken passen nicht zusammen. Verabschieden Sie sich vom Pessimismus, wenn Sie glücklich werden wollen. Er ist ein Störfaktor, der Ihnen das Leben nur schwer macht und Ihnen in keiner Weise nützt. Schreiben Sie auf, welche Bereiche in Ihrem Leben Sie mit einer destruktiven Einstellung angehen und daneben notieren Sie, noch schlechtere Alternativen:

- ❏ Sie geraten immer an den falschen Partner.
  - Sie könnten überhaupt keinen Erfolg beim anderen Geschlecht haben.
  - Es könnte Ihnen niemand gefallen.
  - Sie wären zu schüchtern, jemanden anzusprechen.
- ❏ Sie schaffen Ihr Pensum nicht, weil Sie so viele Anrufe haben.
  - Es könnte sich niemand für Sie interessieren,
  - Ihr Tag wäre öd, ohne die Anrufe …
- ❏ Der Kollege, der nicht so lange in der Firma ist wie Sie, ist befördert worden. Eigentlich wären Sie an der Reihe gewesen.
  - Ihre Stelle könnte ganz gestrichen und Sie entlassen werden.
  - Ihnen wurde ein wesentlich jüngerer Chef vor die Nase gesetzt. Sie hätten auch eine inkompetente Chefin bekommen können.

Finden Sie ein persönliches Symbol für negative Vorstellungen und Energien. Das kann ein schwarzer Rabe, eine dunkle Kiste sein, ein Eimer voller Steine … Als Alchimist verwandeln Sie nun die negative Situation in dieses Symbol. Und nun suchen Sie eine passende Methode, sich dieses Ballasts zu entledigen. Den Eimer voller Steine leeren Sie in einen tiefen Brunnen. Sie hören, wie die Steine ganz tief fallen – es dauert lange, bis Sie den Aufprall hören. Der schwarze Rabe fliegt weg – Sie sehen, wie er im der Ferne immer kleiner wird – zuletzt sehen Sie nur noch einen kleine dunklen Punkt am Horizont. Dann ist auch dieser verschwunden.

Sind Sie ein eingefleischter Pessimist? Dann lenken Sie Ihre Konzentration auf die glücklichen Umstände, die auch Ihnen zustoßen, denn „Was wachsen soll, braucht Nahrung. Die Nahrung der Gedanken ist die Konzentration" (sechstes Gesetz der Lebensentfaltung). Ich gebe Ihnen hier eine sportliche Aufgabe: Immer wenn Sie sich bei destruktiven Gedanken ertappen, dann stellen Sie sich sofort mindestens eine positive Alternative vor. Sie dürfen bei dieser Übung ruhig kreativ sein, denn „An seine Grenze stößt nur der, der an seine Grenze glaubt". Beispiel:

Sie wollen in Ihrem Urlaubshotel ein ganz bestimmtes Zimmer, weil Sie dort den besten Blick auf die Bucht haben.

Der Pessimist denkt: Das ist bestimmt schon belegt.

Der Optimist denkt: Vielleicht habe ich Glück und das Zimmer ist für mich schon gebucht.

Ihr bester Mitarbeiter ist Ihr Unterbewusstsein, das Ihre Wünsche mit Vergnügen erfüllt. Machen Sie es zu Ihrem Freund und Helfer, dann kann Ihnen gar nichts passieren, dann können Sie sich von der negativen Blickweise verabschieden. Konditionieren Sie Ihr Unterbewusstsein auf sich:

- Ich bin fest entschlossen, die Kräfte und Fähigkeiten meines Unterbewusstseins zu nutzen.
- Mein Unterbewusstsein ist mein bester Mitarbeiter; es ist der Riese in mir!
- Ich lerne, mein Unterbewusstsein immer wirksamer zu beeinflussen.
- Täglich werde ich mein Unterbewusstsein überzeugend und suggestiv ansprechen, um ihm zu sagen, was ich von ihm erwarte.
- Täglich wächst mein suggestiver Einfluss. Das stärkt und kräftigt meine Persönlichkeit!
- Alle Kräfte und Fähigkeiten meines Unterbewusstseins warten darauf, meine Wünsche zu erfüllen.
- Aus diesem Grund bespreche ich täglich konzentriert und suggestiv mein Unterbewusstsein.
- Dann tut mein bester Mitarbeiter alles, was ich von ihm erwarte.

Optimismus-Training

Erarbeiten Sie sich eine positive Erwartungshaltung: Jeden Morgen erwarten Sie drei Situationen, die sich positiv entwickeln.

Sie sind spät dran, müssen unbedingt den Bus noch erreichen. Erwarten Sie, dass der Busfahrer auf Sie wartet.

Erwarten Sie, dass die junge Frau, die Ihnen fast jeden Morgen in der Bahn gegenübersitzt, Sie heute anlächelt und ein Gespräch beginnt ...

Erwarten Sie, dass die Party, zu der Sie nur ungern gehen, ein voller Erfolg wird.

Menschen mit einer negativen Grundeinstellung erwarten geradezu, dass etwas schief läuft. Tritt das Erwartete ein, dann sind sie auf ihre Weise sogar glücklich, denn die Umstände haben ihre negative Erwartung bestätigt. Und der Verstand hat immer gerne Recht. Wenn Sie sich wohlfühlen mit dieser Haltung, dann pflegen Sie sie ruhig weiter. Wenn Sie aber lieber etwas Glück erfahren wollen, dann sollten Sie Ihren

Blick für das Angenehme schärfen. Plötzlich haben Sie Erfolgserlebnisse – so scheint es Ihnen wenigstens. Ich kann Ihnen versichern, Sie haben auch vorher positive Erfahrungen gemacht, aber einfach übersehen. Unsere Einstellung schafft unsere Realität!

> **Positives zieht Positives an,**
> **Erfolg zieht Erfolg an,**
> **Glück zieht Glück an.**

Heinz sieht sich als Pechvogel, weil er wegen der schlechten Lichtverhältnisse während der Fahrt durch die berühmten Schluchten des Yangtse nicht fotografieren konnte. Wäre es nicht schlimmer gewesen, wenn es geregnet hätte und wegen des Nebel nichts zu sehen gewesen wäre? So konnte Heinz die Landschaft sogar in einer ganz besonders typischen Stimmung erleben.

Hilde und Richard haben lange gespart, um sich ihren Traum – eine Reise nach Australien – leisten zu können. Das Auto, ohne das Hilde beruflich nicht existieren konnte, gab überraschend den Geist auf. Reparatur lohnte nicht. Aus Australien wurde ein neues Auto und Urlaub wurde auf Balkonien gemacht. Endlich mal Zeit für einander, kein Stress, kein anstrengendes Besichtigungsprogramm ... ein Jungbrunnen für die Beziehung.

Versöhnen und verzeihen

Welche Ereignisse aus Ihrer Kindheit haben Sie bis heute in Ihrem Gedächtnis aufbewahrt? Sagen Sie, „der Vater hat mich oft bestraft, in der Schule hatte ich keine Freunde, ich musste von meinem Heimatort wegziehen und fühlte mich einsam in der neuen Umgebung"?

Solche Erinnerungen liegen als schwere Last auf der Seele. Nichts in unserem Leben geschieht ohne Sinn. Jedes Problem will uns auch etwas über uns selbst sagen. Was also wollen Ihnen die seelischen Wunden mitteilen? Aber wir brauchen gar nicht in die Vergangenheit zurück zu gehen. Wir leiden nicht nur unter Verletzungen, die andere uns zugefügt haben, sondern wir leiden auch unter innerer Disharmonie oder selbst produzierten destruktiven Emotionen. Wie viel Ärger hat sich in uns aufgestaut, wie oft sind wir von Neid zerfressen, haben wir Rachegefühle oder sind schadenfroh. Warum lassen wir so viel negative Energie in uns wirken? Sicher finden wir Erklärungen, die unsere Gefühle rechtfertigen: Die Kollegin hat uns schikaniert, der Nachbar war so überheblich ... In erster Linie schaden wir uns selbst, denn negative Gefühle beeinträchtigen das Wohlbefinden – das ist die geringste Auswirkung, es kann aber auch so massiv werden, dass sie Krankheiten verursachen – das ist die schlimmste Auswirkung. Auf jeden Fall stören solche Empfindungen unseren Seelenfrieden.

Viele Menschen stellen unerfüllbare Ansprüche an sich selbst. Anstatt mit einem 100-prozentigen Erfolg zufrieden zu sein, möchten Sie 150 Prozent erreichen. Anstatt eine wichtige Arbeit super und pünktlich abzuliefern, wollen Sie das Konzept unbedingt eine Woche vor Termin abliefern, wollen unbedingt vor dem wichtigen Meeting den Saal renovieren lassen. Gelingt das nicht, hadern Sie mit sich selbst. Doch wie sieht die Realität aus? Das Konzept bleibt bis zum Abgabetermin sowieso ungelesen liegen, den frisch renovierten Saal bemerkt niemand. Warum also eine so hohe und zugleich unnütze Forderung an sich selbst stellen und dabei für innere Disharmonie sorgen? Machen Sie sich lieber mein Motto zu eigen: 4 : 6 = 10 – vier Misserfolge auf sechs Erfolge – mit diesem Resultat können Sie sich sehen lassen! Kein Mensch ist vollkommen, weder der Bundespräsident noch der Papst. Warum also machen Sie sich wegen unwichtiger Unzulänglichkeiten so viele Gedanken, sind verärgert über sich selbst? Niemand macht alles richtig – also seien Sie nachsichtiger mit sich selbst.

Wer glücklich und zufrieden ist, hat nicht unbedingt mehr positive Erfahrungen gemacht, er hat seine Erlebnisse nur anders im Gedächtnis gespeichert.

Unglückliche, unzufriedene Menschen bewahren negative, enttäuschende oder traurige Ereignisse wie einen kostbaren Schatz in ihrem Gedächtnis. Alles, was in ihrem Leben geschieht, wird an den alten negativen Erfahrungen gemessen. Höhenflüge kann man mit einer solchen Last nicht machen.

Vielleicht leiden Sie noch heute darunter, dass Ihre Geschwister vorgezogen wurden, Ihr Partner Sie betrogen hat. Lernen Sie loszulassen, was Ihnen nicht gut tut, lernen Sie zu verzeihen – sich selbst und den anderen Menschen – und söhnen Sie sich aus. Verwandeln Sie Gram und Tränen in Freude und Lächeln.

Vergeben können, nachsichtig sein, Fehler bei anderen Menschen akzeptieren – das kann man lernen. Im Vaterunser heißt es: „Wie auch wir vergeben unseren Schuldigern …" Und auch in den anderen großen Weltreligionen spielt die Versöhnung und das Vergeben eine große Rolle. Wer sich selbst mag – mit seinen Stärken und Schwächen – ist eher in der Lage, auch bei anderen Positives und Negatives zu akzeptieren. Wer Fehler eingestehen kann, kann auch eher Fehler bei anderen tolerieren. Wer in sich selbst ruht, aus seiner Mitte lebt und ein gesundes Selbstbewusstsein besitzt, der ist natürlich in einer besseren Position als eine instabile Persönlichkeit, die schon ein böses Wort in Rage versetzt.

Verzeihen Sie sich selbst, verzeihen Sie den Menschen, die Sie verletzt und gekränkt haben. Lassen Sie Schmerz und Trauer zu, weinen Sie, wenn Ihnen danach zu Mute ist. Endlos darf diese Phase nicht andauern. Setzen Sie sich eine Frist, zu der die Trauerzeit beendet sein muss. Danach dürfen solche Gefühle Ihr Leben nicht mehr beherrschen.

Ob lieben oder verzeihen – alles beginnt bei Ihnen. Eine gesunde Selbstliebe ist die beste Basis für gute soziale Kontakte. Wer sich akzeptiert und trotz Fehlern und Schwächen annehmen und lieben kann, der ist in der Lage auch andere mit ihren Mankos zu akzeptieren. Er kann Gefühle besser verstehen, sie besser einordnen und folglich besser agieren und reagieren. So beginnt auch der Versöhnungsprozess bei Ihnen: Versöhnen Sie sich mit sich selbst. Auch Sie sind nur ein Mensch. Gestatten Sie sich unvollkommen zu sein. Auch Ihnen können Fehler unterlaufen. Aber Sie haben die Chance, Ihre Sache das nächste Mal besser zu machen. Dieselbe Nachsicht, die Sie sich entgegen bringen, sollten Sie auch Ihren Kollegen, Freunden, Chefs zugestehen. Die Einsicht über die eigene Unvollkommenheit sollte zu Nachsicht bei den Mitmenschen führen. Wachsen Sie über sich selbst hinaus. Gehen Sie auf Ihre Kontrahenten zu, machen Sie den ersten Schritt. Söhnen Sie sich aus und schaffen Sie Frieden in sich und in Ihrem Umfeld. Sie können ein heiler Mensch sein mit einem Anrecht auf eine glückliche Zukunft. Solange Sie aber nicht vergeben und vergessen können, bleiben Sie ein Gefangener Ihrer eigenen unerbittlichen Haltung, eingesperrt in engen Grenzen. Ändern Sie Ihr inneres Programm!

Zeitmanagement

Wir haben zwar Uhren, aber nie Zeit. Ist das nicht seltsam? Zeit – das kostbare Gut steht an erster Stelle der Wünsche. Zeit zu haben für sich selbst, für die Familie, für Hobbies, aber auch um Aufgaben lösen zu können. Wer möchte sich nicht ab und zu mal so richtig treiben lassen, nur tun und lassen, was der Augenblick uns eingibt. Zeit zu haben für die schönen Dinge des Lebens, einfach mal die Seele baumeln lassen oder einen ganzen Tag vertrödeln ... Aber die meisten träumen nur von solchen Zeitinseln. Haben Sie sich schon einmal Gedanken darüber gemacht, in welchem Zusammenhang Ihre Gesundheit mit Ihrer Zeitplanung steht? Nehmen Sie sich Zeit für Vorsorgeuntersuchungen? Wie viel Geld Sie schon ohne es zu wissen verloren haben, weil Sie nicht richtig geplant hatten und schnell noch vor Geschäftsschluss im übertreuerten Delikatessenladen Exotisches kaufen mussten anstatt bei Ihrem Einzelhändler das zu kaufen, was Sie wirklich wollten? Wie sehr Ihr Partner darunter leidet, dass Sie sich nicht genügend Zeit für ihn nehmen? Vielleicht hat er sich auch schon anderweitig getröstet. Wie viele Unfälle passieren, nur weil der Fahrer es eilig und seine Zeit falsch geplant hatte? Und wie viel Zeit jeder damit verbringt, durchsichtige Ausreden für sein Zuspätkommen zu erfinden? Die Zeit ist uns entglitten. Wir tun nicht mehr, das was wir wollen, sondern werden getrieben von der Zeit. Das kann doch nicht in Ordnung sein. Doch wir haben gar keine Zeit, uns darüber klar zu werden, denn die Zeit rast – und wir rasen mit und bleiben doch auf der Strecke.

Nicht wir scheinen Herr unserer Zeit zu sein – die Kontrolle über die Zeit – und das heißt dann auch über unser Leben – scheint uns entglitten zu sein. Wer glücklich ist, ist auch Meister seiner Zeit. Können Sie sich den Dalai Lama vorstellen, wie er hastig zu einer Pressekonferenz eilt? Wer erfolgreich ist, kann seine Zeit richtig einteilen. Und das Erstaunliche dabei ist, dass gerade Menschen, die große Ziele verfolgen, ein riesiges Arbeitspensum absolvieren, am meisten Zeit zu haben scheinen. Sie rennen nicht hektisch mit dem Handy in der Hand von Meeting zu Meeting. Sie haben Zeit für ein freundliches Wort, sind ganz Ohr, wenn Mitarbeiter Probleme haben und finden sogar Zeit für ein erfülltes Privatleben.

Time is money – so heißt es. Aber Zeit ist noch viel mehr als Geld. Zeit gibt uns die Möglichkeit zur kreativen Entfaltung. Zeit ist gleich Lebensqualität, denn was wir aus unserer Zeit machen, entscheidet darüber, wie unser Leben verläuft. Wer die Zeit nicht kontrolliert, der macht sich zu ihrem Opfer. Er kann seine Vorstellungen nicht realisieren, vielmehr bestimmt der Druck der Zeit, was er zu tun hat. Mit Zeit sind wir alle gleich ausgestattet: Jeder Mensch hat 24 Stunden am Tag – nicht mehr und nicht weniger.

Gern schieben wir ungelöste Probleme, schwierige Entscheidungen, unangenehme Tätigkeiten, manchmal sogar das Angenehme lieber auf morgen oder übermorgen anstatt es heute anzugehen. Wie viele Menschen verwenden ihre Zeit damit, sich fast zu Tode zu arbeiten, um genügend Geld anzusparen, damit Sie „später" etwas haben. Für viele gibt es dieses „später" gar nicht mehr.

Carpe diem – nutze den Tag.

Verschiebe deshalb nicht auf morgen, was Du heute besorgen kannst – das gilt nicht nur für die Arbeit, die Pflichten, sondern auch für das Genießen.

So machen Sie mehr aus Ihrer Zeit:

Schritt 1: Analyse
Prüfen Sie, welche Aufgaben Sie abgeben oder reduzieren können. Legen Sie eine Liste mit Ihren Tätigkeiten an. Markieren Sie mit drei unterschiedlichen Farben die Priorität der einzelnen Aufgaben. Dann benötigen Sie einen Kalender, in den Sie einen Monat lange jede Aktivität sowie den entsprechenden Zeitaufwand eintragen. Für Vergnügen, Hobby, Muße verwenden Sie einen goldenen Stift.

Anhand der Farben sehen Sie schon, ob wie viel Zeit Sie für die einzelnen Prioritätsstufen aufwenden. Der Kalender von Chaoten gleicht einem bunten Flickenteppich – ein breites Tätigkeitsfeld für bessere Organisation! Gehen Sie systematisch vor, d.h. prüfen Sie Punkt für Punkt:

❑ Lohnt sich der Zeitaufwand langfristig?
❑ Steht Einsatz im Verhältnis zum Ergebnis?
❑ Welche Tätigkeiten können Sie delegieren?
❑ In welchen Bereichen können Sie straffen?
❑ Welche Aufgaben zusammen legen?
❑ Wie viel Zeit haben Sie für Ihre Ziele eingeplant?
❑ Wie viel Glückszeit wollen Sie sich schaffen?

Vergolden Sie Ihren Zeitplan und tragen Sie mit Goldstift feste Glückszeiten ein für Tätigkeiten, die Sie lieben.

Berücksichtigen Sie bei Ihrer Planung auch Ihren persönlichen Rhythmus. Die Lerche nutzt die Gunst der Morgenstunde für schwierige Aufgaben. Zu dieser Tageszeit ist sie topfit. Die Nachteule befasst sich morgens lieber mit Routinearbeiten, bei denen nicht viel gedacht werden muss, bis die grauen Zellen dann am Nachmittag zu Hochform auflaufen.

Schritt 2: Konsequenzen ziehen
Organisieren Sie straffer. Machen Sie nicht Kaffeepausen wie es Ihnen gerade einfällt, sondern planen Sie bestimmte Zeiten dafür ein. Halten Sie sich an Ihre Planung. Einkäufe, Telefonate, Hausarbeit etc. – mit einer richtigen realistischen Planung, die Pufferzeiten enthält (Verkehrsstau etc.), sparen Sie Zeit. Prüfen Sie, welche Aufgaben wirklich in Ihren Zuständigkeitsbereich fallen und was Sie sich haben aufbürden lassen. Delegieren Sie Aufgaben – im Job an Mitarbeiter, zu Hause an andere Familienmitglieder. Lernen Sie „Nein" zu sagen, wenn man Sie ausnutzen will. Jetzt ist der richtige Zeitpunkt, sich neu zu organisieren. Machen Sie keine halbe Sachen, sondern straffen Sie rigoros. Kündigen Sie den Kurs bei der Volkshochschule, wenn Sie keinen Spaß daran haben, treten Sie aus dem Eigentümerrat aus, lassen Sie den Stammtisch sausen. Sie gewinnen dabei nicht nur Zeit, sondern ein enormes Wohlgefühl, weil Ihr Leben eine ganz andere Qualität bekommt. Von nichts trennen wir uns schwerer als von Gewohnheiten, selbst von solchen, die wir nicht mögen und die uns schaden. Diese Gewohnheiten sind als feste Strukturen in unserem Kopf eingraviert. Jetzt müssen Sie neue Gewohnheiten installieren.

Schritt 3: Do it now!
Aufgeschobene, unerledigte Arbeiten stören den Energiefluss und liegen schwer auf unserem Gewissen. Oft brauchen wir mehr Zeit dafür, uns zu beruhigen und neue Planungen zu machen, als wenn wir die Aufgabe sofort angepackt hätten. Machen Sie sich frei von dieser Belastung: Jede Tätigkeit, die in fünf Minuten zu erledigen ist, machen Sie sofort. Die restlichen Aufgaben planen Sie fest in Ihrem Terminkalender ein. Arbeiten Sie immer mit Listen, damit stellen Sie sicher, dass Sie wichtige Termine nicht vergessen.

Schritt 4: Spezialisierung

Wer nicht in der Masse untergehen will, wer sich einen Namen machen und Spitze sein möchte, der muss rechtzeitig die Weichen dazu stellen. Wir brauchen es nur der Natur nachmachen. Jedes Lebwesen – ob Pflanze oder Tier - hat eine ganz spezielle Aufgabe. Das sichert das Leben beziehungsweise der Überleben der jeweiligen Spezies. Ein Fischreiher ist auf Fische spezialisiert – kein anderer Vogel fängt Fische so schnell und gezielt wie er. Das sichert das Überleben dieser Art. Im Tropenwald hat jede Pflanze genau den Platz, den sie zum Leben benötigt. In fünf Etagen leben die unterschiedlichsten Pflanzen unter optimalen Bedingungen. Oben finden die großen, hohen Bäume das Licht, das sie benötigen, die niedrigen Sträucher sind sonnenempfindlich und gedeihen im Schatten der großen Bäume, weiter unten finden wir die kleinen Pflanzen, die nur in dunkler Wärme gedeihen. Von diesem System können wir lernen. Werden Sie Spitze auf Ihrem Gebiet und vergeuden Sie nicht Ihre Zeit mit Dingen, die andere viel besser und schneller erledigen können. Wir sparen viel Zeit und Mühe, wenn wir das tun, was wir können.

Wenn Sie nur 20 Prozent Ihrer Zeit und Energie für eine einzige Sache einsetzen, erzielen Sie 80 Prozent des Erfolgs. Mit den restlichen 80 Prozent können Sie dann all die anderen Interessen abdecken. Sie brauchen auf nichts zu verzichten, lediglich die Gewichtung muss stimmen, wenn Sie mehr Zeit und Erfolg haben möchten. Diese Formel ist für das Berufs- wie auch das Privatleben anwendbar.

Schritt 5: Konzentration auf das Wesentliche

Herr Müller versucht am Telefon einen verärgerten Kunden zu beruhigen, zugleich sortiert er die Unterlagen, die er für die wichtige Sitzung am Nachmittag benötigt. Er ist schon spät dran, im Rausgehen – er hält noch die Kaffeetasse in der Hand - gibt er der Sekretärin ein paar Anweisungen. Mit dem Ärmel verfängt er sich in der Türklinke, der Kaffee ergießt sich auf seinen Anzug, die Akten sind nicht vollständig – das wichtigste Papier hat er nämlich nicht dabei, die Sekretärin versteht seine Satzfragmenten nicht richtig und vereinbart einen falschen Termin ....

Widmen Sie Ihre ganze Aufmerksamkeit der Aufgabe, die Sie in diesem Moment erledigen. Wenn Ihre Gedanken nicht bei der Sache sind, kommt kein gutes Resultat zustande. Sie machen Fehler, verlieren Zeit, vielleicht Aufträge oder gar Partner.

> **Klarer Kopf + Konzentration = gutes Resultat.**

Schritt 6: Zeitdiebe entlarven
Oft geraten wir in Hektik, weil andere Menschen uns die Zeit stehlen und unseren perfekten Tagesplan durcheinanderbringen. Eine Freundin langweilt sich und möchte ein wenig plaudern, der Kollege, der Sie bittet, ihn doch im Auto ein Stück in die Stadt mitzunehmen, dann aber nicht pünktlich erscheint. Lernen Sie zu solchen Zeitdieben Nein zu sagen – freundlich, aber bestimmt.

„Wozu lebst du, wenn dir nicht daran liegt, gut zu leben?" fragte schon Diogenes.

Nicht nur Manager haben Probleme, Aufgaben zu delegieren. Mütter trauen oft ihren Kindern zu wenig zu und machen deshalb alles selbst. Wie schön für die Kids, aber Mutter bleibt auf der Strecke. Jeder wächst mit seinen Aufgaben. Schlagen Sie zwei Fliegen mit einer Klappe: Geben Sie Ihren Mitmenschen eine Chance zu wachsen und schaffen Sie sich selbst größere Freiräume.

> **Zeit ist Lebensqualität**

Diese Suggestion hilft Ihnen, Ihre Zeit besser zu nutzen:

Das Wichtigste in meinem Leben ist der Faktor Zeit.
Nur an diesem Punkt gibt es eine Chancengleichheit –
für jeden hat der Tag 24 Stunden.
Aus diesem Grunde bin ich fest entschlossen,
meine Lebenszeit optimal zu nutzen.
Alles ist möglich, solange ich die schöpferische Energie der Zeitnutze.
Denn – aus der Zeit und mit der Zeit kann ich alles erschaffen.
Wenn ich arm bin, kann ich wieder reich werden –
aber ich benötige Zeit.
Wenn ich krank bin, kann ich wieder gesund werden –
aber ich benötige Zeit.
Daher werde ich meine Zeit nur für das Wertvollste nutzen.
Ich habe genügend Zeit, wenn es mir gelingt,
mich auf das Wichtigste zu konzentrieren.
So geht es mir von Tag zu Tag und in jeder Beziehung
immer besser und besser.

Niederlagen in Erfolge verwandeln

Halten Sie es mit Henry Ford, der sagte „Ein ehrlicher Misserfolg ist keine Schande; Furcht vor Misserfolg dagegen ist eine Schande." Und ich möchte diesen Satz ergänzen: „Hinfallen ist keine Schande, nur liegen bleiben darf man nicht". Nobody is perfect. Nur wer nichts tut, kann auch nichts falsch machen. Misserfolge sind wichtige Stufen in der Entwicklung. Ganz abgesehen davon, dass das Leben schal und langweilig wäre, würden wir von einem Erfolg zum anderen eilen, wären wir irgendwann einmal gar nicht überlebensfähig. Wie sollten wir denn mit Klimakatastrophen, Rückschlägen in der Forschung, auch mit Arbeitslosigkeit, finanziellen Schwierigkeiten, Krankheit etc. umgehen? Ein Kind, das in einer sterilen Umgebung aufwächst, entwickelt keine Widerstandskräfte. Ein Mensch, der keine Schwierigkeiten und Fehlschläge erlebt, bricht zusammen, wenn er mal nicht im gewohnten Tempo weiterkommt.

Alles hat immer mindestens zwei Seiten. Aus eigener Erfahrung weiß ich, dass so manche Niederlage sich langfristig als Glücksfall erweisen kann. Manchmal sind wir so fixiert auf einen einzigen Aspekt, dass wir blind werden für Chancen. Trainieren Sie Ihre Sensoren für Chancen, wechseln Sie die Blickrichtung, lernen Sie hinzufallen, um stärker wieder aufzustehen. Lernen Sie von Niederlagen zu profitieren!

Schritt 1: Die richtige Einschätzung
Was ist wirklich ein Misserfolg und was erscheint nur so?

Betrachten Sie die Situation von allen Seiten, fragen Sie sich, wie die Konsequenzen in 1, 5, 10 Jahren aussehen, betrachten Sie die Situation aus dem Blickwinkel nicht direkt Betroffener. Und vergessen Sie nicht, sich gedanklich vorzustellen, wie der worst-case ausgesehen hätte.

Schritt 2: Ursachensuche
Die Warum-Fragetechnik hilft Ihnen, die Gründe für Ihr Verhalten aufzudecken.

Sie haben bei der Berechnung eines Angebots aus dem Ausland den falschen Wechselkurs genommen. In letzter Minute hat Ihr Chef den Fehler gemerkt und die Katastrophe verhindert. Sie stehen ziemlich dumm da.

Noch nie ist Ihnen ein solcher Fehler unterlaufen. Warum diesmal?

Warum haben Sie den Kurs nicht noch einmal überprüft?

Warum ist Ihnen nicht aufgefallen, dass die Ware extrem billig ist – unwahrscheinlich billig sogar?

Sie werden herausfinden, ob Ihre Eheprobleme sich auf Ihre Konzentration auswirkten, ob Sie diesen Job vielleicht doch nicht so gerne machen wie Sie glauben, ob Sie den Aufgaben nicht gewachsen oder etwa unterfordert sind, vielleicht sogar schon innerlich gekündigt haben.

Vergessen Sie in keiner Situation, auch das Positive zu sehen: Was haben Sie richtig gemacht? Selbst in einem kapitalen Misserfolg sind gute und richtige Ansätze zu finden. Filtern Sie diese heraus.

Dann schauen Sie wieder nach vorn und denken lösungsorientiert: Wie würden Sie heute das gleiche Problem angehen – unter Berücksichtigung der neuen Erfahrungen?

Schritt 3: Seien Sie nachsichtig mit sich
Gehen Sie nicht zu streng mit sich ins Gericht, machen Sie sich nicht selbst nieder. Rufen Sie sich lieber Ihre Stärken ins Bewusstsein! Lesen Sie Biografien berühmter Menschen. Dort finden Sie Trost, wenn Sie sehen, wie oft auch die erfolgreichsten Persönlichkeiten Niederlagen einstecken mussten: Strawinsky wurde ausgebuht, als „Le sacre du printemps" uraufgeführt wurde, Patrick Süskind musste seinen Erfolgsroman „Das Parfum" erst 30 Verlagen anbieten, bevor er angenommen wurde, Mahatma Gandhi hat eine Reihe von Enttäuschungen und Niederlagen hinnehmen müssen und trotzdem nie aufgegeben.

Schritt 4: Konsequenzen ziehen und Wiederholung vermeiden
Aus der Erkenntnis sollten Sie lernen: Sich voll und ganz auf das zu konzentrieren, was Sie gerade tun. Eheprobleme wirklich zu Hause lassen – besser noch sie so schnell wie möglich lösen. Einen Beruf suchen, der Be-rufung ist oder sich eine andere Firma suchen... Für jeden Lösungsansatz das Unterbewusstsein programmieren!

Schritt 5: Sich an Vorbildern orientieren
Niederlagen zeigen uns eigene Defizite. Ob wir eine Situation falsch eingeschätzt, eine Fehlentscheidung getroffen haben oder nur nicht bei der Sache waren. Wir können es das nächste Mal besser machen.
   Am leichtesten lernen wir durch Nachahmung – das sagt auch Konfuzius:

> *Der Mensch hat drei Wege klug zu handeln.*
>
> *Erstens durch Nachdenken:*
>
> *Das ist der edelste.*
>
> *Zweitens durch Nachahmung:*
>
> *Das ist der leichteste.*
>
> *Drittens durch Erfahrung:*
>
> *Das ist der bitterste.*

Schritt 6: Never give up!
Nur 20 Monate nach seinem schweren Unfall auf dem Lausitzring, bei dem er beide Beine verlor, war der 36-jährige Rennfahrer Alex Zanardi wieder am Start. Gestützt auf Krücken, mit einem Lächeln im Gesicht, winkte er der Menge zu, setzte sich in einen extra für ihn umgebauten Rennwagen – mit der Nummer 66 wie im September 2001, als der Unfall geschah – und fuhr exakt 13 Runden. Die fehlten ihm noch, um das Rennen zu beenden. Und genau das wollte er: Etwas angefangenes zu Ende bringen. Er hat nicht aufgegeben, sondern sein Schicksal angenommen und das Beste daraus gemacht. Respekt für diese Leistung wird ihm gezollt, Vorbild ist er für andere Behinderte. „Ich bin ein glücklicher Mann," sagt Zanardi heute, „ein glücklicher Behinderter". Hut ab vor so viel Selbstdisziplin, Lebensmut und Kraft!

Kommen wir zurück zu den Fehlern, die uns unterlaufen, die wir machen und die glücklicherweise selten so folgenschwer sind. Der Umgang mit Niederlagen oder Misserfolgen zeigt uns den Unterschied zwischen einer Person und einer Persönlichkeit: Ob ein Mensch Hindernisse überwinden, Schwächen in Stärken umwandeln kann oder ob er den Stürmen des Lebens nicht standhalten kann, hinfällt und liegen bleibt, hängt von seiner Persönlichkeit ab. Eine starke in sich ruhende und von ihren Fähigkeiten überzeugte Persönlichkeit kann schwerste Niederlage verkraften. Wer sich selbst fordert, wird stark. Haben Sie Mut, vertrauen Sie auf sich und setzen Sie hohe Ziele. Arbeiten Sie an sich, denn

Schonung ist der schnellste Weg zum Friedehof!

Niederlagen muss man erlebt und erlitten haben, damit Siege oder Erfolge richtig geschätzt und genossen werden können. Ohne Kummer und Sorgen wäre Glück wertlos. Verwandeln Sie Tränen in Edelsteine, Probleme in Glück, Niederlagen in Siege.

Dankbarkeit

Unser Leben ist bestens organisiert. Wir schließen Hausrat-, Unfall-, Rechtschutz- und Krankenversicherungen ab, um uns gegen die Risiken des Lebens und der Umstände abzusichern. Sind wir krank, zahlt die Krankenkasse, Blechschaden am Auto die Kfz-Versicherung, die gestohlenen Wertgegenstände werden von der Hausratversicherung bezahlt. Diese Absicherungsmentalität hat zu einem generellen Verlust der Dankbarkeit geführt. Aber auch wenn wir einen großen Auftrag erhalten, einen Rechtsstreit gewinnen oder eine Operation gut verlaufen ist, fühlen wir keine Spur von Dankbarkeit. Warum auch? Schließlich war unser Angebot besser, hatten wir Recht und für die ärztliche Leistung haben wir doch bezahlt, oder?

Und wer ist heute überhaupt noch dankbar dafür, dass er gesund ist, Arbeit hat, in Frieden leben kann? All das ist uns zu einer Selbstverständlichkeit geworden.

Erreichen wir unsere Ziele, sind wir erfolgreich, haben wir unsere Träume wahr gemacht, dann klopfen wir uns stolz auf die Brust und sind zufrieden mit uns. Dagegen wäre nichts zu sagen, wenn wir zugleich ein Gefühl der Dankbarkeit uns bewährt hätten. Dankbar zu sein allein schon dafür, in dieser Welt und in diesem Umfeld leben zu dürfen. haben Sie einmal überlegt, wie Ihr Leben wohl aussehen würde, wären Sie in einem Slum von Kalkutta oder in einem Dorf mitten in Afrika auf die Welt gekommen? Nie gab es so viele Möglichkeiten und Chancen wie heute und in unserem Teil der Welt. Und nirgends lebt man besser und sicherer als bei uns. Hier haben Sie die Freiheit sich zu entfalten, Ihr Leben zu gestalten so wie Sie es wollen; hier darf jeder seine Meinung äußern. Jeder, der gesund ist, Schulen besuchen, Arbeit finden kann, hat Grund, dankbar zu sein. Wir haben sogar die Chance, an unserer Entwicklung arbeiten zu können. Wo sonst gibt es diesen Luxus? In anderen Gegenden dieser Welt wird ums nackte Überleben gekämpft, da ist die Beschäftigung mit Geist und Seele ein unvorstellbarer Gedanke. All das haben wir – und wir glauben, wir haben keinen Grund dankbar sein zu müssen.

Der Blick vom Berggipfel ins Tal, ein schöner Sonnenuntergang, ein verständnisvoller Händedruck in kritischer Situation, aber auch das Essen in einem Luxusrestaurant – für all das wäre durchaus Dankbarkeit angebracht. Auf Freunde, auf die man sich verlassen kann, Chefs, von denen wir lernen dürfen, verständnisvolle Geschäftspartner, interessante Menschen, die uns im Lauf des Lebens begegnen, sollten wir nicht als selbstverständlich hinnehmen.

Die Forschung hat sich mit der Dankbarkeit befasst und herausgefunden, dass Dankbarkeit weniger anfällig macht für Depressionen, für

Ängste, dafür emotional stärkt und den Umgang mit anderen erleichtert.
- ❏ Sind Sie dankbar?
- ❏ Danken Sie anderen für ihre Hilfe und Unterstützung?
- ❏ Benutzen Sie das Wort „danke" häufig?
- ❏ Wem sind Sie dankbar?
- ❏ Wofür empfinden Sie tiefe Dankbarkeit?

Angst loslassen

Die Angst ist überall zu Hause – im flotten Penthouse des erfolgreichen Singles, in der Luxusvilla und in der Sozialwohnung. Angst breitet sich gern weiter aus – bei den Mitarbeitern der von Schließung bedrohten Filiale, beim Kranken, der auf seine Diagnose wartet, bei der schwangeren Frau, deren Partner sich abgesetzt hat. Der eine hat Angst vor Spinnen, der andere vor Gewitter, der dritte bekommt Angst in kleinen oder großen Räumen, im Flieger… Angst entsteht nicht nur vor konkreten Situationen, fast noch weiter verbreitet sind vage Ängste. Der Betroffene kann seine Angstgefühle nicht konkretisieren – Angst vor dem Aufstehen, bei Dunkelheit, aber auch ohne jeden Anlass. Angst äußert sich Schweißausbrüche, Panikattacken, Herzjagen, in Sprachlosigkeit oder Stottern.

Wer Veränderung nicht als einen Entwicklungs- und Wachstumsprozess begreift und in Neuem keine Herausforderung erkennen kann, der kann leicht von Ängsten ergriffen werden. Gewohnheiten loszulassen und Neues zu beginnen, da greift die Angst gern zu. Die Ungewissheit schnürt die Kehle zu, Verlustängste, Zukunftsängste machen sich breit. Das Gefährliche an der Angst ist die ungeheure Kraft, die sie entwickeln kann, lässt man sie gewähren. Es beginnt ganz harmlos mit der Angst vor einem wichtigen Geschäftstermin, doch dann geht es weiter: Angst, Fehler bei der Arbeit zu machen, Angst, die eigene Meinung zu sagen. Und eines Tages hat man sogar Angst davor, das Haus zu verlassen.

Angst hat durchaus auch eine Funktion. Sie soll uns vor Gefahr warnen. Das ist ihre Aufgabe. Doch bei vielen Menschen hat Angst die Kontrolle über das Leben genommen. Fühlen Sie sich angesprochen?

Dann sollten Sie nicht lange zögern und untätig bleiben, sondern schnell einen Gegenkurs steuern.

Neues in jeder nur erdenklichen Art und Weise ist bei vielen Menschen der Auslöser für Angst. Es beginnt mit Unsicherheit und endet damit, dass sie nichts mehr tun können, starr vor Angst nicht mehr wagen, etwas zu unternehmen. Angst findet gute Angriffsflächen bei Menschen, die keine großen Ziele und Aufgaben haben.

Wenn Sie Ängste haben, dann stellen Sie sich ihnen! Finden Sie Ursachen, Auslöser heraus. Machen Sie die Angst sichtbar.

- Konkretisieren Sie Ihre Angst?
- Was oder wer macht Ihnen Angst?
- In welcher Form äußert sich Ihre Angst?
- Wann treten die Angstzustände auf?
- Wie lange dauern sie und wie oft leiden Sie darunter?
- Gibt es einen konkreten Anlass für berechtigte Ängste?
- Seit wann leiden Sie unter Ängsten?
- Haben Sie etwas dagegen unternommen oder Hilfe gesucht?

Kaum jemand gibt freiwillig zu, dass er Ängste hat. Die meisten Menschen verbergen die Angst hinter besonders coolem Auftreten, manchmal können sie sich damit sogar selbst vormachen, sie wären frei von Angst, aber Schweißausbrüche, Herzflattern, Kurzatmigkeit sagen etwas anders.

Wehret den Anfängen! Nehmen Sie kleine Ängstlichkeiten nicht auf die leichte Schulter, sondern analysieren Sie die jeweiligen Situationen. Sind Ihre Ängste berechtigt (beispielsweise bei drohender Arbeitslosigkeit, vor einer Scheidung), dann entwickeln Sie gleich konkrete Lösungsstrategien. Nichts ist hilfreicher als Zukunftsplanung, nichts ist schädlicher, als einfach geschehen zu lassen. Dann hat die Angst freies Feld und Sie werden schnell zu ihrem Gefangenen. Spüren Sie die wahren Ursachen für Ihre Angst auf, damit Sie eine Anti-Angst-Strategie erarbeiten können. Wer Angst hat, bringt schlechte Leistung, macht Fehler und strahlt Unsicherheit aus. Und dann tritt genau das ein, wovor wir Angst haben ... und das macht uns noch mehr Angst.

> *Wirksames Mittel: Über den Dingen stehen*
> *Die Macht froher, positiver Gedanken erfasst mein Inneres.*
> *Alles Ängstliche meines Wesens, alles Bedrückende verschwindet und macht einer zuversichtlichen Stimmung Platz.*
> *Ich fühle, ich werde frei.*
> *Frei von jeder Angst, von jeder Furcht, meine Brust weitet sich und mein ganzer Mensch wird mit froher Zuversicht erfüllt.*
> *Ich freue mich, dass alle Hemmungen weichen.*
> *Ein Gefühl großer Sicherheit erwacht und durchpulst mit wunderbarer Wirkung meinen ganzen Körper.*
> *Ich freue mich und gebe mich ganz diesen Gefühlen hin.*
> *Immer deutlicher spüre ich, dass ich von einer höheren Warte aus mein Leben betrachte.*
> *Darum lautet mein Motto:*
> *Über den Dingen stehen.*

Entziehen Sie der Angst den Nährboden. Spüren Sie, dass Angst im Anzug ist, konzentrieren Sie sich sofort auf etwas Angenehmes. Lenken Sie sich ab, indem Sie etwas tun. Rufen Sie Freunde an, mit denen Sie plaudern können, schauen Sie sich einen spannenden Film an, spielen Sie mit Kindern. Solange Ihre Aufmerksamkeit gefesselt ist, hat die Angst geringe Chancen, Sie zu attackieren.

Führen per Charisma

Ich möchte einer weit verbreiteten Meinung widersprechen: Charisma ist keineswegs angeboren – jeder kann es erwerben. Charisma – das ist das gewisse Etwas – was eine farblose Erscheinung von einer strahlenden Persönlichkeit unterscheidet. Entfalten Sie Ihre Persönlichkeit, lieben Sie Ihre Aufgaben und entzünden Sie in sich das Feuer der Begeisterung. Ihre Mitarbeiter werden Ihnen mit Freude folgen, mit Engagement Sie bei der Erreichung Ihrer Ziele unterstützen. Wer glücklich sein möchte, benötigt ein Ziel, denn sonst ist das Leben schal und leer. Der Motor, der uns antreibt, ist die Motivation. 84 Prozent der Arbeitnehmer sind demotiviert! Eine erfolgreiche Persönlichkeit ist immer auch ein ausgezeichneter Motivator, der inspiriert und fasziniert. Motivierte Mitarbeiter sind glücklich, glückliche Menschen bringen bessere Leistungen, weil sie mit Freude bei der Sache sind. Ein Hauptgrund für die Demotivation liegt darin, dass so wenig Manager in der Lage sind, richtig mit ihren Mitarbeitern umzugehen.

> **Erfolg = gelöste Probleme**

Was ist für Sie Charisma?

Notieren Sie die Namen von fünf Persönlichkeiten, die Sie als charismatisch bezeichnen. Für Charisma gibt es keine Norm, das individuelle Empfinden entscheidet, wer wen charismatisch empfindet. Dennoch gibt es Persönlichkeiten, wie John F. Kennedy, den Dalai Lama oder Mahatma Gandhi, die von sehr vielen Menschen als Charismatiker empfunden werden. Was haben diese drei Persönlichkeiten gemeinsam?

Charismatische Manager, wie zum Beispiel Franz Beckenbauer, Berthold Beitz oder Robert Schuller, zeichnen sich dadurch aus, dass sie Menschen dort abholen, wo sie sind. Sie vermitteln, dass sie nicht etwa auf einem hohen Podest fern der Belegschaft stehen, sondern einer von ihnen sind. „Ich bin wie Du" – ist das Motto erfolgreicher Führungspersönlichkeiten. Sie sprechen die Sprache der Mitarbeiter, sind am Menschen und nicht nur an Statistiken interessiert. Ein solches Verhalten macht sie zu Vorbildern. Sie sprechen die emotionale Ebene an, sind Meister der Rhetorik und kennen die Macht der Motivation. Dann heißt es nicht jeder gegen jeden, sondern alle für ein Ziel. Ein angenehmes Arbeitsklima und ein gutes Team sind Voraussetzung für Spitzenleistungen. So bleibt man konkurrenzfähig.

Fachwissen ist längst nicht so wichtig wie viele Menschen annehmen. Auf die Ausstrahlung, die Fähigkeit, richtig mit Mitarbeitern umgehen zu können, auf Zielkonzentration kommt es mehr an als auf fachliches Wissen. Das beginnt schon beim Vorstellungsgespräch: Die ersten sieben Sekunden entscheiden, ob Sie ankommen oder nicht. Für diesen ersten Eindruck gibt es keine zweite Chance! Da mögen die Zeugnisse noch so gut sein. Nach meiner Erfahrung macht Fachwissen nur 35

Prozent des Erfolgs aus, während 65 Prozent von der Persönlichkeit, der Ausstrahlung abhängen. Einem charismatischen Menschen werden die Wünsche von den Augen abgelesen. Es ist für die Mitarbeiter eine Herzensangelegenheit, sich voll und ganz für die gemeinsamen Ziele einzusetzen. Ich bezeichne Charisma als die Kunst der Verzauberung.

> **Gegen Worte kann man sich wehren – gegen Ausstrahlung nicht.**

Führen durch Autorität ist mega-out, dennoch wird es immer noch praktiziert. Die einzige Möglichkeit, langfristig erfolgreich zu sein, besteht in der Führung durch Persönlichkeit. Eine Führungspersönlichkeit unterscheidet sich von der Führungskraft dadurch, dass sie eine natürliche Autorität besitzt, die aus der Tiefe der Persönlichkeit kommt und nicht positionsgebunden ist

Wie kann man seine charismatischen Fähigkeiten entfalten? Arbeiten Sie an Ihrer Persönlichkeit – das ist das A und O. Dann geht es darum, Mitarbeiter zu motivieren und auf die gemeinsamen Ziele einzustellen. Konditionieren Sie Ihre Mitmenschen auf Ihre Ziele mit magischen Glückssätze oder posthypnotischen Befehlen.

Auch im Geschäftsleben bleiben die Gefühle nicht zu Hause. Viel mehr spielen sie eine weitaus größere Rolle als wir annehmen. Wer Menschen auf der Gefühlsebene anspricht, erreicht erheblich mehr als wer nur an den Verstand appelliert. Wer dies nicht berücksichtigt, macht sich das Leben schwer. Was also ist zu tun? Erinnern Sie sich an das, was Sie in diesem Buch gelesen haben. Wenn die rechte Gehirnhälfte aktiviert ist, läuft der Mensch zu Hochform auf, optimale Lösungen fallen ihm, er hat kreative Ideen. In Alpha sind wir entspannt, der Geist ist frei, wir können gut arbeiten, fühlen uns wohl. In diesem Zustand ist das Unterbewusstsein am besten zu programmieren. So ist es ein leichtes, Mitarbeiter zu Höchstleistungen anzuspornen – das beste Mittel sind suggestive Anweisungen, verbunden mit einem posthypnotischen Befehl.

Sie möchten, dass Ihr Sekretär am Montag früher als gewöhnlich ins Büro kommt. Wenn Sie sich am Freitagabend von ihm verabschieden, dann sagen Sie folgenden Satz: „Wir sehen uns am Montag bereits um acht Uhr!" Sprechen Sie tiefenwirksam, also deutlich und suggestiv. Sie können sicher sein, dass er diesen Termin nicht vergisst.

So verabschiede ich immer meine Seminarteilnehmer mit dem Satz „Bis morgen um neun Uhr". Niemand kommt zu spät, weil sich dieser Befehl unwiderruflich im Unterbewusstsein festgesetzt hat. Das Unterbewusstsein sorgt dafür, dass der Teilnehmer rechtzeitig aufwacht und pünktlich erscheint. Dabei hat er das Gefühl, er selbst habe dazu die Initiative ergriffen. Ich habe also seine Gefühlsebene angesprochen und mit meinem Wunsch verbunden.

Mit magischen Sätzen können Sie andere zu Spitzenleistungen animieren, können sie motivieren, Ihre Wünsche zu erfüllen. Magische Sätze sind erfolgreich, wenn Sie folgendes vermitteln können:

  Wir harmonieren.
  Sie können mir Ihr volles Vertrauen schenken.
  Wir sind gleich: Ich bin wie Sie.

Diese Beispiele zeigen Ihnen, worauf es ankommt:

- So überzeugend wie Sie kann das kein anderer erläutern.
- Sie rufen mich doch sicher gleich an, wenn Sie die neue Statistik vorliegen haben!
- Sie kommen morgen bestimmt etwas früher als das Team!
- Sie werden sehen, dass Ihre Strategie ein voller Erfolg wird.
- Versprechen Sie mir, dass Sie den Brief noch heute abschikken!

Sprache und Stimme

Oft habe ich von der tiefenwirksamen Stimme gesprochen, denn darauf kommt es an. Die Stimme muss stimmen – sonst kommen die besten posthypnotischen Sätze nicht richtig an. Aber auch sonst ist die Stimme sehr wichtig. An der Stimme erkennen Sie fast alles, beispielsweise mit wem Sie es zu tun haben. Hohe Stimmen verraten Unsicherheit und Nervosität, verursachen Ablehnung, ja sogar Aggression. Tiefe Stimmen hingegen sprechen unser Gefühl an, sie vermitteln Ruhe, Sicherheit und Kompetenz. Charismatische Menschen habe eine tiefe Stimme, der man gern zuhört, von der man sich angesprochen fühlt. An der Stimme erkennen Sie auch die momentane Verfassung. Sind wir aufgeregt oder verärgert, wird die Stimme schnell hoch und schrill. Schnürt uns der Ärger die Kehle zu, werden wir auch noch kurzatmig. Unser Gegenüber – selbst wenn er uns nicht sieht – hört wie wütend wir sind. Die Stimme eines verliebten Mannes dagegen ist tief und ruhig, seine Gefühle liegen in der Stimme – seine Herzdame schmilzt dahin. Wer etwas zu sagen hat, wird vorgeschickt – das fängt schon in der Schule mit der Wahl des Klassensprechers an. Wer etwas zu sagen hat, muss dafür sorgen, dass der Inhalt richtig beim Gesprächspartner ankommt.

Wie schätzen Sie Ihre Stimme ein?

    Sind Sie mit ihr zufrieden?
    Wie finden Ihre Mitarbeiter, Freunde, Familie Ihre Stimme?

Prüfen Sie selbst: Nehmen Sie sich auf Kassette auf, wenn Sie sprechen. Die eigene Stimme klingt in Wirklichkeit etwas anders als wenn wir sie auf Band hören. Dennoch ist das eine gute Übung, um ein Gefühl für die eigene Stimme zu bekommen. Sie hören auf jeden Fall die Stimmlage, die Sprechgeschwindigkeit, den Tonfall und eventuelle Eigenheiten, wie „ääh", „hmm" etc. Ein Mensch, der aus seiner Mitte lebt, identifiziert sich mit seiner Stimme, denn sie ist ja schließlich Ausdruck seiner Persönlichkeit. Viele Menschen mögen ihre Stimme nicht. Das ist sehr bedenklich, denn das ist nichts anderes als ein deutlicher Ausdruck dafür, dass sie Aspekte ihrer Persönlichkeit, ihres Wesens nicht akzeptieren.

Die Stimme kommt vom Innersten und spricht das Innerste des Gesprächspartners an. Nicht die Fakten zählen, sondern die Gefühle entscheiden. In der Kunst der Menschenführung spielt die Stimme eine entscheidende Rolle.

❑ Was hört man aus Ihrer Stimme?
❑ Hoffnung oder Verzweiflung?
❑ Zuneigung oder Ablehnung
❑ Kraft oder Resignation?

Das Volumen der Lunge ist entscheidend für die Kraft Ihrer Stimme. Mit meinem psychodynamischen Stimm- und Atemtraining können Sie viel für die Gesundheit und die Leistungsfähigkeit Ihrer Lunge tun. Der Klang Ihrer Stimme verrät, wie es in diesem Moment um Sie steht. Da können Sie nicht viel verbergen. Mit Worten kann man lügen, nicht aber mit der Stimme. Arbeit an der Stimme ist immer auch Arbeit an der Persönlichkeit. Deshalb empfehle ich mein bewährtes

Psychodynamisches Stimm- und Atemtraining:
Stellen Sie sich vor den Spiegel und atmen Sie aus. Dann atmen Sie tief ein und sprechen die folgenden Buchstaben einzeln aus – solange Ihr Atem das zulässt.
Beginnen Sie mit I, dann geht es weiter mit

E　　　　A　　　　O　　　　U

Die Reihenfolge entspricht den Frequenzen, wobei wir bei der höchsten Frequenz beginnen. Bei I können Sie ein leichtes Vibrieren der Kopfhaut fühlen, bei E wird der Halsbereich aktiviert, bei A der Brustbereich. O versorgt den Oberbauch und U – die tiefste Frequenz – den Unterleib mit Energie. Diese Übung machen wir dreimal.

Nun kommt Bauch- und Brustbereich an die Reihe:
Mit geschlossenen Lippen summen wir „mmmm". Das machen wir drei Mal nach einander. Das erste Mal summen wir leise, beim zweiten Mal stärker und beim dritten Mal so kraftvoll wie möglich. Legen Sie die Hände auf den Bauch, die Vibration zu spüren.

Das Zungen-R macht die Sprache erst richtig ausdrucksstark und kraftvoll. Wer nicht aus Bayern kommt, sollte diese Übung machen.
Wir rollen die Zunge am Oberkiefer hinter den Schneidezähnen und sprechen dabei ein stimmloses „RRRR". Erst ausatmen, einatmen und dann rattern so gut Sie können. Anschließend wird anhand von Worten praktiziert – rollen Sie das R:

Rollen
Rasten
Riechen
Bier
Tier
Wir
Hier
Verirren
Verwirren
Starren etc.

Die berühmte Tarzan-Übung schließt das Programm ab:

Ausatmen, einatmen und mit geballten Fäusten auf den oberen Brustansatz schlagen – so wie wir das vom gleichnamigen Film kennen. Während Sie klopfen, sprechen Sie laut „I" – solange Sie können. Dann folgt „E" und weiter wie bei Übung Nummer 1. Wahrscheinlich müssen Sie husten und schlucken. Das ist ein gutes Zeichen; Ihre Atemwege werden wieder frei. Diese Übung belebt nicht nur, sondern ist beste Vorbeugung gegen Erkältungskrankheiten und sogar gegen Herzinfarkt. Wegen der anregenden Wirkung sollten Sie diese Übung lieber nur morgens machen.

Wenn Sie drei Monate trainiert haben, sollten Sie Ihre Stimme wieder auf Band aufnehmen und dann mit dem Band vergleichen, das Sie vor Übungsbeginn aufgenommen haben.

Dieses Stimm- und Atemtraining bringt Ihre Persönlichkeit zum Strahlen, verbessert Ihre Stimme und stärkt Ihr Zielbewusstsein. Mit einer klaren, kräftigen Stimme wird Ihnen Ihr Weg zum Ziel klarer. Sie lernen sich selbst und Ihre Stärken besser kennen und stärken Ihre Konzentrationsfähigkeit sowie Ihr Gedächtnis.

Der falsche Einsatz der Stimme, Nervosität und Unsicherheit kostet enorm viel Kraft. Arbeiten Sie an Ihrer Stimme, denn:

> **Arbeit an der Stimme ist Arbeit an der Persönlichkeit.**

Eine tiefe Stimme, die Ruhe ausstrahlt, in Verbindung mit richtigem Sprechen verstärkt Ihren Einfluss auf andere Menschen. Sie wirken durch Ihre Ausstrahlung und benötigen weniger Worte um andere zu überzeugen. Durch die Übungen verbessert sich die Aussprache sowie die Artikulation. Ihr Unterbewusstsein wird neu programmiert und Ihre charismatischen Anlagen können sich entfalten.

Auf den Blick kommt es an

Manchmal sagt der Blick mehr als viele Worte. Denken Sie nur an bekannte Filmszenen... Die beste Stimme verliert an Wirkung, wenn Sie Angst haben, anderen Menschen ins Gesicht zu sehen. Vier Wochen Training mit meinem Augentrainingsprogramm und Sie haben einen „konzentrierten Blick".

Der „lange Blick"

hilft Ihnen, die Hemmung abzubauen. Dazu nehmen Sie ein Blatt Papier, in dessen Mitte Sie einen Punkt malen, um den Sie einen Kreis zeichnen. Lehnen Sie das Blatt an die Wand, setzen Sie sich bequem gegenüber und fixieren Sie diesen Punkt. Halten Sie den Blick so lange Sie das können. Wichtig: Der Blick darf nicht starr und verkrampft, sondern muss locker, freundlich und liebevoll sein. Wenn Ihre Augen anfangen zu tränen, schließen Sie sie kurz, und dann geht es weiter. Wenn Sie drei Minuten durchhalten, haben Sie das Übungsziel erreicht.

Dann können Sie daran gehen, den langen Blick zuerst einmal bei Gegenständen, dann bei Tieren, bei Freunden und Bekannten einzusetzen. Achtung: Der lange Blick sollte ein freundlicher Blick sein, keinesfalls ein Anstarren.

Das „dritte Auge"

Malen Sie einen Punkt auf die Stelle, an der das Dritte Auge sitzt. Sie sitzen bequem vor einem Spiegel und richten den Blick auf diesen Punkt. Auch bei dieser Übung wird der freundliche (!) Blick solange wie möglich gehalten. Wenn Sie nicht mehr können, weil die Lider zucken, die Augen tränen etc., dann machen Sie die Augen zu und sprechen folgende Suggestion:

Meine Augen entspannen sich. Ich bin ruhig. Mein Blick ist Ausdruck dieser inneren Ruhe. Mein Blick wird immer ruhiger, immer freundlicher und immer konzentrierter. Mein Blick strahlt Kraft, Vertrauen und Liebe aus. Mein Blick ist ganz ruhig und freundlich.

Wenn Sie auch bei dieser Übung den Blick mindestens 3 Minuten halten, haben Sie das Ziel erreicht. Dann können wir den letzten Trainingspunkt angehen:

Die Trockenübung

Wir kommen der Realität ein Stück näher und üben jetzt an einem Foto. Lenken Sie Ihren Blick auf den Punkt zwischen den Augenbrauen und halten Sie den Blick so lange Sie können. Gelingt Ihnen das, dann können Sie an lebenden „Objekten" weiterüben, beispielsweise beim Tagesschausprecher.

Mit der Zeit bekommen Sie durch diese Übungen einen konzentrierten, natürlichen Blick.

Das Augentraining trägt dazu bei, dass sich Ihre Ausstrahlung – Ihr Charisma – verstärkt. Menschen begeistern und motivieren – das ist die wichtigste Aufgabe im Leben eines Menschen. Ob das im Job geschieht oder ob Sie sich für eine gute Sache engagieren, ob Sie für Harmonie in der Familie oder Aktivitäten im Sportclub sorgen, das macht keinen Unterschied. Es gibt für jeden ein großes erstrebenswertes Ziel. Glück bedeutet, dieses hohe Ziel mit allen zur Verfügung stehenden Kräften anzugehen.

> **Glück kommt von glücken –**
> **glücklich sind wir, wenn uns unser Leben geling.**

Stressmanagement

Wie Siamesische Zwillinge kleben Zeitnot und Stress aneinander. Wer keine Zeit hat, überlastet und unkonzentriert ist, kann sein Pensum nicht mehr erfüllen. Nervosität, Unsicherheit, Angst vor Versagen, ja sogar Panikattacken sind die Folge. Wie können wir lernen, besser mit Stresszuständen umzugehen?

Schritt 1: Was stresst uns wirklich?
Haben wir zuviel zu tun, liegt zu viel Verantwortung auf uns, fühlen wir uns den Aufgaben nicht gewachsen oder sind wir es tatsächlich nicht?
Ist unser Stress selbstgemacht oder kommt er von außen?

Schritt 2: Konsequenzen ziehen
Geben Sie Aufgaben zurück, denen Sie nicht gewachsen sind oder schaffen Sie andere Voraussetzungen dafür.
Sie sollen einen neuen Fachbereich in Ihrer Firma übernehmen. Seit Ihrer Ausbildung hat sich aber eine ganze Menge verändert, Ihr Wissenstand ist nicht up-to-date . Machen Sie einen Auffrischtraining, besorgen Sie sich die aktuellste Fachliteratur. Sprechen Sie mit Menschen, die einen Namen auf diesem Gebiet haben. Je größer die Sicherheit desto geringer wird die Belastung.

Schritt 3: Mit mehr Alpha in den Tag
Ob Sie sich bei Musik, beim Joggen entspannen können oder ob Sie lieber Autogenes Training machen – die Art und Weise ist nicht das

Entscheidende. Wichtig ist, dass Sie sich jeden Tag entspannen. So bleiben Sie fit für die Anforderungen des Lebens. Wer sich nicht entspannt, wird immer verkrampfter. Zur körperlichen Ent-spannung gönnen wir uns ja noch einen Masseur. Aber was tun wir gegen die geistige Verspannung?

Ich zeige Ihnen in Kapitel 3 verschiedene Entspannungsmethoden. Probieren Sie aus, was Ihnen am meisten liegt. Eines haben aber alle Methoden gemeinsam: Sie sollten täglich angewendet werden. Jeder weiß, dass man nicht dünner wird, wenn man nur ab und zu eine Mahlzeit auslässt. Eine Fremdsprache lernt man auch nicht, wenn man alle paar Wochen mal eine Lektion durcharbeitet. Aber von einer Entspannung erwarten wir, dass sie sofort funktioniert und bereits am nächsten Tag umwerfende Resultat bringt. Gut Ding braucht Weil – das gilt für die Arbeit am Bau ebenso wie für die Einführung eines neuen Produkts, für das Training im Sport und auch für eine gelungene Entspannung. Am leichtesten geht das mit meiner CD, die diesem Buch beiliegt.

Stress verursacht extreme Anspannung: Wir fühlen uns überfordert, sind überlastet, müssen Höchstleistungen bringen. Nervosität, Angst und Unsicherheit machen uns zu schaffen. Der Adrenalinspiegel steigt – der ganze Körper ist in Alarmbereitschaft, alle Fasern sind ange-spannt, bereit zum Angriff oder zur Verteidigung. Wäre tägliche Entspannung Pflicht in Büro und Schule – um unser Gesundheitswesen sähe es besser aus. Was glauben Sie, wie viel Prozent aller Beschwerden und Erkrankungen ihre Ursachen im Stress haben?

Schritt 4: Loslassen, was nicht glücklich macht
Es gibt ein 100-prozentig wirksames Mittel, Ihnen den Tag zu vergällen: Ein Gespräch mit Ihrer Schwiegermutter beispielsweise. Sie wissen ganz genau, wie die Gespräch mit ihr ablaufen, Sie fühlen sich nicht in der Lage, das Verhaltensmuster zu durchbrechen. Zähneknirschend ertragen Sie Ihrer Frau zuliebe das sonntägliche gemeinsame Mittages-sen. Natürlich trinken Sie wieder ein Gläschen zu viel, weil Ihnen dann die Situation leichter erträglich wird – glauben Sie. Der Tag ist Ihnen sowie so vermiest. Sie lassen Ihre schlechte Laune an den Kindern, ja sogar am Hund aus und der Tag ist gelaufen. Warum tun Sie sich das an? Ist die Zeit nicht viel zu schade, um sie in unangenehmer Gesellschaft zu verbringen? Warum tun Sie nichts, um Ihr Leben glücklicher zu machen.

Gewohnheiten, ob lieb gewonnen oder aufgezwungen, ändert der Mensch am wenigsten. Meist ist es die Angst, die ihn davon abhält, etwas zu verändern. Angst vor Verlust – und sei es das verhasste Familienessen -, vor dem Ungewissen, denn niemand weiß, was dann geschieht. So weiß man wenigstens genau, dass das Essen wieder einmal Schauplatz für unterschwellige Gemeinheiten und zielsicher abgeschossenen Bosheiten ist. Würden wir uns ausklinken, stellen wir uns außerhalb der Familie, könnten wir möglicherweise unsere Akzeptanz verlieren, das Terrain, das wir uns in jahrelangem Stillschweigen erworben haben.... Solange Sie so denken, ist der Leidensdruck noch nicht stark genug – oder Ihr Wunsch nach Glück und Zufriedenheit (noch) nicht ausgeprägt genug.

Glück durch Loslassen?

Alles, was Sie in Ihrem Leben als Bürde empfinden - eine unglückliche Beziehung, ein unerträgliches Arbeitsklima, endlose Sticheleien der Schwester – entfernt Sie vom Glück. Je mehr Raum Sie destruktiven Menschen oder disharmonischen Situationen geben, desto weiter sind sie vom Glück entfernt.

Räumen Sie deshalb einmal richtig auf. Nehmen Sie sich die Glücks-Störenfriede einem nach dem anderen einmal vor, beleuchten sie, machen eine Pro- und Kontra-Analyse. Und dann treffen Sie die Entscheidung: Loslassen oder behalten, und letzteres zu welchem Preis.

Sie können Ihre zickige Schwiegermutter nicht ändern. Sie haben also die Wahl: Ändern Sie sich oder ändern Sie Ihre Situation: Verhalten Sie sich einmal ganz anders zu Ihrer Schwiegermutter. Behandeln Sie sich nicht wie die ungeliebte Schwiegermutter, sondern stellen Sie sich vor, sie wäre ein fremde Frau. Benehmen Sie sich ihr gegenüber als sei sie die Frau Ihres künftigen Vorgesetzten: Höflich, charmant, aufmerksam... Halten Sie dieses Verhalten durch – mindestens ein paar Wochen. Lassen Sie sich nicht durch provokative Bemerkungen erschüttern; Sie können nur gewinnen. Sie werden andere Seiten an Ihrer Schwiegermutter entdecken.

Das kommt für Sie nicht in Frage? Dann gibt es wie immer mindestens zwei Möglichkeiten. Ihre Schwiegermutter interessiert Sie nicht, Sie möchten sich keine Mühe machen, sich nicht für den Familienfrieden opfern. Wenn Sie eine solche Entscheidung nach reiflicher Überlegung getroffen haben, ist das ok. Wenn das wirklich Ihrem tiefen Wunsch entspricht, dann machen Sie auch keine halben Sachen. Verabschieden Sie sich von der Vorstellung „heile Familie", wenn das allein auf Ihre Kosten gehen soll und Sie diese nicht zu übernehmen bereit sind. Je klarer Ihr Verhalten dann ist, desto besser ist es für Sie wie auch für den Rest der Familie. Vielleicht nutzen Sie jetzt am Sonntag die freien Eintritte in die Museen, vielleicht können Sie jetzt einmal in Ruhe Ihrem Hobby nachgehen. Am Abend treffen Sie Ihre gut gelaunte Frau, die unbeschwert den Tag mit Mutter genießen konnte – Sie sind auch gut gelaunt, weil Sie keinen Stress hatten.

Loslassen befreit und macht glücklich!

Das kleine ABC der Aufgabeneinteilung

Häufig setzen wir uns selbst unter (Zeit-)Druck. Deshalb möchte ich Ihnen das kleine ABC der Aufgabeneinteilung mitgeben. Selten nehmen wir uns die Zeit, unsere Aufgaben und Pflichten richtig zu bewerten. So erledigen wir oft Angelegenheiten, die uns dringend erscheinen, die aber nicht wichtig sind und lassen dabei Wichtiges liegen, weil es nicht eilig erscheint. Schnell bringt uns das in einen fatalen Teufelskreis. Am Ende sind nur wir geschafft, nicht aber die Arbeit. Nicht mehr wir planen unseren Tagesablauf, sondern wir lassen uns von den Umständen verplanen. Damit läuft uns nicht nur die Zeit davon, sondern die Geschäfte geraten außer Kontrolle. Das muss nicht sein, wenn Sie nach folgendem Schema vorgehen. Planen Sie für einen Tag beziehungsweise eine Woche. Wie Sie wissen, bin ich ein Anhänger der handschriftlichen Methode. Was Sie selbst schreiben, prägt sich viel besser ein. Es mag vielleicht mit dem Computer etc. schneller gehen, aber es entschwindet auch schneller aus Ihrem Kopf.

Nehmen Sie also drei Aktenordner:

- ❏ In A werden die wichtigsten und dringendsten Aufgaben einsortiert.
- ❏ In B kommen die Aufgaben, die bald zu erledigen sind, aber nicht höchste Priorität besitzen.
- ❏ In C legen Sie die restlichen Aufgaben, die Sie am nächsten Tag, in der nächsten Woche erledigen können. Besser wäre noch, Sie delegieren von den C-Aufgaben so viel wie möglich.

Disziplinieren Sie sich, machen Sie jeden Abend den Plan für den nächsten Tag, am Freitag den Plan für die nächste Woche. Entschuldigungen werden nicht akzeptiert!

Sie werden feststellen, dass Sie für die A-Aufgaben nur 20 Prozent Ihrer Zeit benötigen. 80 Prozent Ihrer Zeit bleiben für die restlichen Aufgaben.

Lieben mit Lust und Leidenschaft

„Die Liebe ist so unproblematisch wie ein Fahrzeug. Problematisch sind nur die Lenker, die Fahrgäste und die Straße."
(Franz Kafka)

Sie sind die ganze Woche beruflich unterwegs. Es läuft nicht besonders gut. Die geplanten Abschlüsse können Sie nicht machen; die Kunden sind hektisch und gereizt. Sie können sich dieser Stimmung nicht entziehen. Und nun kommen Sie auch noch zu spät zum nächsten Termin, weil die Straße wegen eines Unfalls gesperrt ist. Am liebsten würden Sie die restlichen Termine absagen und den Job hinschmeißen. Da klingelt Ihr Handy: „Ich wollte dir nur einen schönen Tag wünschen" sagt Ihr Partner und legt auf. Eine kleine Glückswelle erfasst Sie, der Tag hat wieder ein freundliches Gesicht bekommen. Mit einem Lächeln gehen Sie zum nächsten Termin. Ist das nicht Glück?

Es sind nicht die großen Taten, sondern die kleinen Gesten, die eine gute Partnerschaft ausmachen. Eine kleine Berührung, ein Lächeln, ein aufmunterndes Wort im rechten Augenblick – das wiegt auf Dauer mehr als eine romantische Liebeserklärung bei Sonnenuntergang.

Die Liebe finden

Ob mit oder ohne Partner – dem Beziehungsfrust entkommen nur wenige. Auch im Zeitalter der Singles stehen Beziehungen hoch im Kurs. Die Realisierung dieses Wunsches scheint jedoch nicht so einfach zu sein, betrachtet man den hohen Anteil der Ein-Personen-Haushalte.

Tief in jedem von uns ist der Wunsch verankert, seinen Idealpartner – sein Gegenstück – zu finden. Der Mensch ist wie eine in der Mitte auseinander gebrochene Münze. Zu seinem Glück braucht jeder seine andere Hälfte. Und hier beginnt schon das Drama. Wir machen uns auf die Suche und finden viele halbe Münzen. Nur die passende ist selten dabei. Oft machen wir uns aber gar nicht die Mühe, den anderen wirklich kennen zu lernen. Wir nehmen uns nicht die Zeit, die beiden Bruchstücke anzulegen und zu prüfen, ob sie zusammenpassen. Von Äußerlichkeiten lassen wir uns beeindrucken, weil auch wir auf dieser Ebene beeindrucken wollen. Dass dies meist nicht vom Erfolg gekrönt ist, sehen wir überall.

Manche Menschen wechseln ihre Partner wie andere die Kleidungsstücke – immer in der Hoffnung, dass beim nächsten alles anders wird. Auf diese Weise kann man natürlich sein ganzes Leben verbringen – immer auf der Suche nach dem Ideal. Finden wird man es mit dieser Methode nicht.

Solche Menschen frage ich: Wie oft wollen Sie sich noch scheiden lassen? Wie lange möchten Sie dieses traurige Spiel noch spielen? Wie viel Jahre wollen Sie von einer Party zur anderen pilgern, um dort die Traumfrau oder den Supermann zu treffen? Nichts ändert sich, außer wir ändern uns. Das gilt auch in der Liebe. Wann haben Sie zuletzt in Ihrem Leben, in Ihrem Verhalten, in Ihrer Einstellung etwas verändert? Meist haben wir eine lange Liste von Ansprüchen an unser Ideal. Aber was bieten wir denn selbst? Sind wir überhaupt bereit, etwas zu geben oder wollen wir nur nehmen?

Wenn zu Ihrem Glück der Partner fehlt, dann suchen Sie nicht in den Kneipen, bei Veranstaltungen oder Single-Parties. Suchen Sie die Liebe in sich, dann finden Sie dieses Gefühl auch bei anderen.

Den perfekten Partner gibt es genauso wenig wie das Paradies auf Erden. So wie wir nicht perfekt sind, sind auch unsere Mitmenschen nicht perfekt. Wenn Sie sich jedoch auf die guten Eigenschaften des potenziellen Partners konzentrieren, werden sich diese weiter verstärken. Das Gesetz „Beachtung bringt Verstärkung" kommt zur Wirkung. Die meisten jedoch beachten das, was ihnen nicht gefällt - das Resultat sehen wir in den vielen unglücklichen Beziehungen. Fragen Sie nicht immer, „was brauche ich, was will ich?, fragen Sie lieber einmal, was der andere braucht. Konzentrieren Sie sich auf das, was Ihnen gefällt – und sagen und zeigen Sie das auch. Finden Sie heraus, was Sie verbindet und nicht was Sie trennt. Haben Sie gemeinsame Ziele, gibt es Übereinstimmung in der Lebensplanung? Je mehr Gemeinsamkeiten Sie entdecken, desto stabiler ist das Fundament für gemeinsames Glück.

Seien Sie nicht so bescheiden! Wir haben festgestellt, dass der Mensch nur 1/10 seiner Fähigkeiten zu nutzen. Das gilt auch für die Liebesfähigkeit. Nutzen Sie Ihr Potenzial: Autosuggestion und magische Sätze sind die besten Mittel, Glück ins Leben und in die Liebe zu bringen.

So können Sie Ihrem Partner vermitteln, dass Sie ihn mögen:
Bleib wie du bist
Du bist ok – mach weiter so
Mit Dir würde ich überall hingehen

Wenn Sie dieses Thema vertiefen möchten: In „Mit Liebe, Lust und Leidenschaft zum Erfolg" zeigt Ihnen meine Tochter Claudia verschiedene Möglichkeiten auf, nicht nur den richtigen Partner zu finden, sondern auch wie man Liebe mit Erfolg verbinden kann.

Wir sprechen viel von Liebe und meinen damit, geliebt zu werden. Das hat mit Liebe nicht sehr viel zu tun. Erwarten Sie nicht Liebe – verschenken Sie Liebe. Je großzügiger Sie mit Ihren Gefühlen sind, desto mehr bekommen Sie zurück. Seien Sie nicht so geizig mit Ihrer Liebe. Lächeln Sie mehr, öffnen Sie Ihr Herz und Sie werden das Wunder der Liebe erfahren. Sie werden dem richtigen Partner begegnen, wenn die Zeit reif ist. Und das ist sie, wenn Sie mit sich selbst im reinen sind, ja zu sich sagen können. Dann können Sie auch Ja zu anderen sagen – ohne Vorbehalte.

Die Liebe erhalten

Ein altes Paar sitzt in der Abendsonne im Garten. Beide sind in ihre Lektüre vertieft. Die Vögel singen ihr Abendlied, die Bäume werfen lange Schatten. Es ist still. Langsam breitet sich die Dämmerung aus. Der Mann liest immer noch, aber ab und zu hebt er jetzt den Blick und schaut gedankenverloren in den Garten. Die Frau steht auf und kommt nach einer Weile mit einer Tasse Tee in der Hand zurück. Sie hält ihrem Mann den Tee hin, während sie ihre Hand leicht auf seine Schulter legt. Schweigend blickt er sie an, während eine unbeschreibliches Gefühl der Nähe seine Seele wärmt. Er nimmt ihre Hand und berührt diese leicht mit den Lippen. Mit einem Lächeln geht die Frau zurück ins Haus. Ist das nicht Glück?

Von solchen Augenblicken, die das Herz wärmen, träumen die meisten Menschen: Eine harmonische Partnerschaft, wortloses Verständnis, Vertrauen und der Wunsch, gemeinsam alt zu werden. Frage ich Paare, was der eine für den anderen tut, höre ich meist nur, was der andere nicht tut und nicht selten endet ein solches Gespräch in gegenseitigen Vorwürfen.

„Heirat ist die einzige lebenslange Verurteilung, bei der man wegen schlechter Führung begnadigt werden kann", meint Alfred Hitchcock. Aber es gibt auch noch andere Möglichkeiten.

Vergessen Sie im Sommer, Ihren Nachbarn zu bitten, den Garten während Ihrer Abwesenheit zu gießen, finden Sie verwelkte Blumen und verdorrte Sträucher vor. Sie ärgern sich, wundern sich aber nicht. Wenn Sie Ihren Partner wegen beruflicher Überlastung vernachlässigen, wenn Sie nicht wahrnehmen, dass er schlecht aussieht, Sie gar nicht richtig zuhören und nur noch zum Schlafen nach Hause kommen, dann sind Sie überrascht, wenn Sie eines Tages ein leeres Haus vorfinden.

Vielen Paaren gelingt es nicht, die Liebe am Leben zu erhalten, nachdem das erste Feuer abgekühlt ist. „Paarsterben" hat das der Psychoanalytiker Michael L. Moeller genannt. Der Reiz ist weg, etwas Neues muss her. Auch nach der siebten Scheidung werden viele nicht klüger. Und wer es sich finanziell leisten kann, versucht es aufs Neue. Zum Glück führt dieser Weg nicht. Immer nur Neues – das muss ja die Seele auf der Strecke bleiben. Wir lernen zwar für den Beruf auf Schulen und Unis, üben in Werkstätten und Ausbildungszentren. Für das wichtigste im Leben – die menschlichen Beziehungen – erhalten wir keine Unterweisung. So stolpert auch heute noch eine Vielzahl von jungen modernen Menschen getrieben von falschen Vorstellungen oder den Hormonen in Partnerschaften. Ehe sie sich versehen, stehen sie vor einem Scherbenhaufen. War früher die unterschiedliche Rollenverteilung – Hausmütterchen und Ernährer der Familie – ein Problem, so sieht es heute anders aus. Gut ausgebildete karriereorientierte Frauen sind vielen Männern zu selbstbewusst, zu anstrengend. Der Umgang mit den großen Anforderungen auf beiden Seiten will gelernt sein, Kompromisse müssen ausgehandelt werden. Die finanzielle Unabhängigkeit hat ihren Preis. Gute Beziehungen basieren heute wie früher auf konstanter Arbeit an sich und der Beziehung. Sonst heißt es schnell rien ne va plus …

Was also tun?

Liebe fällt nicht vom Himmel – Liebe muss erarbeitet und ständig gepflegt werden. Der Umgangston spielt eine große Rolle im Zusammenleben. Viele Menschen glauben ja, Höflichkeit ist nur für Fremde. Schnell schleichen sich Killerphrasen ein, die eine Beziehung unterminieren können. Überprüfen Sie Ihre Standardsätze „Du bist wie Dein Vater, deine Mutter! Das schaffst Du nie! Das kann ja jeder. Habe ich das nicht schon tausend Mal gesagt!"

Schaffen Sie Liebesinseln. Überraschungen beleben das Zusammenleben, geben der Liebe einen Kick. Wie wär es mit einem Wochenende im Luxushotel, einmal Champagner – ohne Grund…? Lassen Sie sich etwas einfallen, verwöhnen Sie Ihren Partner, zeigen Sie ihm, dass er Ihnen wichtig ist.

Wir müssen bei uns anfangen. Wir müssen uns auf Liebe programmieren, wir müssen die Vernetzungen im Gehirn ändern. Laufen unsere Beziehungen immer schief, dann sind nicht die anderen schuld, sondern wir selbst. Das, was wir ausstrahlen, ziehen wir an. Eine Programmänderung ist dringend notwendig. Und wie ich bereits sagte, geschieht dies nicht dadurch, dass wir Altes durch Neues ersetzen. Wir gehen nach den Gesetzen der Alchimie vor, wir wandeln dunkle Seiten um in strahlende Seiten. Wir verdrängen nichts, denn das würde uns nur krank machen; wir tauschen nichts aus, denn wir sind ja keine Maschine und wir vergewaltigen uns auch nicht selbst. Was wir lernen müssen, ist ein Meister in der Kunst der Wandlung zu werden, dann können wir unglückliche Liebe in ein andauerndes Glück verwandeln.

Ein altes Paar geht schon etwas beschwerlich. Galant hilft er ihr in den Bus, nimmt ihr die Jacke ab. Sie sitzen nebeneinander und bei genauer Betrachtung sehen sie sich ähnlich. Sie unterhalten sich leise, man spürt die Harmonie, die Zuneigung, die sich in vielen Jahren entwickelt hat. Sicher haben hat dieses Paar schwere Zeiten erlebt, Krisen gemeistert. Mal ist der eine gestolpert, der andere ist hingefallen – doch immer wurde eine Hand gereicht. Sie sind nicht daran zerbrochen, sondern gewachsen. Jetzt am Ende ihres Lebens wärmt die Liebe das Herz und die Abendsonne hüllt das Paar in eine rosa Licht. Ist das nicht Glück?

Das Glück genießen

„Es gibt viele Möglichkeiten, das Leben zu genießen. Es gibt die Freude am Schlafen, Sitzen, Aufstehen und die Freude, sich Bewegung zu verschaffen. Essen und Geschirrspülen können zu einem Vergnügen werden, und selbst so niedrige Beschäftigungen wie nackt und barfuss herumzulaufen oder die Verrichtung gewisser Bedürfnisse können ein angenehmes Gefühl bewirken" – so sagte schon im 17. Jahrhundert der chinesische Gelehrte Li Liweng.

Manchmal jagen wir so hinter dem Glück – oder dem, was uns als Glück erscheint – her, dass wir übersehen, wie glücklich wir tatsächlich sind. Glück finden wir nur in uns selbst und je mehr wir von dem geben, was wir haben, desto glücklicher werden wir.

> **Die Menschen kommen durch nichts den Göttern näher, als wenn sie Menschen glücklich machen. (Cicero)**

Geben ist seliger denn nehmen, heißt es in der Bibel. Ihre Lebensziele sollten nicht klein und egoistisch sein. Ihre Lebensaufgabe ist nicht das Ansammeln von materiellen Gütern. Den Auftrag der Evolution annehmen und sich für große Ziele einsetzen, ein wenig dazu beitragen, dass unser blauer Planet schöner wird – das macht wirklich glücklich. Und das erstaunliche dabei ist, dass sich die äußeren Umstände entsprechend der inneren Entwicklung positiv verändern. Sie brauchen also nicht Ihr Hauptaugenmerk auf höheres Einkommen richten. Das ergibt sich ganz von selbst nach der Devise: innen wie außen.

Genießen Sie den Augenblick, freuen Sie sich über das erste Grün im Frühling, einen schönen Sommertag oder einen interessanten Abend mit Freunden. Genießen Sie die Anerkennung, die Ihnen Ihre Mitarbeiter zollen, freuen Sie sich über eine unerwartete Einladung. Seien Sie offen für alles Schöne in dieser Welt, denn „wer ganz genießt, der lebt wirklich" (Karoline von Günderode). Genießen Sie ohne Reue, ohne schlechtes Gewissen. Wenn es Ihnen gut geht, so haben Sie einen erheblichen Teil dazu beigetragen. Es wird anderen nicht besser gehen, wenn Sie Ihr Glück und Ihren Erfolg nicht genießen. Doch wenn es Ihnen gut geht, dann können Sie dazu beitragen, dass es anderen auch gut geht. Genießen Sie jeden Moment so, als wäre morgen Ihr letzter Tag. Nutzen Sie jede Möglichkeit glücklich zu sein!

Planen Sie Glücksmomente in Ihren Tag ein. Ob das der abendliche Spaziergang ist, bei dem Sie den Tag noch einmal Revue passieren lassen, ob das eine Runde Joggen ist oder ein Glas Wein bei schöner Musik. Machen Sie ein Ritual daraus.

Vielleicht möchten Sie das Gelesene mit meiner Suggestion weiter vertiefen:

Der Alchimist

Auch ich werde ein Meister in der Kunst der Wandlung.
Ich weiß, dass der Zustand der Tiefenentspannung mir die größte Möglichkeit gibt, alles Negative ins Positive zu verwandeln.
Aus diesem Grunde zählen wir rückwärts von zehn bis null und atmen beim Zählen langsam und entspannt aus.
Bei 0 sind wir im Zustand tiefster Entspannung.

10   9   8   7   6   5   4   3   2   1   0

Während Ihr Herz ruhig und zuverlässig schlägt,
während Ihr Körper sich mehr und mehr entspannt,
wird Ihr Geist immer freier.
Man kann über eine schöne Rose meditieren.
Man kann über einen harmonischen Sonnenuntergang meditieren.
Von seiner Zukunft zu träumen, das ist vollkommene Meditation.
Vielleicht spüren Sie den Wunsch, noch tiefer zu sinken.
Denn je tiefer Sie sinken, umso größer wird meine persönliche Freiheit.

5   4   3   2   1   0

In meinem Unterbewusstsein liegt die Weisheit des Ganzen.
Hier ruht die Fähigkeit der Wandlung.
Die Möglichkeit, alles Negative ins Positive zu verwandeln.
Ja – es gibt viel Negatives in uns und in unserem Leben –
aber man kann es wandeln.
Denn da es das Negative gibt, gibt es auch das Positive.
Das Schöne – das Erhabene – das Großartige –
man muss es nur erwecken.
Alles Negative zeigt uns, wie schön
das Positive sein kann und sein wird.
Daher bin dem Negativen, der Hölle, den Problemen nicht ausgeliefert.
Ich glaube an das Gute, das Schöne, das Wertvolle, das Gesunde.
In diesem Zustand der Wandlung habe ich die Angst vor
meinen Problemen, Sorgen, Nöten verloren und nutze
die Weisheit des Ganzen zur Wandlung.

Mit jedem tiefen, ruhigen Atemzug wächst meine Kraft,
alles Negative zu verwandeln.
Immer mehr werde ich zu einem Alchimisten,
der unedles Metall in Gold verwandeln kann.
Ich werde zu einem Alchimisten,
der Probleme in Glück verwandeln kann.
Ich werde zu einem Alchimisten,
der selbst Scherben noch in Glück verwandeln kann.
Ich werde zu einem Menschen,
der Tränen in Sonnenschein verwandeln kann.
Immer klarer erkenne ich, ich habe eine glückliche Hand.
Alles, was ich berühre, wird zu Gold.
Indem ich jetzt ganz langsam und tief „Prana",
die universelle Lebenskraft einatme, schicke ich beim Ausatmen
die Kraft zu meinen Problemen und erlebe,
wie sich meine Probleme ins positive Ideal verwandeln.
Immer wieder erlebe ich diesen magischen Vorgang.
Ich atme „Prana", die universelle Lebenskraft ein und
beim Ausatmen sende ich die Energie zu meinen Problemen.
Und schon beginnt ein Prozess der positiven Wandlung.
Ich kann mich immer leichter auf das Schöne, auf das Großartige,
auf das Glück konzentrieren.
Das Glück wird in meinem Leben sichtbar.
Ich werde immer gesünder, immer erfolgreicher, immer glücklicher.
Eine großartige Ruhe und Sicherheit erfüllt mich.
Und wird auch durch andre erfahren.
Mit jeder Wiederholung dieses mentalen Trainings
wächst in mir der Glaube, der Berge versetzen kann.
In diesem Zustand der Meditation werden Ihre kreativen Kräfte frei.
Die Kraft Ihres Unterbewusstseins hilft Ihnen,
Probleme in Glück zu verwandeln.
Schwächen verwandeln sich zu Stärken.
Sie können sich jetzt von falschen Programmen lösen
und sie in effektivere Strategien verwandeln.
Alpha befreit Ihre magischen Kräfte und
lässt sie immer wieder positiv reagieren.
In Alpha überwinden Sie Ihre Begrenzungen.
Sie werden frei – ganz frei.
Alles wird leicht, ganz leicht.

In Alpha werden Sie ein Alchimist –
ein Meister – der Probleme in Glück verwandeln kann.
Daher geschehen täglich kleine und große Wunder.
Ihr Selbstbewusstsein wächst und wächst
und wird stärker von Tag zu Tag.
Die Weisheit des Ganzen, eine unerschöpfliche Energie,
steht Ihnen zur Verfügung.
Stellen Sie sich einmal vor, Sie schlafen abends ein
und während Sie schlafen, geschieht ein Wunder in Ihrem Leben,
in Ihrem Beruf, in Ihrer Familie.
Alles läuft genau so, wie Sie es sich erwünschen.
Da Sie aber geschlafen haben, wissen Sie nicht,
dass diese Wandlung geschehen ist.
Aber Sie können es fühlen, Sie können es spüren,
Sie können erkennen, dass ein Wunder geschehen ist.
Auch andere bemerken, dass sich eine Wandlung vollzogen hat.
Dass sich Ihre Probleme in Glück verwandelt haben.
Nehmen Sie sich daher immer wieder Zeit
für Ihre persönliche Entwicklung zum Alchimisten.
Jeder Mensch, auch Sie, kann es zur Meisterschaft bringen.
Ich werde trainieren, bis ich meine Meisterschaft erreicht habe.
Durch dieses mentale Training werden Sie einem Meister,
einem Meisterin der Kunst der Verwandlung und alles wird leicht.
Ganz leicht. Immer mehr Freude erfüllt Ihr Leben.

Grundgesetze der Lebensentfaltung

1

Nur der Mensch hat die Kraft, bewusst zu denken, zu planen und zu gestalten. Nur er kann sich selbst und damit sein Schicksal und seine Zukunft gezielt beeinflussen.

2

Am Anfang jeder Tat steht die Idee. Nur was gedacht wurde, existiert.

3

Gedanken entwickeln sich im Unterbewusstsein, aus den Menschen selbst oder durch äußere Einflüsse.

4

Das Unterbewusstsein – die Baustelle des Lebens und der Arbeitsraum der Seele – hat die Tendenz, jeden Gedanken zu realisieren.

5

Aus dem kleinsten Gedankenfunken kann ein leuchtendes Feuer werden.

6

Wer wachsen soll, braucht Nahrung. Die Nahrung der Gedanken ist die Konzentration.

7

Bewusste oder unbewusste Konzentration ist Verdichtung von Lebensenergie.

8

Im Streit zwischen Gefühl und Intellekt siegt immer das Gefühl.

9

Gefühle lenken und verstärken die Konzentration unbewusst, aber nachdrücklich.

10

Durch gezielte Entscheidung kann die Aufmerksamkeit auf jeden ausgewählten Punkt gelenkt werden.

11

Beachtung bringt Verstärkung. Nichtbeachtung bringt Befreiung.

12

Zustimmung aktiviert Kräfte. Ablehnung vernichtet Lebenskraft.

13

Die ständige Wiederholung einer Idee wird erst zum Glauben, dann zur Überzeugung – auch in negativer Hinsicht.

14

Glaube führt zur Tat. Konzentration führt zum Erfolg. Wiederholung führt zur Meisterschaft.

www.ENKELMANN.de

LITERATURVERZEICHNIS

Chu, Chin-Ning: Gelassen zum Glück, mvg, Landsberg 1998

Dalai Lama: Das kleine Buch vom rechten Leben, Herder, Freiburg 1998

Enkelmann, Claudia E.: Die Venus-Strategie, Redline, Frankfurt/Wien 2002

Enkelmann, Claudia E.: Mit Liebe, Lust und Leidenschaft zum Erfolg, Fit for Business,, Regensburg/Düsseldorf 2002

Enkelmann, Nikolaus B.: Charisma, mvg

Enkelmann, Nikolaus B.: Führen muss man einfach können, Ueberreuter Frankfurt/Wien 2002

Enkelmann, Nikolaus B: Das Power Buch für mehr Erfolg, mvg

Enkelmann, Nikolaus B: Der Kennedy-Effekt, Ueberreuter, 2002

Enkelmann, Nikolaus B: Die Macht der Motivation, mvg

Enkelmann, Nikolaus B: Mentaltraining, Gabal

Enkelmann, Nikolaus B: Mit Persönlichkeit zum Verkaufserfolg, Metropolitan, Regensburg 2002

Klein, Stefan: Die Glücks-Formel, rowohlt, Hamburg 2002

Küstenmacher, Werner Tiki, Seiwert, Lothar: simplify your life, campus Frankfurt/2001/2002

Peale, Norman Vincent: Lebe positiv, Bastei Lübbe, Bergisch Gladbach 1984

Powell, Neil: Die Wissenschaft der Alchimisten, Ullstein, Frankfurt/Berlin/Wien 1980

Rupprecht-Stroell, Birgit: Jetzt denke ich auch mal an mich, Trias, Stuttgart,1999

Schneider, Wolf: Glück - was ist das?, Piper, München/Zürich 1978

Schuller, Robert H.: Aus Tränen werden Edelsteine, Projektion, 2002

Seifert, Lothar J.: Bumerang-Prinzip

Sprenger, Reinhard K: Die Entscheidung liegt bei Dir!, campus, Frankfurt 1997

Tracy, Brian: Luckfactor, Gabal, Offenbach, 2000

Wisemann, Richard: So machen Sie Ihr Glück, Mosaik/Goldmann, München 2003

STICHWORTVERZEICHNIS

14 Grundgesetze der Lebensentfaltung 18

A

Adrenalinspiegel 200
Alchimie, Geschichte der 16
Alchimist(en) 11f., 22, 26, 66, 124, 144
Alpha(-) 105, 121, 127
-Zustand 23, 33
Al-Razi 14
Änderung 116
Angst 106, 189
Anspannung 125
Askesis 37
Assoziation 100
Atem 125
Atmung 125
Aufgabeneinteilung 202
Augentrainingsprogramm 197
Automatismus 94
Autorität 193
Autosuggestion 118, 123

B

Balance 46, 81
Beckenbauer, Franz 192
Beeinflussung, unbewusste 111
Befehl, posthypnotischer 119, 193
Begeisterung 140
Beitz, Berthold 192
Berieselung 112
Bestandsaufnahme 83
Bilder, innere 136

Blick(-) 197
(-)winkel 78
Blockade(-) 128
-worte 149
Brutalo 73
Buddhismus 38
Burn-out-Syndrom 56

C

Cäsar 139
Chance(n) 77, 185
Charisma 190, 198
Cicero 208
Coelho, Paulo 11, 33

D

Dalai Lama 22, 77, 192
Dankbarkeit 92, 187
Demokrit 39
Denkstruktur(en) 53, 60, 88, 112, 116
Dickens, Charles 93
Diogenes 183

E

Edles 12
Eigenverantwortlichkeit 44, 68
Einstellung 36, 77, 204
–, positive 114
Emotionen 100
Energie(-) 146
-quelle 25
Entscheidung(s-) 150
-fähige 73
Entspannung 119
Entwicklungsprozess 37
Epikur 39

Erfolg 33, 58
Erfolgserlebnis 139
Ethik, griechische 40
Experiment(e) 14

F

Falsche-Hoffnung-Syndrom 152
Fantasie 120
Ford, Henry 184
Frankl, Victor E. 78f., 165
Freiheit 25
Fremd(-),
-bestimmung 68
-programmierung 111

G

Gandhi, Mahatma 192
Gedanke(n-) 100
–, destruktive 114, 116
-welt 113
Gegenwart 69
Gehirn(-)
–, menschliches 97
-forschung 36, 98
-hälften(n) 98, 101, 138
Geradlinigkeit 88
Glaube 16, 26, 61
Glaube, Kraft des 27
Glauben
Glück(s-) 36, 38, 151
-blatt 144
-effekt 171
-energie 152
-ereignis 80
-fähigkeit 37
-faktoren 80
-fall 185
-formel 152
-gefühl(e) 43, 46, 152, 171
-gewohnheiten 90

-hormone 43
-inseln 172
-momente 27, 46, 92
-ökonomie 41
-pegel 101
-pilz 51, 57
-potenzial 49, 92
-prinzip 95
-sätze,
–, magische 193
-skala 85
-symbol 85, 91
-tagebuch 90
-training 61, 63, 90
-ziele 139, 145
-zustand 142
Goethe, Johann Wolfgang von 137
Gold 12, 14
good luck 40
Grundeinstellung 86, 112, 175
Günderode, Karoline von 208

H

Hagedorn, Friedrich von 26
Haltung, positive 42
Handeln 19
Handlungsspielraum 110
Hans im Glück 35
happiness 40
Herzfrequenz 126
Hill, Napoleon 96
Höchstleistungen 32, 193
Hoffnung 54

I

Idealzustand 98
Ignorant 73
Informationen 99
IQ 98

J

Jabir 14
Jung, C. G. 15

K

Katastrophen 59
Kennedy, John F. 192
Kindheitsmuster 167
King, Martin Luther 134
Konflikte 157
Konsequenzen 150
Konzentration(s-) 147
-fähigkeit 122
Körpersprache 163
Kraft, universelle 128
Kurskorrektur 144
Kurzatmigkeit 125

L

Lao-tse 55
Leben(s-)
-aufgabe 23, 29, 32, 169
-glück 76
-plan 18
-qualität 55, 58
-sinn 29
-situation 112
-veränderung 17
Liebe 205
Liweng, Li 208
Logik 14
Logotherapie 78
Lösungsansatz 141

M

Magie 14
Magnus, Albertus 14
May, Reinhard 25
Meditation 70, 118, 124, 131, 133
Menschenfreund 32

Mentaltraining 120
Mischungsverhältnis 20
Missgeschicke 173
Mitmenschen 32, 71
Mühe 48
Muskelentspannungstraining 124

N

Nachsicht 178
Niederlage(n) 185, 187

O

Optimismus 175

P

Paracelsus 15
Partner 204
Pechvogel 51, 57
Persönlichkeit(en) 160, 164, 192
Pessimismus 173
Philosophie 14
Potenzial, geistiges 99
Power-Atmung 126
Prana 128
Prinz Edward 39
Probleme 23, 32, 37, 47, 49, 60, 70, 151
Problem(-)
-liste 65
-löser 74
Profil, persönliches 31
Programmierung 109
Prozesse, physiologische 43
Psychologie der Märchen 20

R

Radikalmethode 21
Ratschläge 115
Regeneration, körperliche 122
Reiz 206
Relation 46
Religion 14

Resultat 67
Ritual(e) 70, 208
Rollenverteilung 206
Ruhe 197

S

Schatz 75
Schicksal 29
Schneeballeffekt 147
Schöpfung(s-) 23
-auftrag 18
Schuller, Martin 134, 192
Schwächen 56
Schwierigkeiten 171
Seele(n-) 24
-frieden 177
Selbst(-)
-bewusstsein 166, 178
-liebe 168
-mitleid 19
-zweifel 166
Sichtweise 61
Siddharta 39
Siegereigenschaften 139
Spitzenleistungen 107, 194
Sprechgeschwindigkeit 195
SQ 98
Stärken 56, 162
Stein der Weisen 13, 21
Stimme 194
Stimmlage 195
Strawinsky 186
Stress 104
Suggestion 117
Süskind, Patrick 186

T

Tagesablauf 202
Tarzan-Übung 197
Technik 54
Tiefenentspannung 122, 130

Tonfall 195
Training(s-)
–, Autogenes 124, 128
–, mentales 95
-programm 51
Traumbilder 15
Träume 24, 31, 133, 136

U

Übung 94
Unedles 12
Unfreiheit 26
Universum, Geheimnis des 22
Unterbewusstsein 33, 56, 108, 110, 120, 122, 127
–, kollektives 104f.
Unvollkommenheit 178

V

Varro, Marcus Terentius 38
Veenhofen, Ruut 80
Verdränger 73
Verdrängung 75
Vergangenheit 69, 176
Verhaltensmuster 200
Verlustängste 189
Verspannung 128
Verstand 102, 106
Vertrauen 156
Visualisierung 120
Vogel-Strauß-Politik 49
Vollkommenheit, geistige 21, 51
Vorbild 163, 187
Vorsätze, gute 75
Vor-sich-hin-leben 68
Vorstellung 45

W

Weltenseele 13
Weltgeschichte 22

Wunsch(-) 203
- ziel 138
Wünsche 31, 136f.

Y

Yin-Yang-Symbol 82

Z

Zanardi, Alex 187
Zeit 160, 180
Zickzack-Kurs 148
Ziele 30f., 54, 146, 188
Zielvorstellungen 107
Zufall 29
Zufriedenheit 151
Zukunft(s-) 69
-ängste 189
Zuversicht 61
Zweiter Weltkrieg 17

ENKELMANN KÖNIGSTEIN
Institut für Rhetorik – Management – Zukunftsgestaltung

NIKOLAUS B. ENKELMANN:
Der Erfolgreiche Weg
Psychologie des Erfolges
6-tägiges Intensiv-Seminar:
• Zukunftsgestaltung – Tatkraft – Optimismus
• Erfolgswissen & Entfaltung der individuellen Persönlichkeit

• Erfolgsmanagement • Eigene Wünsche erkennen & verwirklichen • Geistige Ressourcen aktivieren & eigene Potentiale befreien • Innere Ruhe & Selbstsicherheit • Die 14 Denkgesetze • Positiver Umgang mit sich und anderen • Praxisnahe Anleitung zum beruflichen & privaten Erfolg • Lebensbejahung & Begeisterung • Menschenkenntnis & Menschenführung • Das Geheimnis einflussreicher & faszinierender Persönlichkeiten • Die vier Säulen des erfolgreichen Lebens

Rhetorik & Körpersprache
2,5-tägiges Intensiv-Training:
• Frei & sicher auftreten • Berufliche Kommunikation & Körpersprache
• Menschen begeistern & überzeugen

• Rhetorik & Erfolg • Abbau von Lampenfieber • Die Stimme als Erfolgsorgan • Aufbau einer wirkungsvollen Rede • Schwachstellen- & Stärkenanalyse • Charisma • Stärkung der Überzeugungskraft • Menschenkenntnis & Körpersprache • Sicherheit & Souveränität • Verkaufsrhetorik • Menschenführung & Motivation

Mentales Training – Alpha-Training
„Energie – Tanken"
2,5 tägiges Intensiv-Seminar:
• Die Macht des Unterbewusstseins • Aktivierung von Kraftreserven & Ressourcen
• Körperliche & seelische Regeneration durch Tiefenentspannung

• Das Geheimnis innerer Ruhe & Gelassenheit • Die Gesetze des Unterbewußtseins • Harmonisierung des Alltags & der Persönlichkeit • Gezielte Selbstbeeinflussung • Aktivierung körpereigener Kräfte • Die Macht der Gedanken • Abbau von Stress & Ängsten • Vollkommene Regeneration

CLAUDIA E. ENKELMANN:
Erfolgsstrategien für Frauen
2-tägiges weibliches Kommunikations-Training:
• Grundlagen von Glück und Erfolg • Selbstbewusst auftreten & frei sprechen
• Beziehungspsychologie für Erfolgsfrauen

• Berufliche & private Erfolgsstrategien • Stärken erkennen & gezielt einsetzen • Führungstechnik • Die Gesetze der Suggestion • Partnerschaft & Karriere • Suggestive Kommunikation & Männermotivation • Persönliche Zeit- & Lebensplanung • Körpersprache erkennen & nutzen • Selbsterkenntnis als Schlüssel zum Erfolg • Wie sie alles bekommen, was Sie wollen ! • Aufbau einer überzeugenden Rede • Gefühlsmanagement • Erfolgsgeheimnisse & Tricks erfolgreicher Frauen

Beziehungsmanagement
Kraftquelle Partnerschaft
1,5-tägiges Intensiv-Seminar:
• Grundlagen glücklicher Partnerschaften • Liebe, Lust & Leidenschaft
• Positive Konfliktlösungen & strategische Kommunikation

• Psychologie des Mannes & der Frau • Sich & den Partner noch besser verstehen • Zukunftsgestaltung • Überwinden von Negativem • Sicherheit & Erfolg durch eine starke Partnerschaft • Familienmanagement • Positiver Umgang mit Stress • Geheimnisse glücklicher Kinder • Was Männer mögen & Frauen glücklich macht • Tipps & Anregungen für eine unschlagbare Partnerschaft

Dieses humorvolle und ‚männerfreundliche' Beziehungsseminar richtet sich nicht nur an Paare, sondern an alle Menschen, die den Kontakt zum anderen Geschlecht noch erfolgreicher gestalten wollen.

 Enkelmann-Institut · Postfach 1180 · 61461 Königstein im Taunus
Telefon 06174/3980 u. 930383 · Fax 06174/24379
Internet http://www.Enkelmann.de

Es geht um *Ihr* Leben.

„Ich weiß, Sie können es erfolgreich gestalten."

Nikolaus B. Enkelmann macht Sie fit für die Praxis: Profitieren Sie von der Erfahrung eines der bekanntesten Rhetorik-und Erfolgstrainer der Welt!

Institut für Rhetorik Management und Zukunftsgestaltung
Altkönigstr. 38c
61462 Königstein/Ts.
Telefon
(0 61 74) 39 80
(0 61 74) 93 03 83
Telefax
(0 61 74) 2 43 79
www.enkelmann.de

ENKELMANN
KÖNIGSTEIN

„Machen Sie mehr aus Ihren Begabungen - mit meinem hunderttausendfach bewährten Erfolgssystem zur Entfaltung Ihrer Persönlichkeit.
Sie werden staunen, was Sie erreichen können!"
Ihr Nikolaus B. Enkelmann

Direkt informieren + bestellen: www.enkelmann.de